"十四五"国家重点图书出版规划项目

中国式现代化发展报告 2024

REPORT OF
CHINESE PATH
TO MODERNIZATION

梁昊光 叶青 ◎主编

图书在版编目（CIP）数据

中国式现代化发展报告.2024 / 梁昊光，叶青主编. 北京：北京大学出版社，2025.3. --（中国式现代化研究）. -- ISBN 978-7-301-36056-9

Ⅰ.D61

中国国家版本馆CIP数据核字第2025B8T089号

书　　　名	中国式现代化发展报告2024 ZHONGGUOSHI XIANDAIHUA FAZHAN BAOGAO 2024
著作责任者	梁昊光　叶　青　主编
责 任 编 辑	刘　洋
标 准 书 号	ISBN 978-7-301-36056-9
出 版 发 行	北京大学出版社
地　　　址	北京市海淀区成府路205号　100871
网　　　址	http://www.pup.cn　　新浪微博：@北京大学出版社
电 子 邮 箱	编辑部 lk2@pup.cn　　总编室 zpup@pup.cn
电　　　话	邮购部 010-62752015　发行部 010-62750672 编辑部 010-62764976
印　刷　者	北京九天鸿程印刷有限责任公司
经 销 者	新华书店
	889毫米×1194毫米　16开本　14.75印张　359千字 2025年3月第1版　2025年3月第1次印刷
定　　　价	118.00元

未经许可，不得以任何方式复制或抄袭本书之部分或全部内容。
版权所有，侵权必究
举报电话：010-62752024　电子邮箱：fd@pup.cn
图书如有印装质量问题，请与出版部联系，电话：010-62756370

目 录

上篇　中国式现代化的理论、实践与测度——总报告

第一章　中国式现代化的理论与实践 ········· 3
第一节　中国式现代化研究态势（2022—2024） ········· 3
第二节　中国式现代化的理论基础 ········· 5
第三节　中国式现代化的百年实践 ········· 17

第二章　全球视野下的中国式现代化测度 ········· 20
第一节　世界现代化的评价体系 ········· 20
第二节　现代化指标的国际前沿与比较分析 ········· 25
第三节　中国式现代化测度方法及结果 ········· 30

下篇　中国式现代化的特征、内涵与评价——分报告

第三章　中国式现代化是人口规模巨大的现代化 ········· 39
第一节　人口规模巨大的现代化的理论背景 ········· 39
第二节　人口规模巨大的现代化进程实践 ········· 49
第三节　人口规模巨大的现代化指标体系与评价方法 ········· 63
本章小结 ········· 74

第四章　共同富裕：理论、实践与测度 ········· 77
第一节　共同富裕的形成发展与理论旨要 ········· 77
第二节　中国式现代化进程中的共同富裕实践 ········· 80
第三节　中国式现代化进程中的共同富裕测度 ········· 84
本章小结 ········· 104

第五章　物质文明和精神文明相协调的现代化 ············ 105
第一节　物质文明和精神文明的理论内涵 ············ 106
第二节　物质文明和精神文明相协调的指标体系 ············ 116
第三节　物质文明和精神文明相协调的综合评价 ············ 132
本章小结 ············ 141

第六章　人与自然和谐共生的现代化 ············ 142
第一节　人与自然和谐共生的现代化的理论内涵 ············ 142
第二节　人与自然和谐共生的现代化指标体系 ············ 153
第三节　人与自然和谐共生的现代化的比较评价 ············ 169
本章小结 ············ 188

第七章　走和平发展道路的现代化 ············ 190
第一节　中国式现代化走和平发展道路的发展逻辑 ············ 191
第二节　和平发展现代化指标体系构建 ············ 200
第三节　和平发展现代化评价 ············ 210
本章小结 ············ 231

上　篇
中国式现代化的理论、实践与测度
——总报告

第一章

中国式现代化的理论与实践

2024年7月，党的二十届三中全会的主题是：进一步全面深化改革，推进中国式现代化。这表明：中国式现代化作为新时代党的中心任务，党和国家的一切重大战略部署都必须紧紧围绕推进中国式现代化来谋划和展开。同时，推进中国式现代化面临许多复杂矛盾和问题，需要通过进一步全面深化改革，提升国家治理能力和国家治理体系的现代化，为中国式现代化提供强大动力和制度保障。

第一节　中国式现代化研究态势（2022—2024）

2022年10月，中国共产党二十大报告进一步高度概括了中国式现代化的内涵及主要特征："中国式现代化，是中国共产党领导的社会主义现代化，既有各国现代化的共同特征，更有基于自己国情的中国特色"[1]；"中国式现代化是人口规模巨大的现代化，是全体人民共同富裕的现代化，是物质文明和精神文明相协调的现代化，是人与自然和谐共生的现代化，是走和平发展道路的现代化"[2]。此后，国内学界形成了中国式现代化的研究热潮，国际学界也有一些相关讨论。

在中国知网CNKI数据库中，设置检索主题为"中国式现代化"，时间限定为2022年1月1日—2024年5月15日，经过检索并去重，得到有效中文期刊论文共计15 106篇。在Web of Science（WOS）数据库中，检索式为TS=（Chinese modernization）或TS =（Chinese style modernization）或TS=(Chinese path to modernization)，时间限定为2022年1月1日—2024年5月15日，通过检索并去重，共得到518篇英文期刊论文。借助CiteSpace 6.3.R1文献分析软件，分析并比较中国式现代化研究的学科分布（表1-1）、机构分布（图1-1）、合作网络（图1-2）、研究主题和关注热点（图1-3，图1-4）等，较为全面地呈现了目前中国式现代化研究的现状。

1　习近平著作选读：第1卷[M].北京：人民出版社，2023: 18.
2　习近平著作选读：第2卷[M].北京：人民出版社，2023: 401.

表1-1 国内外关于中国式现代化研究的学科比较

排名	CNKI论文的学科分布	CNKI论文篇数	WOS论文的学科分布	WOS论文篇数
1	中国政治与国际政治	7025	环境科学	108
2	经济体制改革	2120	可持续发展	44
3	中国共产党	1449	药物学	32
4	马克思主义	892	区域研究	28
5	农业经济	809	社会科学交叉研究	23

CNKI论文的发文机构以大学、党校和科研院所为主，发文数量最多的是中国人民大学，共448篇；其次是中共中央党校，359篇。WOS论文的发文机构主要是大学和科研院所，发文数量最多的是中国人民大学，共15篇；其次是中国科学院、北京大学，均为14篇（图1-1）。

图1-1 中国式现代化研究的CNKI论文和WOS论文发文机构比较

通过对论文作者的合作网络进行分析，发现CNKI论文作者合作图谱中的合作网络密度为0.0 027，核心作者的联系并不紧密，研究者之间合作偏少。WOS论文作者合作图谱中的合作网络密度为0.0 068，核心作者之间联系较为紧密，研究者之间合作相对密切（图1-2）。

图1-2 中国式现代化研究的CNKI论文和WOS论文核心作者合作网络图谱比较

由CiteSpace 6.3.R1文献分析软件生成的具有高被引频次和高中介中心性的关键词反映了中国式现代化研究的热点主题。关键词图谱共得到269个节点和1252条连线。每个节点代表一个关键词，节点大小代表关键词的关注度和共现频率，图谱上代表关键词的标签字体越大，节点在知识网络图谱中的影响力也就越大（图1-3）。

图1-3　中国式现代化研究的CNKI论文和WOS论文关键词共现图谱比较

为了更准确地了解国内关于中国式现代化的热点研究课题，进一步选择LLR（对数似然比）算法对图谱中的关键词进行聚类分析，得到关键词聚类图谱（图1-4）。图谱中模块聚类显著，聚类内有明显的同质性，说明该关键词的聚类是显著且可信的。在中国式现代化的研究主题下，中文论文的热点是共同富裕、生成逻辑、唯物史观、生态文明、文化自信和乡村振兴等。WOS论文的热点是环境监管、传统中医药、中医药、老年、生态文明、发展路径和内生力等。

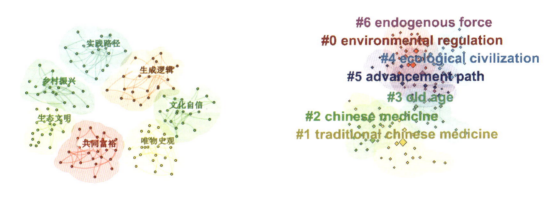

图1-4　中国式现代化研究的CNKI论文和WOS论文关键词聚类图谱比较

第二节　中国式现代化的理论基础

早在19世纪，马克思、恩格斯就有诸多关于现代社会的讨论。自20世纪50年代以来，西方现代化思想占据国际社会主流，认为现代化就是工业化，甚至将现代化等同于西方化、美国化，这是对现代化的片面理解甚至曲解。

一、马克思主义的现代化思想

在马克思、恩格斯以及列宁的著作中未直接出现"现代化"一词，但"现代社会""现代资产阶级""现代雇佣工人阶级"等提法在《共产党宣言》等著作中被频频使用。在马克思、恩格斯对当时现实社会的观照中，体现出诸多关于现代社会及其未来发展形态的思考。马克思、恩格斯的现代化思想是从资本主义社会的发展变化中剖析资本主义推动现代化的双重影响，并由此科学建构了未来社会的现代化愿景。

（一）马克思阐释了现代社会的转型

马克思、恩格斯称19世纪为"现代"，生产方式变迁是马克思时代划分的标志。在马克思看来，现代生产方式就是资本主义生产方式，现代性是现代生产基础上资本运动的产物，现代生产是随着资本运动而产生和发展的。资本积累使资本主义社会的结构和机制服从它的秩序，根据对自己是否有利而保留或消除一切，从而实现对资本主义社会的全面统治。资本逻辑推动了现代社会各层次各要素的明确特征的形成，即资本主义现代性。

马克思、恩格斯关于现代化的相关讨论常与"现代国家""现代社会""世界市场""工业化""现代文明""全球化"等密切关联并成为趋势。"现代国家"和"现代社会"的指向分别是资本主义国家和资本主义社会。例如，马克思在《〈黑格尔法哲学批判〉导言》中提到："甚至对现代各国来说，这种反对德国现状的狭隘内容的斗争，也不会是没有意义的，因为德国现状是旧制度的公开的完成，而旧制度是现代国家的隐蔽的缺陷。对当代德国政治状况作斗争就是对现代各国的过去作斗争，而对过去的回忆依然困扰着这些国家。"[1]在这里，现代各国指的是英国、法国等已经进入资本主义的国家。马克思多次提到"现代国家"，"必须对政治解放的实质，也就是对发达的现代国家的实质进行研究"[2]，"正如古代国家的自然基础是奴隶制一样，现代国家的自然基础是市民社会以及市民社会中的人"[3]。由此可见，马克思的"现代国家"指的是资产阶级革命创造的建立在市民社会基础之上的政治国家。恩格斯在《英国工人阶级状况》中也提到："真正令人发指的，是现代社会对待大批穷人的态度。他们被吸引到大城市来，在这里，他们呼吸着比他们的故乡——农村污浊得多的空气。"[4]这里的现代社会指的是工业革命推动下的资本主义社会。

（二）马克思指出了资本主义现代化的两重性

马克思肯定了资本主义现代化对社会发展的积极作用。资本主义推动了生产力的空前解放和极大发展，并触动了生产关系的变革，从而促进社会进步。"资产阶级在它的不到一百年的阶级统治中所创造的生产力，比过去一切世代创造的全部生产力还要多，还要大。"[5]资本主义现代化加速了人类由民族历史向世界历史的转变，促进了世界市场的形成。"资产阶级，由于一切生产工具的迅速改进，由于交通的极其便利，把一切民族甚至最野蛮的民族都卷到文明中来了。"[6]由于"不断扩大产品销路的需要，驱使资产阶级奔走于全球各地。它必须

---

[1] 马克思恩格斯文集：第1卷[M]. 北京：人民出版社, 2009: 7.
[2] 马克思恩格斯文集：第1卷[M]. 北京：人民出版社, 2009: 309.
[3] 马克思恩格斯文集：第1卷[M]. 北京：人民出版社, 2009: 312.
[4] 马克思恩格斯文集：第1卷[M]. 北京：人民出版社, 2009: 410.
[5] 马克思恩格斯文集：第2卷[M]. 北京：人民出版社, 2009: 36.
[6] 马克思恩格斯文集：第2卷[M]. 北京：人民出版社, 2009: 35.

到处落户，到处开发，到处建立联系"[1]。最终，资产阶级"使一切国家的生产和消费都成为世界性的了"[2]。建立在资本主义基础之上的现代性，随着世界市场的开拓走向世界历史。资本主义推动的现代化还消解了传统的宗教文化，触发了人类的理性反思。现代社会的到来，使人们逐渐摆脱传统的束缚，个性自由得到解放。

马克思、恩格斯也清醒地认识到资本主义现代化的一系列消极影响，尤其是阻碍了人的全面发展。一部资本主义发展史，就是一部资本向世界流动和扩散的历史，资本全球化形成的西方资本主义现代化具有内在的侵略性和局限性。资本主义现代化创造了巨大的生产力，同时也给无产阶级制造了"现代牢笼"。资本现代性引发的固化分工带来的是一种劳动者和劳动产品、劳动过程以及社会关系的全面异化。现代资本主义经济生活中突显出商品、货币和资本三大拜物教形式。"资产阶级抹去了一切向来受人尊崇和令人敬畏的职业的神圣光环。它把医生、律师、教士、诗人和学者变成了它出钱招雇的雇佣劳动者。"[3]在资本主义现代化过程中，"把地球上的资源视为资金一样——是可以转变为利润来源的资产配置。树木、野生动物、矿产、水和土地都被视为商品，可以卖或者是进一步加工"[4]。过度开发、掠夺人类自然资源，给人类带来了严重的生态危机，导致了人与自然关系的恶化。

（三）马克思预言了资本主义现代化的发展趋势

马克思认为，资本主义生产方式一定会过渡到更高级的共产主义生产方式。资本主义社会形态为实现更高层次的现代化创造了不可或缺的物质条件，同时也为自己制造了一个"掘墓人"。马克思提出，现代化作为人类历史发展的必然趋势无法避免，非资本主义国家可以利用资本主义现代化的物质成果，而不必经历资本主义所创造的制度形态及其灾难性后果。马克思提出了俄国或许可以不通过资本主义道路而跨越到社会主义现代化道路的可能性，即利用农村公社，实现对资本主义"卡夫丁峡谷"的跨越而走向社会主义。资本主义现代化不是所有国家实现现代化的必由之路，"卡夫丁峡谷"论断的提出为非资本主义国家的发展指出了新的方向，提供了社会主义现代化新的可能性。

人的自由全面发展是社会发展的目标，也是社会主义现代化的最终目的。"通过社会生产，不仅可能保证一切社会成员有富足的和一天比一天充裕的物质生活，而且还可能保证他们的体力和智力获得充分的自由的发展和运用。"[5]马克思、恩格斯主张扬弃和超越资本主义现代性，建构社会主义现代性，进而促进人的现代化，实现人的自由全面发展。恩格斯指出："无产阶级使生产资料摆脱了它们迄今具有的资本属性，使它们的社会性质有充分的自由得以实现。从此按照预定计划进行的社会生产就成为可能的了。"[6]只有社会中的个体摆脱物质和精神的双重束缚，获得全面发展，才能真正实现个人自由，共产主义社会是现代化的历史归宿。

马克思、恩格斯对资本主义现代化过程的批判和反思，有助于我们牢牢把握社会主义现

1　马克思恩格斯文集：第 2 卷 [M]. 北京：人民出版社，2009: 35.

2　同上。

3　马克思恩格斯文集：第 3 卷 [M]. 北京：人民出版社，2009: 363.

4　马克思恩格斯选集：第 4 卷 [M]. 北京：人民出版社，1995: 385.

5　马克思恩格斯全集：第 25 卷 [M]. 北京：人民出版社，2001: 411.

6　马克思恩格斯文集：第 9 卷 [M]. 北京：人民出版社，2009: 453.

代化的方向；全球化的前瞻性论述，有助于我们正确认识中国式现代化中坚持改革开放道路的选择，坚持推进高水平对外开放，积极推动构建人类命运共同体；对人的全面发展的关注，有助于我们坚持以人民为中心的发展思想，推动社会主义现代化事业的全面发展。

二、列宁对于社会主义现代化的初步探索

列宁的现代化思想是在继承了马克思、恩格斯对现代社会的反思及设想的基础之上，立足于苏联建立初期的实际情况而逐渐形成的，具有很强的现实指导意义。列宁继承了马克思跨越"卡夫丁峡谷"的理论设想，指出苏联在经济文化上远远落后于资本主义国家，必须利用资本主义物质成果实现国家现代化。列宁的现代化思想集中体现在新经济政策、政治建设和文化建设三个方面。

（一）新经济政策的积极尝试

列宁提出了在苏俄落后的经济条件下实现社会主义革命和进行社会主义建设的理论，苏俄调节经济生活的关键是由它的现代化道路的性质决定的，即无产阶级领导的社会主义现代化。十月革命之后，列宁指出，建立苏维埃国家只是解决了困难任务的一小部分，主要的困难是在经济方面。如何消灭旧的经济制度，建立新的经济制度，"这是一项最困难的任务，因为这是要用新的方式去建立千百万人生活的最深刻的经济的基础。这也是一项最能收效的任务，因为只有解决（大体上和基本上解决）这项任务以后，才可以说，俄国不仅成了苏维埃共和国，而且成了社会主义共和国。"[1]

1918年，列宁在《科学技术工作计划草稿》中指示科学院研究苏维埃生产力的发展与布局问题时，指出"科学院已经开始对俄国自然生产力进行系统的研究和调查，最高国民经济委员会应当立即委托科学院成立一系列由专家组成的委员会，以便尽快制定俄国的工业改造和经济发展计划。这个计划应当包括：使俄国工业布局合理，着眼点是接近原料产地，尽量减少从原料加工转到半成品加工一直到制出成品等阶段时的劳动消耗。从现代最大工业的角度，特别是从托拉斯的角度，把生产合理地合并和集中于少数最大的企业。"[2] 1921年3月，列宁在俄共（布）第十次代表大会上提出了推行新经济政策系统。列宁认为，苏俄既然还不具备实现社会主义所需的全部条件，就应该学习和借鉴资本主义国家在经营和管理上所取得的成就，以提高劳动生产率。他认为社会主义应该吸收资本主义的文明成果，"只有那些懂得不向托拉斯的组织者学习就不能建立或实施社会主义的人，才配称为共产主义者。"[3] 列宁把当时的德国视为实行国家资本主义的样板：那里有达到最新成就的现代大资本主义技术和服从于帝国主义国家的有计划的经济组织。在工业方面，列宁提出要建立发达的物质基础，实现工业现代化。他主张采取发展大工业、实现电气化、引进先进技术和设备、运用资本主义商业方法等措施，建设现代社会主义。在农业方面，列宁提出利用商品货币关系实现农业现代化。他主张用粮税代替余粮征收制度，以改善农民的处境，并主张走合作社的道路发展农村经济。

---

1 列宁选集：第3卷[M].北京：人民出版社，2012: 477.
2 列宁选集：第3卷[M].北京：人民出版社，2012: 509.
3 列宁选集：第2卷[M].北京：人民出版社，2012: 536.

（二）全面改革国家机关，加强政治建设

20世纪20年代初，新生的苏维埃政权处于内忧外患的严峻局面。列宁认为必须加强无产阶级政权的政治建设，才能确保国家的稳定和经济的发展，促进苏联的社会主义现代化建设。"同样是这个革命，并且正是为了发展和巩固这个革命，正是为了社会主义，却要求群众无条件服从劳动过程的领导者的统一意志。当然，这种过渡是不能一下子做到的。当然，只有经过极大的动荡、震撼、倒退，经过领导人民建设新生活的无产阶级先锋队的巨大努力，这个过渡才会实现。"[1] 列宁提出全面改革国家机关，一方面，去除党和国家机关中出现的官僚主义作风；另一方面，增加中央监察委员会委员和中央委员会委员的数量，从工人和农民党员中选出一批新的中央监察委员。这样做的目的在于加强工农知识分子和群众的联系，并使得选举的过程更加科学化、系统化。与此同时，列宁强调正在进行的工农检查院改组工作不能急于求成，要注重质量而不是数量。提高公务人员的工作质量对于建设社会主义制度和社会主义现代化的整体建设是绝对必要的。"经过这种改革，中央委员和中央监察委员能更好地了解情况，在政治局会议以前能更好地进行准备。"[2] 中央委员会里纯粹个人因素和偶然情况的影响会减少，从而分裂的危险也会减少。

（三）大力发展社会主义文化教育事业

列宁深刻地感受到落后的文化建设阻碍了苏联的社会主义建设。"建立社会主义社会基础的经济和政治手段足够了。缺少什么？缺少文化，缺少本领。"[3] 建设社会主义不仅要有新的经济制度和政治制度，而且要有高度发达的文化和科学。

大力发展苏联社会主义的文化教育事业是列宁在晚年思考的重要内容，尤其是提高政府管理人员的文化水平。"由于文化水平这样低，苏维埃虽然按党纲规定是通过劳动者来实行管理的机关，而实际上却是通过无产阶级先进阶层来为劳动者实行管理而不是通过劳动群众来实行管理的机关。"[4] 列宁提出，政府部门要增加国民教育的经费投入，全力支持扫除文盲、提升苏联国民文化水平；并指出文化教育事业一定要从实际情况出发，不能急躁冒进。

列宁还强调在文化教育事业中要坚持无产阶级的革命目标和马克思主义世界观。"马克思主义这一革命无产阶级的意识形态赢得了世界历史性的意义，是因为它并没有抛弃资产阶级时代最宝贵的成就，相反却吸收和改造了两千多年来人类思想和文化发展中一切有价值的东西。只有在这个基础上，按照这个方向，在无产阶级专政（这是无产阶段反对一切剥削的最后的斗争）的实际经验的鼓舞下继续进行工作，才能认为是发展真正的无产阶级文化。"[5] 此外，列宁还主张利用资本主义来促进苏联的文化与科技发展，比如，高薪聘请外国专家，引进先进智力；派遣人员到发达国家学习先进的管理经验等。

列宁现代化思想的当代价值体现在：现代化必须立足于本国的实际国情；新经济政策理论是对一个相对落后的国家向社会主义过渡的有益探索；在社会主义现代化建设过程中，必

---

[1] 列宁全集：第34卷[M].北京：人民出版社，2017: 180.
[2] 列宁选集：第4卷[M].北京：人民出版社，2012: 782.
[3] 列宁全集：第43卷[M].北京：人民出版社，2017: 403.
[4] 列宁选集：第3卷[M].北京：人民出版社，2012: 770.
[5] 列宁选集：第4卷[M].北京：人民出版社，2012: 299.

须重视人的现代化，人民是国家政权中最广泛、最深刻的群众基础。

三、批判性认识西方现代化理论

半个多世纪以来，西方现代化理论在名目繁多的世界现代化理论中占据主导地位。西方现代化理论构成了一个复杂多元的现代化概念体系，为认识发达国家的现代化提供了一种思路。但对其秉持的发达国家的历史经验展现了通往现代化的必经之路，发达国家能够助力欠发达国家步入现代化的叙事方式要进行客观理性的分析。这一理论虽在一定时期内促进了发达国家的对外援助政策，推动了发展中国家的转型与进步，但这一理论也具有内在局限性，并受到多方面的批评。比如，局限于"传统－现代"二分法的思维定式，片面强调单线进化论的发展模式，浓厚的西方中心主义意识形态色彩等。批判性地认识西方现代化理论可以为中国式现代化理论体系的构建提供理性思考和科学借鉴。

（一）经典现代化理论

20世纪50—60年代，经典现代化理论研究形成热潮。人们普遍认为现代化的核心是工业化，现代化的过程是传统农业社会向现代工业社会的转变。传统社会到现代社会的转变如何界定？落后国家从传统社会到现代社会的转变又当如何实现？美国经典现代化研究者们分别从经济学、历史学、心理学、政治学等不同学科视角，对早期现代化理论的模式、评价标准、动力、目标展开了跨领域、多维度的拓展式解读，形成了不同的现代化叙事。

塔尔科特·帕森斯（Talcott Parsons，1902—1979）较早地从社会学的视角对现代化现象进行了探索。他以宏观的、高度简单化和图式化的方式揭示了现代性及现代社会的理论形态，是"新进化论"的著名代表。帕森斯很少采用具体案例或是经验研究，其社会学理论常被后人认为是宏大理论的典型代表，且浸透着美国式的自由主义。但对于当时急于理解第二次世界大战后国际形势巨大变化的人们来说，帕森斯理论的抽象性恰好提供了一套灵活方便的分析工具。帕森斯力图将社会学、社会人类学、文化人类学、社会心理学和临床心理学等各学科结合起来，探索现代化理论的跨领域研究范式。丹尼尔·勒纳（Daniel Lerner，1917—1980）基于不同国家的经济、社会数据以及在土耳其、黎巴嫩、埃及、叙利亚、约旦和伊朗等国家进行的600多次访谈，大胆提出："世界各大洲所有的现代化社会中都呈现出同一个基本模式，这与人种、肤色和信仰无关。"[1]

经济学家沃尔特·惠特曼·罗斯托（Walt Whitman Rostow，1916—2003）秉持保持经济增长是实现现代化关键的观点。根据对很多国家发展历史的研究，他认为经济现代化需要经历六个阶段的发展，这一阶段性的划分被称为罗斯托经济增长阶段理论（Rostow's stages of economic growth）。罗斯托指出，每个国家无论有着什么样的历史、文化和地缘的特殊性，都必须经过一系列的基本阶段。一些国家进步得比较快，而这个过程经常导致不稳定。但是，现代化变迁的基本方向以及加速变迁的手段是明确的。[2]这一理论后来成为约翰·肯尼迪（John

---

[1] Lerner D. The Passing of Traditional Society: Modernizing the Middle East [M]. New York: The Free Press, 1964: 46.
[2] Rostow W W. The Stages of Economic Growth: A Non-Communist Manifesto [M]. Cambridge: Cambridge University Press, 1960: 4.

Kennedy）总统推行美国对外援助政策的理论基础。

加布里埃尔·A. 阿尔蒙德（Gabriel A. Almond, 1911—2002）基于比较政治学的视角，认为政治发展是现代化的重要内涵，政治系统有着五个方面的能力，即提取（extractive）能力、调整（regulative）能力、分配（distributive）能力、象征（symbolic）能力与回应（responsive）能力，这些能力具有科学预测和解释公共政策的功能。例如，提取能力能够根据国家现代化的经济预期增长目标分析出提高政治系统表现模式的措施。[1] 如果说，阿尔蒙德把政治发展看作是国家现代化的重要手段和核心内容，萨缪尔·P. 亨廷顿（Samuel P. Huntington, 1927—2008）则聚焦于研究现代化与政治衰朽之间的因果关系。他指出：工业化削弱了传统的政治体制基础，政治制度化的发展落后于社会和经济变革是政治上的首要问题。[2] 他还概括出现代化进程所包含的九种特征，分别是革命的、复杂的、系统的、全球的、长期的、有阶段的、同质化的、不可逆的、进步的。

西里尔·埃德温·布莱克（Cyril Edwin Black, 1915—1989）通过对美国和代表性国家现代化经验的比较研究，总结了它们在现代化发展模式方面的共性。他的研究对象涵盖了中国、日本、印度、法国、美国、英国等世界范围内的多个国家。布莱克并没有以经济增长为中心，而是以社会结构和政治现代化为中心进行比较。他把现代化的进程划分为现代化的挑战、现代化领导阶层权力的巩固、经济与社会的转变、社会的整合四个阶段，布莱克认为这四个阶段是西方早期工业现代化国家呈现的统一模式。[3] 还有学者从价值观念、心理因素等诸多方面对现代化进行研究。如戴维·麦克利兰（David McClelland, 1917—1998）把人们对业绩的追求看作是现代化的关键性和决定性因素，勒纳在现代化研究中也突出了心理、思想因素的重要性，亚历克斯·英克尔斯（Alex Inkeles, 1920—2010）也把真正的现代化看作是人的心理、思想和行动方式上的改变。[4]

此外，依附理论强调发达国家与发展中国家是剥削与被剥削的关系，试图用依附关系来解释边缘国家的不发达原因，将发展本身的内部原因归咎于外部因素，认为西方资本主义道路的一般模式不符合广大发展中国家的发展实际。比如，发展中国家推行的进口替代战略等都是积极的尝试，对这些国家而言，依附也可以发展。世界体系理论则将世界看作一个社会体系，通过对政治、经济和文明三个层次的分析，提出"中心—半边缘—边缘"的世界经济体系模型，揭示了现代化在全球发展的必然趋势。

（二）后现代化理论

20世纪70年代，以反思现代化问题、解构经典现代化理论的后现代化理论开始出现。这一理论是对工业社会以后发展的理论探索，是关于后工业社会、后现代主义和后现代化研究的一个思想集合。其理论渊源来自对经典现代化和现代性的批判、后工业社会的未来学展望以及后物质主义与后现代文化的实证研究等。后现代化思潮反对现代化运动的实践，主张

---

1 Almond G A, Bingham P G. Comparative Politics: A Developmental Approach [M]. Boston: Little, Brown, 1966: 238.
2 萨缪尔·P. 亨廷顿. 变动社会的政治秩序 [M]. 张岱云, 译. 上海：上海译文出版社, 1989: 5.
3 布莱克. 现代化的动力 [M]. 段小光, 译. 成都：四川人民出版社, 1988: 95.
4 亚历克斯·英克尔斯. 人的现代化：心理·思想·态度·行为 [M]. 殷陆君, 译. 成都：四川人民出版社, 1985: 20.

复兴传统要素和技术。后现代主义通过对"现代病"的揭露批判和否定，为未来发展提供了新方向。一般而言，后现代主义可分为三类：一是反对现代性，反对理性、权威、技术和科学；二是主张复兴传统，认为传统性有积极意义；三是提倡新价值和新生活，主张更加宽容的伦理、性行为和个人选择。

美国学者丹尼尔·贝尔（Daniel Bell，1919—2011）把社会发展分为三个阶段：前工业社会、工业社会和后工业社会。在贝尔的分类阶段中，20世纪50年代以后的社会被归为"后工业社会"，其主要特征是：经济结构从产品生产经济转变为服务型经济；职业分布以专业和技术人员处于主导地位；理论知识处于中心地位，是社会革新与制定政策的源泉；未来方向是技术控制，并对技术进行评价鉴定；决策方式创造新的智能技术等。贝尔通过探索科学技术对工业发展和社会关系的影响，寻求西方工业社会结构的变化及其原因。[1] 此后，贝尔又提出风险社会、反思性现代化等概念。21世纪，知识经济和知识社会已经成为世界潮流，风险性是这种世界潮流的一个重要特征。

罗纳德·英格尔哈特（Ronald Inglehart，1934—2021）认为：自20世纪70年代以来，工业化国家发生的变化是后现代化，发展中国家发生的变化是现代化。从现代化向后现代化的转变包括政治、经济、性和家庭、宗教观念等的深刻变化，如从物质主义到后物质主义、从现代价值到后现代价值、从生存价值到幸福价值等。现代化的核心目标是经济增长，通过工业化和系统的技术应用来扩大有形产品；后现代化的核心目标是使个人幸福最大化，追求生活质量和生活体验。英格尔哈特主持的世界价值观念调查项目（world values survey）为其理论提供了较好的数据支持，该项调查覆盖了全球70%的人口。参加该项目的80名专家对65个国家进行了问卷调查，调查共进行了三次。1998年，最后一次调查结果显示：有些国家，如尼日利亚，刚刚开始现代化；有些国家，如中国，正加速进行现代化；有些国家，如韩国，接近于从现代化向后现代化的转折点；有些国家，如英国、德国和美国，已经进入后现代化；北欧国家（瑞典、挪威、丹麦、芬兰等）和荷兰基本是后现代社会。

（三）新现代化理论

20世纪90年代，以生态现代化、全球化、多元现代性等为主题的新现代化理论形成并不断发展。

西欧学者提出的生态现代化理论，追求经济有效、社会公正和环境友好的新发展模式。在该理论中，经济增长与环境保护相互协调，经济增长与环境压力脱钩，其核心是预防、创新和结构转变。美国学者的工业生态学则是在生态现代化领域采用实用主义原则。

狭义的全球化是指经济活动的全球联系和相互依赖的扩展，广义的全球化是经济、政治、文化、社会和环境等领域进行的复杂的国际化过程。全球化对不同国家有不同意义，要理性对待全球化这个每个国家都无法回避的课题。

艾森斯塔特（Eisenstadt，1923—2010）的多元现代性理论认为：现代社会的多元性和多样性，远远超出了人们以往所承认的程度。现代性具有多种文化方案和制度模式。西方模式

---

[1] 丹尼尔·贝尔. 后工业社会的来临：对社会预测的一项探索. 高铦，王宏周，魏章玲，译. 北京：新华出版社，1997.

或现代性模式不是唯一的、"真正的"现代性;尽管相对于其他现代性而言,西方模式出现比较早,而且将继续是其他模式至关重要的参照点。

四、中国式现代化理论的形成

中国式现代化的理论探索源于马克思列宁主义的现代化思想,并在中国现代化建设的实践中得以形成和发展。中国式现代化不同于中国现代化,一般而言,中国现代化的理论与实践探索从洋务运动开始,而中国式现代化概念的提出,在党内的规范性文件中源自2021年7月1日,习近平总书记在庆祝中国共产党成立100周年大会上发表的正式讲话。

(一)早期中国现代化的理论探索

20世纪30年代,《申报月刊》发起了名为"中国现代化问题"的大讨论并将讨论文章结为专辑发表,"现代化"概念由此而被推广。知识界开始热议"现代化国家",其主要理论问题包括:东西方文明与文化的比较、传统思想与现代的关系、中国本位与全盘西化、以农立国还是以工立国、走社会主义道路还是资本主义道路、民主自由与独裁专制等。随后,在阎锡山的主持下,1937年中国第一份以现代化命名的杂志《现代化》在山西创办,1938年第一家以现代化命名的出版社"现代化编译社"也在山西诞生。遗憾的是随着抗战爆发和社会动荡,早期的现代化研究如昙花一现,未能持续关注,也未形成有影响力的理论成果。

20世纪80—90年代,一大批中国学者开始投入现代化理论的研究中,他们以历史学或交叉学科为主要视角,并结合实证研究、定量评价等方法,形成了相关学术成果,不仅针对国外现代化的理论提出了分析和批判,而且结合中国实际,提出了对中国现代化的理解与评价。

罗荣渠基于世界史的角度从广义和狭义两个层面对现代化进行了界定。他认为,"广义而言,现代化作为一个世界性的历史过程,是指人类社会从工业革命以来所经历的一场急剧变革,这一变革以工业化为推动力,导致传统农业社会向现代工业社会的全球性的大转变过程,它使工业主义渗透到经济、政治、文化、思想各个领域,引起深刻的相应变化;狭义而言,现代化不是一个自然的社会演变过程,它是落后国家采取高效率的途径(其中包括可利用的传统因素),通过有计划的经济技术改造和学习世界先进,带动广泛的社会改革,以迅速赶上先进工业国和适应现代世界环境的发展过程。"[1] 罗荣渠提出一元多线论,审读世界现代化总趋势和中国现代化道路。世界各国特定的条件和差异决定了它是一个不具备终极目标价值而且道路模式选择多样的特定历史范畴。

章开沅借鉴西方现代化理论,比对国外现代化进程,诠释了中国1840—1949年早期现代化的总体趋势及其不断被推迟或阻断的原因,归纳出传统与现代的互动关系的一般性通则。章开沅在《比较中的审视:中国早期现代化研究》一书的序言中指出,"现代化不等于是'西化'"[2],它是一个完整的社会变革系统工程。

钱乘旦同样基于历史学的视野,认为"现代化是一次文明转换的过程,即从农业文明向

---

1 罗荣渠.现代化新论:世界与中国的现代化进程[M].北京:北京大学出版社,1993:16-17.
2 章开沅,罗福惠.比较中的审视:中国早期现代化研究[M].杭州:浙江人民出版社,1993:10.

工业文明转换,在个过程中,工业生产力将逐渐占优势,而社会的各个方面都将随之发生变化,从而形成一种新的文明方式"[1]。

何传启认为,18—21世纪的世界现代化进程可以分为两个阶段:第一次现代化是农业社会向工业社会的转变,以发展工业经济、建设工业社会为特征;第二次现代化是工业社会向知识社会的转变,是以发展知识经济、建设知识社会为特征的新型现代化。何传启采用系统学方法开展现代化理论和战略研究,并提出了现代化的标准与评价。他指出:"现代化是18世纪工业革命以来的一种客观现象,是现代化文明的一种前沿变化和国际竞争,它包括现代文明的形成、发展、转型和国际互动,文明要素的创新、选择、传播和推出,以及追赶、达到和保持世界先进水平的国际竞争和国际分化等。"[2]

20世纪末,中国学者基于全球视野,结合中国实际,对中国式现代化的理论探索作出积极的尝试,为理论研究奠定了科学基础。

(二)把握各国现代化的共同特征

国家是现代化研究和现代化建设的基本单元。每一个国家的现代化进程,既是一个相对独立的过程,又是一个国际互动的过程。中国式现代化既遵循世界现代化的一般规律,更具有鲜明的中国特色。各国现代化共同特征及一般规律包括:

第一,世界现代化是一种世界潮流,也是一种文明进步。从现代化的过程、结果、动力、模式以及现代生活、现代结构、现代制度和现代观念这四要素上看,国家现代化都具有一定的共性。从产业与就业结构来看,农业在现代化经济体系中的比例越来越低,服务业占比越来越高,工业则呈现先升后降的趋势。此外,在城市化和教育结构、文化产业和文化基础设施等方面各国现代化都有明显的趋同性。

第二,世界现代化是一种国际竞争,各国国际地位转移概率有一定的规律性。工业革命以来,非现代化国家升级为现代化国家的概率约为10%,但是近100年的历史数据显示,现代化国家降级为非现代化国家的概率约为10%,而非现代化国家升级为现代化国家的概率约为5%。18世纪,国际地位上升的国家为美国,国际地位下降的国家是葡萄牙。19世纪,国际地位上升的国家有加拿大、澳大利亚、新西兰、爱尔兰和阿根廷,降级的有西班牙、意大利和挪威。20世纪,国际地位上升的国家有芬兰、日本、新加坡、韩国、以色列,同时也包括西班牙、意大利和挪威;降级的有阿根廷和俄罗斯。[3]目前,现代化的国际体系基本稳定,21世纪,发展中国家仍然会进步,但晋级为发达国家的概率比较小。由此可见,中国式现代化任务的艰巨性。

第三,自工业革命到20世纪70年代,发达国家的现代化模式主要是工业化、城市化和民主化三者的协调发展,同时兼顾科技和教育的优先发展。20世纪70年代至今,发达国家的现代化模式以知识化、信息化和生态化三者的协调发展为主。发展中国家的综合现代化模式则是工业化与知识化、信息化、生态化三者的叠加,并联式发展。

---

1 钱乘旦.谈谈现代化的基本认识问题[J].江南论坛,1995(4):14-15.
2 何传启.现代化科学:国家发达的科学原理[M].北京:科学出版社,2010:4.
3 何传启.中国现代化报告2011:世界现代化概览[M].北京:北京大学出版社,2011:111-112.

世界现代化的历史进程也给中国式现代化提供了诸多启示。

第一,现代化具有多样性。世界范围内的国家现代化起步有先有后,历史和传统各有不同,其现代化路径存在依赖性,模式具有多样性。不同国家的动力因素也有所差异,现代化水平、特征、挑战、国内外环境等方面都各有不同,因此每一个国家的现代化实践都需要具体问题具体分析。现代化必然会面临国际竞争,体现出一定的国际分化,比如,经济效率、人均收入等国际差距不断扩大,富国越来越富,穷国越来越穷,甚至造成低收入国家相对贫困化等问题。此外,政治制度、文化观念等在各国都呈现出多样化的发展趋势。

第二,世界现代化是一种社会选择。比如,美国是一个现代化国家,但美国有20多万祖籍在瑞士的阿米什人,他们选择远离现代化,保持农业传统,不用电话、不看电视、不坐汽车而坐马车等。

第三,现代化存在副作用。不同现代化阶段的副作用不同,比如工业化时期的主要副作用是环境污染、生态退化、贫富差距加大和周期性经济危机等;而21世纪现代化的副作用包括信息鸿沟、网络犯罪和国际风险等。在现代化进程中,需要抑制和减少副作用,降低社会成本。解决上一阶段的副作用,可以成为下一阶段文明进步的新方向。

第四,现代化的国际比较必须是科学合理的。现代化的国际比较反映国际差距和地理分布,用于分析国家相对水平和国际地位的变化。如果一个国家绝对水平提高的速度慢于其他国家,那么,它的相对水平和国际地位就会下降;反之则会上升。国际比较有定性比较和定量比较,应用较多的是基于指标的定量比较,而有些指标不宜进行发展水平的国际比较,如语言、宗教、文化习俗等。基于现代化的多样性与复杂性,这些国际比较需谨慎对待、理性分析。

(三)中国式现代化理论体系的构建

中国式现代化的实践基础是社会主义现代化,而经典现代化的实践基础是资本主义现代化。西方的现代化理论更多地以经济发展为主要考量,关注传统到现代的演变。党的二十大报告中对现代化的界定和理解,是从中国的基本国情、政党立场以及价值观念出发的,明确提出了"中国式现代化"。中国共产党主导并构建的中国式现代化既包含西方现代化的目标指向,也体现了全人类的共同价值,超越了西方现代化的概念理解。

中国式现代化理论体系的构建与完善有赖于逻辑严密、科学严整的概念框架和叙事方式。

第一,中国共产党是中国式现代化的领导力量。在中国现代化征程中,坚持中国共产党的领导是历史的选择,是实现中国式现代化的政治保证。在中国共产党的领导下,中华民族迎来了从站起来、富起来到强起来的伟大飞跃,并向着实现中华民族伟大复兴的宏伟目标不断迈进。"坚持和加强党的全面领导,关系党和国家前途命运,我们的全部事业都建立在这个基础之上,都根植于这个最本质特征和最大优势。"[1]在当前百年未有之大变局加速演进的新形势下,推进中国式现代化更要坚持和加强党的全面领导。唯有如此,才能确保我国社会主义现代化建设的正确方向,才能为中国式现代化凝聚团结奋斗的政治基础、思想基础、

---

[1] 中共中央党史和文献研究院.习近平关于全面从严治党论述摘编(2021年版)[M].北京:中央文献出版社,2021:67.

群众基础、社会基础，汇聚中华民族的磅礴力量。

第二，中国式现代化本质要求是"坚持中国共产党领导，坚持中国特色社会主义，实现高质量发展，发展全过程人民民主，丰富人民精神世界，实现全体人民共同富裕，促进人与自然和谐共生，推动构建人类命运共同体，创造人类文明新形态。"[1]这九个方面的本质要求，既彰显了对马克思主义现代化理论的继承与创新，又体现了坚持人民至上的价值取向，更表征了对人与自然关系的道德关怀。

第三，中国式现代化的历史发展论。中国式现代化植根于中华民族的深厚历史和文化中，是独立自主发展的结果，"每个国家和民族的历史传统、文化积淀、基本国情不同，其发展道路必然有着自己的特色。"[2]同时，中国式现代化始终挺立在世界历史发展的浪潮之中，与世界历史交相呼应。因此，要用复线历史客观认识中国式现代化的历史进程，在全球视野和世界历史的坐标系下科学认识中国式现代化。

第四，中国式现代化有其内生动力。动力贯穿现代化进程的始终，中国式现代化"通过激发内生动力与和平利用外部资源相结合的方式来实现国家发展，不以任何形式压迫其他民族、掠夺他国资源财富，而是为广大发展中国家提供力所能及的支持和帮助"[3]。中国式现代化的内生动力是内部各要素之间相互作用而形成的凝聚力，这些因素包括：社会主义制度的制度依托力、中国共产党坚强的政党领导力、以人为本发展观的价值引领力、民族复兴伟大梦想的目标导向力、中华优秀传统文化的文化内蕴力、改革创新的内在驱动力、百年建党精神的精神支撑力、人类命运共同体的广泛感召力等。对内生动力的讨论也为发展中国家的现代化道路提供了理论借鉴。

第五，中国式现代化的"两步走"战略安排。新中国成立以来，中国始终坚定不移地推进社会主义现代化建设，重视现代化战略和发展规划。在第三届全国人民代表大会第一次会议上，周恩来总理正式提出四个现代化战略目标和分两步实现方式。1987年，党的十三大确定了"三步走"发展战略。2017年，党的十九大提出了"两步走"战略安排："全面建成社会主义现代化强国，总的战略安排是分两步走：从二〇二〇年到二〇三五年基本实现社会主义现代化；从二〇三五年到本世纪中叶把我国建成富强民主文明和谐美丽的社会主义现代化强国。"[4]当前，站在新的历史起点，我们要紧跟党中央的战略部署，把中国式现代化的宏伟蓝图变成美好现实。

第六，中国式现代化创造了人类文明新形态。中国式现代化是致力于和平发展、超越意识形态，实现人类共同进步的现代化新选择。"中国式现代化蕴含的独特世界观、价值观、历史观、文明观、民主观、生态观等及其伟大实践，是对世界现代化理论和实践的重大创新。"[5]纵观世界近代史，中国与世界上许多发展中国家在国家发展道路上存在着相似性。譬如，遭

---

[1] 习近平著作选读：第1卷[M].北京：人民出版社，2023: 20.
[2] 习近平著作选读：第1卷[M].北京：人民出版社，2023: 150.
[3] 习近平.中国式现代化是强国建设、民族复兴的康庄大道[N].人民日报，2023-02-11(1).
[4] 习近平著作选读：第1卷[M].北京：人民出版社，2023: 20.
[5] 习近平在学习贯彻党的二十大精神研讨班开班式上发表重要讲话强调正确理解和大力推进中国式现代化[N].人民日报，2023-02-08(1).

受外部侵略与压迫、相对贫困和落后的发展状态、努力探索国家独立和民族复兴道路、追求和平与发展等。这些相似性为中国在现代化进程中与其他发展中国家开展合作和交流提供了重要基础，也体现了科学社会主义的先进性，是人类文明进步的发展方向，展现了不同于西方现代化模式的新图景，是一种全新的人类文明形态。

长期以来，西方的现代化理论在国际上占据主导地位，而我国的现代化理论与现代化建设实践并不匹配，以至于用西方现代化概念解释中国现象，造成对中国现代化问题的各种曲解和误解，比如，用国家资本主义来解释中国现代化等。构建科学的、系统的中国式现代化理论体系，可以实现现代化叙事的话语自主性，掌握解释中国式现代化的话语主动权。

第三节　中国式现代化的百年实践

"师夷长技以制夷"开启了中国了解世界、向西方学习的新潮流，标志着中国由传统向现代的思想转变。洋务运动通过开办近代企业、创办新式学堂、设立翻译馆、修建铁路等形式，在军事、经济、文化等方面产生了重要影响，推动了中国对于现代化道路的探索。戊戌变法是中国近代史上一次重要的政治改革尝试，虽然它失败了。新文化运动是一次思想启蒙运动，在一定程度上促进了中国在诸多方面由传统向现代的转变。清朝末年的种种变革尽管没能挽救清政府的颓势，但是开启了中华民族的现代化进程，使中华民族融入到世界现代化的浪潮中。孙中山先生编撰的《建国方略》从心理建设、物质建设和社会建设三个方面完整地阐述了实现中国现代化的伟大理想和实施方案，对中国现代化进程进行了系统设计，被称为中国现代化的第一份蓝图。孙中山提倡大力发展实业，借用外资实现自身的超越式发展。民国时期，"现代化"在中国社会，特别是知识界、政治界广泛传播。它与革命、建设相互交织，在中国人民谋求民族独立、国家富强的实践中，其概念内涵得到不断地扩展和深化。但是整体而言，民国时期现代化的脚步是迟滞的。

新中国成立后在中国共产党的领导下，中国现代化目标分别经过了从工业化、四个现代化、小康社会、"两个一百年"奋斗目标到社会主义现代化强国的渐进式发展过程。现代化战略则经历了从"两步走"战略、"三步走"战略到新时代"两步走"战略安排的分阶段实施、有序推进的战略部署。中国现代化的内涵和战略发展目标在革命、建设、改革和发展的实践中不断拓展，持续提升。中国式现代化经历了萌发、起步、探索和发展四个阶段，完成了中国现代化从模仿赶超到创新发展的根本性转变。中国式现代化是一种极具历史自觉和战略前瞻性的主动选择。

一、建设工业化的新中国

新民主主义革命时期，毛泽东、李大钊、瞿秋白等中国共产党人曾积极阐释和探索现代化。1938年，毛泽东在《论持久战》中提出"革新军制离不了现代化"[1]。1945年，赴重庆谈判时毛泽东提出"建设现代化的新中国"；同样在1945年，毛泽东在中共七大政治报告《论

---

[1] 毛泽东选集：第2卷[M]. 北京：人民出版社，1991：511.

联合政府》中提出"中国工人阶级的任务,不但是为着建立新民主主义的国家而斗争,而且是为着中国的工业化和农业近代化而斗争"[1]。1949年3月,在中共七届二中全会上,毛泽东进一步提出由落后的农业国变成先进的工业国的国家现代化目标。同年9月,具有临时宪法性质的《中国人民政治协商会议共同纲领》通过,在总纲部分将新中国的战略目标确定为:发展新民主主义的人民经济,稳步地变农业国为工业国。

二、四个现代化的总体构想

以毛泽东同志为核心的党的第一代领导集体提出四个现代化总体构想。1954年,周恩来在第一届全国人民代表大会的政府工作报告中首次提出要实现工业、农业、交通运输业和国防的四个现代化目标。1964年,周恩来在第三届全国人民代表大会的政府工作报告中,正式并完整地提出要"在二十世纪内,把中国建设成为一个具有现代农业、现代工业、现代国防和现代科学技术的社会主义强国",由此将交通运输业的现代化改为科学技术现代化。这一判断是建立在新中国成立初期对于基础设施的要求上的,当我国现代交通布局初步成型,现代化重点就落在了更具有现代化动力作用的科学技术上,这是一个自然进步的过程。

1975年,周恩来在第四届全国人民代表大会上重申了分两步走、全面实现四个现代化的战略安排。1979年,叶剑英在国庆三十周年大会上的讲话指出:"我们所说的四个现代化,是实现现代化的四个主要方面,并不是说现代化事业只以这四个方面为限。我们要在改革和完善社会主义经济体制的同时,改革和完善社会主义政治制度。"[2]四个现代化是当时最大的政治,一切工作都围绕这个中心并为其服务。

三、"三步走"战略

1978年,党的十一届三中全会果断把党和国家工作重心转移到经济建设上来,实行改革开放、建设社会主义现代化。邓小平在会上强调:"我们从八十年代的第一年开始,就必须一天也不耽误,专心致志地、聚精会神地搞四个现代化建设。"

1979年3月21日,邓小平在会见英中文化协会执行委员会代表团时提出:"我们定的目标是在本世纪末实现四个现代化。我们的概念与西方不同,我姑且用个新说法,叫做中国式的四个现代化。"[3]两天后,邓小平在中央政治局会议上再次提及中国式的现代化,这是该词在党内的第一次正式表述。邓小平的中国式现代化有两层含义:一是适合中国国情,二是建成小康社会。在1982年9月召开的党的十二大上,邓小平致开幕词,他指出:

我们的现代化建设,必须从中国的实际出发,无论是革命还是建设,都要注意学习和借鉴外国经验。但是,照抄照搬别国经验、别国模式,从来不能得到成功。这方面我们有过不少教训。把马克思主义的普遍真理同我国的具体实际结合起来,走自己的道路,建设有中国

---

[1] 毛泽东选集:第3卷[M].北京:人民出版社,1991:1081.
[2] 中共中央文献研究室编.改革开放三十年重要文献选编:上册[M].北京:中央文献出版社,2008:71.
[3] 邓小平年谱(1975—1997)(上卷)[M].北京:中央文献出版社,2004:496.

特色的社会主义，这就是我们总结长期历史经验得出的基本结论。[1]

党的十三大确定了我国现代化建设"三步走"发展战略。第一步是1981年到1990年实现国民生产总值比1980年翻一番，解决人民的温饱问题。第二步为1991年到20世纪末国民生产总值再增长一倍，人民生活达到小康水平。第三步是到21世纪中叶人民生活比较富裕，基本实现现代化，人均国民生产总值达到中等发达国家水平，人民过上比较富裕的生活。

党的十五大对实现第三步战略目标做了进一步规划，提出了新的"三步走"发展目标，也就是"两个一百年"奋斗目标。第一步是在21世纪的第一个10年实现国民生产总值比2000年翻一番，使人民的小康生活更加宽裕，形成比较完善的社会主义市场经济体制。第二步是第一个百年奋斗目标：再经过10年的努力，到建党100年时，使国民经济更加发展，各项制度更加完善。第三步则是第二个百年奋斗目标：到21世纪中叶，新中国成立100年时，基本实现现代化，建成富强民主文明和谐的社会主义国家。2000年，党的十五届五中全会指出：我们已经胜利实现了现代化建设的前两步战略目标，从新世纪开始，我国将进入全面建设小康社会，加快推进现代化的新的发展阶段。2007年，党的十七大在深刻分析党和国家面临的新形势、新任务的基础上，提出经济建设、政治建设、文化建设、社会建设四位一体的社会主义现代化国家建设布局。2012年，党的十八大报告首次正式提出要全面建成小康社会。

四、全面建设社会主义现代化强国

党的十九大提出，在全面建成小康社会的基础上，分两步走建成社会主义现代化强国。第一步是到2035年基本实现社会主义现代化，第二步是到21世纪中叶，建成富强民主文明和谐美丽的社会主义现代化强国。党的二十大报告明确提出：从现在起，中国共产党的中心任务就是团结带领全国各族人民全面建成社会主义现代化强国、实现第二个百年奋斗目标，以中国式现代化全面推进中华民族伟大复兴。至此，中国现代化建设进入全面建设社会主义现代化强国的新时期。

中国式现代化是民族复兴的唯一正确道路，中国旗帜鲜明地提出以中国式现代化全面推进中华民族伟大复兴，把推进中国式现代化作为中国当前最大的政治。推进中国式现代化，是一项前无古人的开创性事业，更是一项系统工程。面向未来，在中国式现代化新征程中，还存在许多未知领域，需要在实践中大胆探索，以改革创新来推动这项伟大事业的发展，以高质量发展全面推进中国式现代化。

---

[1] 邓小平文选：第3卷[M]. 北京：人民出版社. 1993: 2-3.

第二章

全球视野下的中国式现代化测度

第一节 世界现代化的评价体系

在世界范围内，以国家为单元的国家现代化评价是多维度、多角度的，有定性评价和定量评价，包括对国家现代化成果的评价、现代化角色的评价、现代化进程的评价以及对国家现代化影响因素的评价等，也包括现代化水平评价和绩效评价，但更多的则是现代化相关专题评价，本节内容聚焦现代化水平的定量评价。

一、国家现代化评价

（一）经典现代化评价

在1960年日本箱根会议上，与会学者提出了经典现代化的8项评价标准，它们分别是：城市化，能源的非生命化、经济的商品化和社会的服务化，社会的参与化，社会的流动性，知识化、俗世化和科学化，社会的沟通化，社会的组织化，国家化与全球化。这一评价标准因其笼统性而未能被广泛应用，但它鼓励了更多的研究者从事现代化的定量评价和动态比较。1966年，美国学者布莱克提出用10项指标来进行现代化评价，尤其是反映现代化带来的经济社会跳跃性变化。[1] 同样，布莱克的评价标准因为相对粗略而未能成为测量现代化进程的有效工具。此后，Cantril用11个结构变量构成的复合指数，测量了14个国家的相对现代化程度。[2] Buck基于经典现代化理论，用10个评价指标对1960年的115个国家和地区进行了评价，为政策制定提供了数据和参考。[3] Harbison等人对1950—1965年的112个国家和地区进行了现代化的定量评价，其评价指标达到40个。[4]

（二）新现代化评价

20世纪80年代，英克尔斯在其现代人模型的基础上，提出了现代化的11项评价标准，

---

1 布莱克. 比较现代化[M]. 杨豫，陈祖洲，译. 上海：上海译文出版社, 1996.
2 Cantril H. The Patterns of Human Concerns[M]. New Brunswick: Rutgers University Press, 1965.
3 Buck G. A Quantitative Analysis of Modernization[R]. El Paso: Texas University, 1969.
4 Harbison F H, Maruhnic J, Resnick J R. Quantitative Analysis of Modernization and Development[M]. Princeton: Princeton University, 1970.

涉及经济发展、城市化水平和人的生活质量3个方面，用以区分传统国家和现代化国家。[1] 这一评价模型因其指标解释明晰、数据易获取等特点，受到中国学者的关注。1995年，中国社会科学院社会学研究所提出的现代化评价体系就是基于英克尔斯模型构建的。该评价体系包括经济发展、社会进步、人口素质及生活水平3个维度15个指标。与英克尔斯指标体系相比，该评价体系在指标内容和标准值上进行了调整，增加了信息化、环境综合指数、分配公平指数等新指标。[2] Shandra等人从社会、经济不同视角对发展中国家进行了跨国的定量分析，具体包括经济现代化、社会现代化、政治现代化、生态进化和依附理论在内的5种不同理论观点相关的变量，发现经济现代化及社会现代化相关指标对儿童死亡率有较大影响。[3] Rubio等人把能源消耗作为衡量现代化程度的一个典型指标，通过对拉丁美洲30个国家1890—1925年人均能源消耗的分析，从一个侧面对拉丁美洲国家的现代化水平进行了评价。[4] 自2001年以来，连续出版的《中国现代化报告》，以第二次现代化理论为理论基础，对人口超过100万的131个国家的现代化水平持续进行定量评价，评价的时间跨度为1950—2018年。

二、现代化专题评价

联合国、欧盟等代表性国际组织和区域组织都形成了关于现代化的相关专题评价，并产生了系列研究报告，这些专题评价主要包括发展评价、竞争力评价、创新能力评价和生活质量评价等。

（一）发展评价

1. 人类发展评价

1990年，联合国开发计划署（United Nations Development Programme, UNDP）认为人和人类的能力是评估一个国家或地区发展的最终标准，而不仅是经济增长，由此，提出了人类发展指数（human development index, HDI）。该指数由人的健康长寿、受到良好教育和生活水平良好3个基本变量构成，用以衡量一个国家或地区居民的总体发展状况。[5] 自1990年以来，联合国开发计划署每年发布的《人类发展报告》中都包括世界各国或地区的人类发展指数及其排名。《2023—2024人类发展报告》数据显示，瑞士的人类发展指数排名世界第1位，中国香港排第4位，内地排第75位。[6]

2. 可持续发展评价

自20世纪90年代以来，可持续发展评价被世界各国和组织广为关注，联合国可持续发

---

[1] 孙立平. 社会现代化[M]. 北京：华夏出版社, 1988.

[2] 朱庆芳, 吴寒光. 社会指标体系[M]. 北京：中国社会科学出版社, 2001.

[3] Shandra J M, Nobles J E, London B, et al. Multinational corporations, democracy and child mortality: A quantitative, cross-national analysis of developing countries[J]. Social Indicators Research, 2005, 73(2): 267-293.

[4] Rubio M D, Yáñez C, Folchi M, et al. Energy as an indicator of modernization in Latin America, 1890—1925[J]. Economic History Review, 2010, 63(3): 769-804.

[5] UNDP. Human Development Report 1990[R]. New York: United Nations Development Programme, 1990.

[6] UNDP. Human Development Report 2023/2024 [R/OL]. (2023-02-04)[2024-06-24] https://hdr.undp.org/system/files/documents/global-report-document/hdr2023-24reporten.pdf

展委员会[1]、联合国环境规划署、世界银行、欧盟委员会[2]等组织以及美国[3]、英国[4]等国家都提出了各种类型的可持续发展评价框架或指数。此外，经济学视域下的可持续发展评价还包括可持续经济福利指数、真实进步指数、真实储蓄指数以及世界银行的新国家财富指标等。[5]自然科学视角下的可持续发展评价则以经济合作与发展组织（Organization for Economic Cooperation and Development, OECD）提出来的"压力－状态－响应"（PSR）模型为典型代表，后被扩展为包含134个指标的"驱动力－压力－状态－影响－响应"（DPSIR）模型，并于1999年被欧洲环境署所采用。联合国可持续发展委员会建立了可持续发展评价准则，由社会、经济、环境和制度4大系统组成，用以评价各国政府推进可持续发展目标的进程。[6]

（二）竞争力评价

竞争是现代化的主要动力，自20世纪80年代以来，竞争力评价受到广泛关注。竞争力可分为不同层次，如国家竞争力评价、地区竞争力评价、部门竞争力评价、企业竞争力评价等。国家竞争力评价以始于1980年的瑞士洛桑国际管理发展学院（International Institute for Management Development, IMD）和世界经济论坛（World Economic Forum, WEF）联合发布的《世界竞争力报告》最具影响力。自1996年以后，瑞士洛桑国际管理发展学院和世界经济论坛分开发布竞争力报告。瑞士洛桑国际管理发展学院用多达256个指标构建世界竞争力指数，来评价67个国家和地区的竞争力状况。《IMD世界竞争力年报2024》的数据显示：在67个国家中，新加坡的竞争力排名第1位，中国排名第14位。[7]世界经济论坛的《全球竞争力报告》仅更新到2020年，它用103个指标测算全球竞争力指数，用以评价141个国家和地区的竞争力状况。其中，新加坡排名第1位，美国排名第2位，中国排名第28位。[8]中国现代化战略研究课题组也对131个国家，1990—2004年的客观竞争力和人均竞争力进行了评估，共使用了18个指标。[9]

（三）创新能力评价

创新同样是现代化的主要动力，创新能力评价是现代化评价的重要组成部分。自20世

---

1 United Nations Commission on Sustainable Development. Indicators of Sustainable Development: Framework and Methodologies[R]. New York: United Nations, 1996.

2 European Union. Towards Environmental Pressure Indicators for the EU[R/OL]. (1999-06-03)[2024-06-24] https://op.europa.eu/en/publication-detail/-/publication/80ce03d9-fc51-4bb6-a6fc-c3997efa3525

3 曹凤中. 美国的可持续发展指标[J]. 环境科学动态, 1997, 2: 5-8.

4 Department of the Environment of United Kingdom. Indicators of Sustainable Development for the United Kingdom[R]. London. 1994.

5 谢洪礼. 关于可持续发展指标体系的述评（二）：国外可持续发展指标体系研究的简要介绍[J]. 统计研究, 1999,16(1): 59-64.

6 United Nations Commission on Sustainable Development. Indicators of Sustainable Development: Guidelines and Methodologies[R]. New York: United Nations, 2001.

7 IMD. The IMD World Competitiveness Yearbook 2024[R/OL]. (2024-06-03)[2024-06-20] https://www.imd.org/wp-content/uploads/2024/06/WCY_Bookletv1_2024-1.pdf

8 Schwab K, World Economic Forum. The Global Competitiveness Report 2019[R/OL]. (2019-10-08) [2024-06-20]https://cn.weforum.org/reports/how-to-end-a-decade-of-lost-productivity-growth

9 中国现代化战略研究课题组. 中国现代化报告2008：国际现代化研究[M]. 北京：北京大学出版社，2008.

纪90年代以来，创新能力评价受到了重视。Porter和Stern用12个指标合成创新指数，评价了17个国家1973—1995年间的创新能力。[1] 世界经济论坛的全球竞争力评价中的一个维度是国家创新能力评价，共用10个指标测算出国家创新能力指数。2019年中国的创新能力指数排在141个国家中的第28位。[2] 自2007年以来，世界知识产权组织（The World Intellectual Property Organization，WIPO）每年都会发布全球创新指数，对世界范围内的国家或地区的创新能力进行评价。2023年的全球创新指数显示：瑞士在132个国家中排名第1位，中国排名第12位。[3] 目前，世界知识产权组织的全球创新指数报告较有影响力。

（四）生活质量评价

生活质量是一个高度综合的概念，关于生活质量的评价是多维的，涵盖了有关居民生活的方方面面，包括生活水平、收入、工作、住房、健康、教育、政府治理、环境、满意度等主观和客观各个领域的综合指数。加尔布雷思认为生活质量是一种主观体验，主要指个人对其生活的满意程度以及在社会中实现自我价值的体验等。[4] 调查和评价不同国家民众的生活满意度和幸福感的具体做法多种多样。Cantril基于存在心理学等理论，对2.4万人的主观感受进行调查，以测度14个国家的居民生活质量及社会经济发展水平。[5] 莫里斯提出"物质生活质量指数"的概念，选取识字率、婴儿死亡率和预期寿命3个指标进行物质生活质量评价。[6] 该评价模型简洁明了、操作性强，因而受到广泛关注并不断被优化。经济合作与发展组织构建了美好生活指数，从物质生活条件和生活品质两个方面对38个国家的生活质量进行了开放式评价。[7] Diener建立了基本生活质量指数和美好生活质量指数，分别用来评价发展中国家和发达国家的生活质量。[8] Somarriba和Pena从工作、生活、教育、休闲生活、收入、健康、安全和信任7个维度对欧洲28个国家的生活质量进行了评价。[9] 何传启等人从现实生活指数和生活满意度两个方面对131个国家的生活质量进行了综合评价。[10] 此外，还有将可持续性纳入整体生活质量概念框架，并据此分析捷克共和国各地区的生活满意度[11]；设立指标分析

---

[1] Porter M E, Stern S. The New Challenge to America's Prosperity: Findings from the Innovation Index[M]. Washington: Council on Competitiveness. 1999.

[2] Schwab K, World Economic Forum. The Global Competitiveness Report 2019[R/OL]. (2019-10-08)[2024-06-20]https://cn.weforum.org/reports/how-to-end-a-decade-of-lost-productivity-growth

[3] World Intellectual Property Organization. Global Innovation Index 2023: Innovation in the Face of Uncertainty[R/OL]. (2023-09-27)[2024-06-20]https://www.wipo.int/global_innovation_index/en/2023/

[4] 加尔布雷思. 丰裕社会[M]. 徐世平, 译. 上海：上海人民出版社, 1965.

[5] Cantril H. The Patterns of Human Concerns[M]. New Brunswick: Rutgers University Press, 1965.

[6] 莫里斯. 衡量世界上穷人景况的指标：物质生活质量指数[M]. 吴立夫, 译. 北京：科学技术文献出版社, 1985.

[7] OECD. Better Life Index[R/OL]. (2023-10-29) [2024-06-20] https://www.oecdbetterlifeindex.org

[8] Diener E D. A value based index for measuring national quality of life[J]. Social indicators Research, 1995, 36(2): 107-127.

[9] Somarriba N, Pena B. Synthetic indicators of quality of life in Europe[J]. Social indicators Research, 2009, 94: 115-133.

[10] 何传启. 中国现代化报告2019：生活质量现代化研究[M]. 北京：北京大学出版社, 2019.

[11] Petrovič F, Murgaš F. Holistic and sustainable quality of life conceptualization and application[J]. Folia Geographica, 2020, 62(1): 77-94.

全球化对伊斯兰国家生活质量的影响[1]；分析技术发展对E7（新兴七国）和G7（七国集团）国家生活质量的影响[2]等方面的实证研究。

三、中国式现代化的已有评价

关于中国式现代化的评价，主要是从以下4个维度展开的：

第一，基于"五位一体"的5个维度进行中国式现代化评价。例如，李炜[3]、赵西君[4]等从经济、社会、政治、文化、生态5个维度评价中国式现代化。任保平和张倩[5]提出了经济现代化、社会进程现代化、城乡区域现代化、生态文明现代化和治理能力现代化5个维度的指标体系。邱海建和郁婷婷[6]基于中国式现代化的目标内涵和实践要求，从人的现代化、经济现代化、治理能力现代化、文化现代化、社会现代化、生态文明现代化6个维度构建了现代化进程统计监测评价指标体系。

第二，基于中国式现代化的五大特征进行评价。例如，牛蕊[7]、叶阿忠[8]、陈胜利[9]等按五大特征进行评价。廖信林和张计生[10]基于新发展理念和五大特征，从经济现代化、创新现代化、共享现代化、生态现代化、治理现代化5个维度进行现代化评价。孟东方和江优优[11]结合中国式现代化内涵及五大特征，提出包括经济、科教、政治、法治、文化、社会、生态、国防与军队、和平发展、党的建设10个维度的指标体系。

第三，基于新发展理念的5个维度进行评价。李旭辉等[12]基于新发展理念构建了新的评价指标体系，引入二次加权因子分析法来衡量经济社会现代化和发展水平。徐银亮和王慧[13]根据新发展理念构建了区域现代化和高质量发展指标体系。蒋永穆等[14]以新发展理念为基础构

---

[1] Majeed M T. Quality of life and globalization: Evidence from Islamic countries[J]. Applied Research in Quality of Life, 2018, 13: 709-725.

[2] Kozlova E, Didenko N. The impact of technological development factors on the quality of life: A comparative analysis of E7 and G7[J]. International Journal for Quality Research, 2022, 16(2): 625-642.

[3] 李炜, 米兰. 中国式现代化指标体系：从理论到实践[J]. 中央社会主义学院学报, 2024(1): 5-12.

[4] 赵西君, 郭剑锋, 季小妹, 等. 中国式现代化指标体系构建与实证研究[J]. 社会科学家, 2023(7): 34-40+53.

[5] 任保平, 张倩. 构建科学合理的中国式现代化的评价指标体系[J]. 学术界, 2022(6): 33-42.

[6] 邱海建, 郁婷婷. 构建现代化进程统计监测评价指标体系研究[J]. 统计科学与实践, 2021(9): 37-40.

[7] 牛蕊, 吴施忆. 中国式现代化指标评价与影响因素识别：基于TOPSIS改进与BP-DEMATEL模型[J]. 学术探索, 2023(11): 17-30.

[8] 叶阿忠, 朱灵群, 张源野, 等. 中国式现代化水平测度、区域差异及来源分解[J]. 工业技术经济, 2024,43(3): 23-32.

[9] 陈胜利, 万政. 中国式现代化水平测度、地区差异及分布动态演进[J]. 重庆理工大学学报（社会科学）, 2023,37(12): 104-118.

[10] 廖信林, 张计生. 中国式现代化视域下的测度、演化与模式[J]. 哈尔滨师范大学社会科学学报, 2024,15(1): 73-82.

[11] 孟东方, 江优优. 中国式现代化指数构建研究[J]. 重庆师范大学学报(社会科学版), 2023,43(2): 5-20.

[12] Li X H, Zhu Q G, Xia W J, et al. Research on economic and social development evaluation system based on five development concepts: Based on quadratic weighted factor analysis[J]. Mathematical Statistics and Management, 2019(3): 506-518.

[13] Xu Y L, Wang H. Construction and empirical evidence of regional high-quality development index system based on five development concepts[J]. Statistics and Decision Making, 2020(14): 98-102.

[14] 蒋永穆, 李想, 唐永. 中国式现代化评价指标体系的构建[J]. 改革, 2022(12): 22-35.

建了具有中国特色的现代化评价指标体系，阐明了构建中国特色现代化评价指标体系的理论逻辑。

第四，综合内涵特征进行多维度评价。马晓河和周婉冰[1]结合中国社会主义现代化建设总布局、中国式现代化的基本特征以及新发展理念，构建了包括经济高质量发展、精神文明富裕、社会和谐和睦、绿色生态发展、公共服务普及普惠5个维度的评价指标体系。刘兴远[2]基于江苏现代化实践的目标内涵，以中国式现代化理论为指导，构建了人的现代化、经济现代化、城乡区域现代化、文化现代化、社会现代化、生态文明现代化、治理能力现代化、满意度8个维度的评价指标体系。邹红等[3]基于以绿色为底色的生产发展、生活富裕和生态良好的协同发展，提出生产发展、生活富裕和生态良好3个维度的现代化评价指标体系。Ju[4]通过中国式现代化理论和现实特征，从社会进程现代化、科技现代化、物质与精神文化现代化、生态文明现代化4个维度构建了指标体系，对2012—2021年中国31个省（自治区、直辖市）进行了评价，得到了各地区的现代化排名，并进一步分析了各地区中国式现代化水平的时间演化格局以及区域差异。

中国式现代化评价除了以国家为单元的整体性评价外，还有其他分类评价：一是领域现代化评价，如生态、经济、国家治理、社会等领域的中国式现代化评价；二是区域现代化评价，如浙江、江苏、广州、京津冀、大湾区、长三角、成渝等地区的中国式现代化评价；三是共同富裕、协调发展、创新等相关专题的评价。

目前，学者们对中国式现代化的测度研究呈现出多维视角。对中国式现代化水平的评价与测度方法主要包括多指标综合测度法、Dagum基尼系数法、耦合协调度模型、核密度估计法、Markov链转移概率矩阵、空间收敛模型等。但总体而言，学界对现代化水平测度的研究有限，没有一个公认的权威性中国式现代化评价体系，指标体系的构建与测度方法仍处于探索阶段。在已有的实证研究中，关于中国式现代化指标体系以及权重存在一定的主观性，测度方法也相对单一，大都围绕中国式现代化的主要领域、特征进行价值判断或描绘，缺乏能够精准聚焦现代化内在核心的实证研究。

第二节 现代化指标的国际前沿与比较分析

目前，不同的国际组织对现代化国家或发达国家有不同的认定依据和结果，且这些认定依据是动态的。迄今，国际上尚未形成一套成熟、公认的现代化指标体系或评价体系。一些有影响力的国际组织依据所处的不同现代化阶段将世界上的200多个国家或地区分成不同的类别，它们所考虑的指标除了这个国家或地区的GDP（国内生产总值）规模外，还包括人均GDP、

---

[1] 马晓河,周婉冰.中国式现代化：评价指标体系构建及统计测度[J].贵州社会科学,2023,404(8):105-115.
[2] 刘兴远.中国式现代化江苏新实践：评价体系与推进路径[J].现代管理科学,2023(5):3-10.
[3] 邹红,杨晗硕,喻曦.中国式现代化的理论内涵与测度指标体系：基于生产发展、生活富裕和生态良好的协同发展研究[J].经济学家,2023(10):23-32.
[4] Ju W L. The dynamic evolution of Chinese-style modernization level measurement[J]. Frontiers in Business, Economics and Management, 2024, 13(3): 155-162.

人均GNI（国民总收入）、工业化水平、国民生活水平和拥有的技术基础设施数量等。一般而言，现代化国家或地区具有的特点包括：生产力水平高度发达，GDP和人均GNI都较高；产业结构先进，服务业占比一般超过60%；经济运行机制较成熟，经济国际化程度较高；科学技术先进，有完善的基础设施和科技实力；有良好的社会保障体系和福利措施，人民生活相对富足。

综合联合国、世界银行、国际货币基金组织和经济合作与发展组织等组织的国家分类标准[1]，剔除人口100万以下的国家，最后确定现代化先行国家共计22个（以下如无特别说明，进行国际比较的现代化先行国家都是指这22个国家）。现代化先行国家经济财富占全球总财富的65.4%（303.18万亿美元），GDP占全球GDP的57.5%，人口占世界总人口的12.7%（表2-1）。

表2-1　22个现代化先行国家概览

国家	GDP/万亿美元	总人口/人	人均GNI/美元	人均GDP/美元	人口密度/（人/千米^2）
美国	257.44	333 271 411	70 930	76 590	36.3
日本	42.56	125 124 989	42 650	42 550	344.8
德国	40.82	83 797 985	51 660	54 030	238.1
英国	30.89	67 791 000	44 480	48 640	277.0
法国	27.79	67 971 311	44 160	45 290	123.8
加拿大	21.61	38 939 056	48 310	53 300	4.4
意大利	20.67	58 940 425	35 990	38 370	200.0
澳大利亚	16.93	26 014 399	57 170	60 820	3.3
韩国	16.74	51 672 569	35 110	36 160	530.4
西班牙	14.18	47 778 340	29 690	32 090	94.9
荷兰	10.09	17 700 982	55 200	60 230	520.7
瑞士	8.18	8 775 760	90 600	95 490	220.3
挪威	5.94	5 457 127	83 880	96 770	14.8
瑞典	5.90	10 486 941	59 540	63 900	25.6
比利时	5.84	11 685 814	50 490	53 890	382.6
爱尔兰	5.33	5 127 170	76 110	79 730	73.1
以色列	5.25	9 557 500	49 290	55 140	433.1
新加坡	4.98	5 637 022	64 010	66 970	7595.5
奥地利	4.71	9 041 851	52 760	55 720	108.5
丹麦	4.00	5 903 037	68 300	73 520	146.4
芬兰	2.82	5 556 106	53 510	54 730	18.2
新西兰	2.47	5 117 200	45 230	48 530	19.4

数据来源：世界银行WDI（world development indicators，世界发展指标）数据库。

注：（1）除人口密度为2021年数据外，其余指标均为2022年数据。
（2）国家排序按2022年GDP总量由高到低进行。

现代化是一个高度综合的概念，包括了经济、社会、文化、生态等领域的全方位进步变迁。

1　筛选的主要原则为：① 至少属于以上4个国际组织划分的先进经济体中的2个以上；② 近50年现代化指数排名出现在前30位的次数最多；③ 人均GDP在3万美元以上。

如果考察美国、英国、法国、德国等现代化先行国家的发展前沿，就会发现这些国家在经济发展、社会进步、国家治理、生态环境等方面具有一些不因国情而异的共性，体现了现代化的一般规律，同时这些共性也是中国式现代化实践的重要参考。

一、经济发展水平较高，科技创新能力领先

现代化先行国家已基本完成工业化、城镇化和农业现代化，经济生产效率高，服务业在经济结构中占据绝对优势，城镇化发展成熟稳定。标志性指标主要包括人均GDP、劳动生产率、服务业增加值占比、城镇化率、城乡居民收入比等。现代化先行国家高度重视科学、技术、知识创新和人才培养，善于抓住科技革命和产业变革机遇，以科技创新引领产业转型升级，形成现代化的经济体系。标志性指标主要包括R&D（研究与试验发展）投入占GDP比例、基础研究占研发经费比例等。

与现代化先行国家相比，中国在三次产业占比、城镇化等方面较好，但在经济生产效率、知识产权使用等方面短板明显。比如，2022年中国人均GDP不到现代化先行国家平均水平的1/4，劳动生产率只有现代化先行国家平均水平的31%；中国城乡居民收入比为2.45，远高于现代化先行国家1.5以内的水平（表2-2）。中国科技创新投入指标优势明显，R&D投入占GDP比例等已基本达到现代化先行国家的平均水平。在世界知识产权组织发布的《2023年全球创新指数》报告中，中国创新能力排名世界第12位。但总体来看，我国仍存在一些亟待解决的突出问题，比如"卡脖子"问题仍然明显，关键核心技术受制于人；研发支出主要来自大型研究院所，企业研发支出疲弱；金融孵化、技术推广、法律咨询等科技服务业发展水平不高，市场化创新生态和创新环境有待进一步优化；知识产权领域仍存在侵权易发、多发和侵权易、维权难等现象。

表2-2 经济领域的现代化前沿与比较

标志性指标	现代化先行国家	中国	相对差距/倍
人均GDP/万美元	5.89	1.27	4.64
劳动生产率/（万美元/人）	11.9	3.68	3.23
服务业占GDP比例/%	65.7	53.4	1.23
城镇化率/%	83.4	63.6	1.31
城乡居民收入比	1.33	2.45	1.84
R&D投入占GDP比例/%	2.74	2.43	1.13
基础研究占研发经费比例/%	17.5	6.32	2.77
人均知识产权使用费/美元	1876	31.5	59.56

数据来源：世界银行、经济合作与发展组织、国家统计局。

二、社会发展程度较高，民生福祉有保障

现代化先行国家居民收入差距较小，中等收入群体占多数，公共服务覆盖广泛，形成了比较完善的社会保障福利制度，社会文明程度较高。标志性指标主要包括中等收入群体占比、基尼系数、人均预期寿命、婴幼儿死亡率等（表2-3）。

与现代化先行国家相比，中国社会领域基础较好，人均预期寿命、婴幼儿死亡率、孕产妇死亡率等反映社会发展程度的指标已达到或超过现代化先行国家。但是，中国在居民志愿服务意识、城市信用体系建设、社会保障水平等方面仍与现代化先行国家差距明显。特别是在医疗、社会保障方面，现代化先行国家以高度普及和较高水平的公共福利而闻名，比如法国建立了从孕中6个月补助到死亡抚恤金的全生命周期福利制度，每周法定工作时间为35小时，福利支出占GDP的比例接近34.9%，而中国当前所处发展阶段不同，社会保障仍需尽力而为、量力而行。

表 2-3 社会领域的现代化前沿与比较

标志性指标	现代化先行国家	中国	相对差距 / 倍
中等收入群体占比 /%	约 60	约 30	2
基尼系数	0.32	0.46	1.44
受过高等教育的劳动力比例 /%	78.5	73.4	1.07
人均预期寿命 / 岁	82.1	78.6	1.01
婴幼儿死亡率	2.9‰	4.8‰	1.66
护士数量 / 每千人	12.2	3.3	3.7
人均健康支出 / 美元	6481	1033	6.27

数据来源：世界银行、世界卫生组织、经济合作与发展组织、国家统计局。

三、国家治理依法有效，高质量安全发展

现代化先行国家具备系统高效的治理模式，在对外保持相对稳定的地缘政治和外部关系的同时，对内通过法治体系建设推进国家进步和社会发展，法治成为国家治理的基本准则和手段。标志性指标主要涉及社会安全、交通安全、营商环境等方面，具体包括刑事案件判决生效犯罪数、道路交通事故死亡数和营商便利指数（表2-4）。

受益于强大的社会治安管理和严格有效的法律制度，中国在社会安全指标每10万人刑事案件判决生效犯罪数方面，显著优于现代化先行国家。营商环境近年来也有很大的提升和进步，目前的国际差距已经很小。但需要关注的是，中国在法治建设等方面还有短板弱项，比如居民法治意识需进一步增强，行政执法和监管仍需规范，个别新兴领域立法进度跟不上实际需要等。

表 2-4 国家治理领域的现代化前沿与比较

标志性指标	现代化先行国家	中国	相对差距 / 倍
刑事案件判决生效犯罪数 / 每 10 万人	1200	约 350	3.43
道路交通事故死亡数 / 每 10 万人	4.8	17.4	3.63
营商便利指数	80.2	77.3	1.04

数据来源：世界银行、国家统计局。

四、文化竞争具有比较优势，文化生活丰富多彩

现代化先行国家注重文化的先导性、创新性和渗透作用，注重通过开放包容的文化认同来凝聚共识，文化产业发达，文化消费繁荣活跃。标志性指标主要包括文化产业占GDP比例、

人均文化消费、博物馆数量等（表2-5）。

对标现代化先行国家，中国作为世界文明古国，拥有丰富的文化资源和深厚的历史底蕴，但文化国际影响力与英国、法国等差距较大，文化事业和文化产业发展仍不充分，人民的文化生活有很大的提升空间，比如现在人均文化消费不足现代化先行国家平均值的1/13，每10万人拥有博物馆数量不足现代化先行国家平均值的1/12。

表2-5　文化领域的现代化前沿与比较

标志性指标	现代化先行国家	中国	相对差距/倍
文化产业占GDP比例/%	>10	4.5	2.22
人均文化服务贸易/美元	1036	80	12.95
国际旅游收入份额/%	9.6	4.3	2.23
人均文化消费/美元	1681	123	13.67
每10万人拥有博物馆数量/个	约5	0.39	12.82

数据来源：世界银行、经济合作与发展组织、联合国教科文组织、国家统计局。

五、绿色发展成效显著，自然环境得到有效保护

现代化先行国家注重可持续发展，生态环境普遍较好，生产生活方式绿色化，注重资源节约和循环利用，在应对气候变化、保护生物多样性等全球性环境与发展问题上保持较高的关注和投入。标志性指标主要包括单位GDP二氧化碳排放量、单位GDP能源消耗、细颗粒物（$PM_{2.5}$）年均浓度等（表2-6）。

与现代化先行国家相比，中国绿色发展水平仍需提升。单位GDP二氧化碳排放量、单位GDP能源消耗等指标都相对偏高，每生产1美元GDP产生的二氧化碳排放是英国的2.3倍，法国的1.8倍。生态环境质量差距较大，中国的$PM_{2.5}$浓度显著高于现代化先行国家。垃圾分类等绿色生活方式尚未形成，环保自觉需进一步转化为社会共识和集体行动。

表2-6　生态领域的现代化前沿与比较

标志性指标	现代化先行国家	中国	相对差距/倍
单位GDP二氧化碳排放量/（千克/美元）	0.13	0.43	3.31
单位GDP能源消耗/（千克标准油/千美元）	87	188	2.16
细颗粒物（$PM_{2.5}$）年均浓度/（微克/米^3）	11.3	29	2.57

数据来源：世界银行、国家统计局。

六、注重融入全球经济，高水平开放发展

现代化先行国家注重保持开放发展的态度，积极参与国际经济合作与竞争。国际大都市通常是现代化先行国家对外开放的重要窗口，代表国家参与国际竞争和全球治理，国际交流高度活跃。标志性指标主要包括世界500强企业数量、国际航线数量、常住外籍人口比例等（表2-7）。

近年来，中国对外开放水平持续提升，但与现代化先行国家还有一定差距。以首都北京

为例，北京在世界 500 强企业数量上超过全球所有城市，但在国际航线数量、常住外籍人口比例等方面与现代化前沿城市差距较大。比如，在国际航线数量方面，首都北京仅为伦敦（665条）、巴黎（612条）、法兰克福（594条）等城市的 1/3 水平。

表 2-7　国际化领域的现代化前沿与比较

标志性指标	现代化前沿城市	北京	相对差距 / 倍
世界 500 强企业数量 / 个	10～30	54	＞5.4
国际航线数量 / 条	500～700	约 200	＞2
常住外籍人口比例 /%	＞10	＜0.3	＞33

数据来源：Fortune. Fortune analytics[EB/OL]. (2023-10-03) [2024-08-20]. https://fortune.com/magazine；飞常准. 航线网络图 (2024-07-25) [2024-08-20]. https://map.variflight.com；国家统计局. 第七次全国人口普查公报. (2021-05-11) [2024-08-20]. https://www.gov.cn/guoqing/2021-05/13/content_5606149.htm

第三节　中国式现代化测度方法及结果

一、中国式现代化的指标体系

现代化的指标体系非常庞杂，既是一个涉及自然、社会、经济等多维方面的复杂系统，又是一个与时俱进的系统，不同国家在不同的发展阶段所追求的具体目标有所不同，测度的方法和指标体系也在不断变化和更新。以联合国、世界银行等为代表的国际组织基于自身特性与发展阶段，制定了类似现代化评价指标的各类指标，如：联合国可持续发展指标体系（17 个维度 200 项指标）、联合国 2030 年可持续发展议程（17 个维度 169 项指标）、联合国国家概览指标体系（16 个维度 150 项指标）、联合国千年发展目标（8 个维度 22 项指标）、联合国工业竞争力评价指标体系（3 个维度 6 项指标）等。

目前，世界银行、联合国、欧盟、经济合作与发展组织等国际组织的国家发展指标体系，与现代化指标体系的相关性更强，并且其维度和统计范围各有特色（表 2-8）。

表 2-8　国际组织现代化相关的指标体系列举

指标体系	指标维度（主题）	指标数量 / 个	国家或地区 / 个
世界银行 WDI 数据库	20 个主题：农业、援助、气候变化、经济增长、教育、能源、环境、外债、金融、性别、健康、基础设施、贫困、私营部门、公共部门、科技、社会发展、社会保护与劳动力、贸易、城市发展	＞2000	264
联合国统计年鉴	16 个主题：人口、国民核算、教育、劳动力、价格指数、国际贸易、能源、犯罪、性别、营养健康、科技、金融、环境、通信、旅游及交通、发展援助	＞150	＞200
经济合作与发展组织数据库	17 个主题：农渔业、发展、经济、教育、能源、环境、金融、公共治理、健康、工业、创新与科技、工作、社会、地区、贸易、交通、税收	＞300	＞48（以 38 个成员国为主，也包括少量非成员国）
欧盟统计局（Eurostat, European Statistical Office）	11 个主题：经济与金融、人口与社会状况、工业贸易和服务、农林渔业、国际贸易、交通、环境与能源、科技、数字经济与社会、经济全球化、生活质量	＞400	＞30（以 27 个欧盟成员国为主）

中国学者对于现代化指标体系的探索也取得了一些研究成果，比如《中国现代化报告》（2001—2021），该系列年度报告基于二次现代化理论构建了现代化的评价模型，把中国置于世界131个国家的坐标系下进行国际比较，建立了第一次现代化、第二次现代化和综合现代化三套现代化指标体系。其他学者基于对中国式现代化的不同解读也构建了一些相关的现代化指标体系。[1,2,3,4]

本书下篇的5个分报告对中国式现代化的五大特征进行了较为系统的梳理和深入研究，并将中国式现代化的指标体系分为5个维度，分别为人口规模巨大的现代化指标体系、共同富裕的现代化指标体系、物质文明和精神文明相协调的现代化指标体系、人与自然和谐共生的现代化指标体系以及和平发展的现代化指标体系，最终构成了完整的中国式现代化指标体系数据集，详细内容可见5个分报告。

二、中国式现代化的评价指标

本研究根据《中国现代化报告》系列年度报告20多年的数据积累和评价方法，确立了关于中国式现代化评价的依据：① 读懂党的规范性文件中关于中国式现代化的理论阐述，再进行测度，建立中国式现代化的评价模型；② 基于5个维度对现代化进行研究和测度；③ 基于5个分报告生成的现代化指标体系数据集，结合现代化指标的政策含义和数据的可获得性，构建中国式现代化指数的评价模型，用以衡量中国式现代化的相对水平。

在此基础上，中国式现代化评价的基本思路为：中国式现代化水平等于人口规模巨大的现代化、共同富裕的现代化、物质文明和精神文明相协调的现代化、人与自然和谐共生的现代化以及和平发展的现代化5个维度的综合测度水平，因此通过公式2-1计算可得中国式现代化指数（index of Chinese modernization，ICM）。

$$ICM = \sum K_i \times X_i \qquad 公式2\text{-}1$$

公式2-1中ICM为中国式现代化指数，X_i为选取的各个指标，K_i为权重。权重采用主成分分析法（principal component analysis，PCA）计算得出，通过对上述指数以不同权重计算最终得到中国式现代化指数。

在评价指标的选取上，尽量兼顾客观指标和主观指标，传统指标与大数据指标的结合。有些短期数据，比如社交平台的数据也已纳入中国式现代化的指标体系，但出于指标的不确定性和政策含义等的综合考量，暂未选入综合评价指标。本研究最终选取了5个方面18个维度的关键指标，代表中国式现代化的典型特征，共同构成了中国式现代化指数的评价指标体系（表2-9）。

---

[1] 蒋永穆，李想，唐永. 中国式现代化评价指标体系的构建[J]. 改革，2022(12): 22-35.
[2] 贾晓芬，张宏莉. 科学构建中国式现代化的评价指标体系[J]. 国家治理，2022(20): 56-64.
[3] 任保平，张倩. 构建科学合理的中国式现代化的评价指标体系[J]. 学术界，2022(6): 33-42.
[4] 洪银兴. 论中国式现代化的经济学维度[J]. 管理世界，2022,38(4): 1-15.

表 2-9 中国式现代化指数的评价指标

一级指标	评价维度	评价指标	指标解释及单位	指标性质
人口规模	人口结构	城镇化率 X_1	城市人口占总人口的比例，%	正指标
		总抚养比 X_2	非劳动力人口与劳动力人口之比	逆指标
	人口质量	受过高等教育人口比例 X_3	接受大学及以上教育人口占总人口的比例,%	正指标
		平均预期寿命 X_4	岁	正指标
共同富裕	总体富裕	人均 GDP X_5	元	正指标
		养老保险覆盖率 X_6	有养老保险的人口占总人口的比例，%	正指标
	共享程度	城乡差距 X_7	城镇与农村居民人均可支配收入之比	逆指标
		区域差距 X_8	最富市区与最穷市区人均 GDP 之比	逆指标
协调发展	物质文明	劳动生产率 X_9	元 / 人	正指标
		居民人均可支配收入 X_{10}	元	正指标
	精神文明	文化产业增加值占 GDP 比例 X_{11}	%	正指标
	协调度	协调度指数 X_{12}	物质文明和精神文明协调度	合理值
和谐共生	自然环境	生态质量指数 X_{13}	—	正指标
	人居环境	环境基础设施覆盖率 X_{14}	%	正指标
		单位 GDP 能耗 X_{15}	吨标准煤 / 万元	逆指标
	人文环境	生态文明体制落实指数 X_{16}	—	正指标
和平发展	社会安全	万人刑事案件数量 X_{17}	件	逆指标
	开放发展	货物进出口总额占 GDP 比例 X_{18}	%	正指标

为了去除在实际应用时由量纲与数量级的不同而造成的影响，本研究对评价指标的原始数据进行了标准化处理，公式如下：

正指标：
$$X_i = \frac{x_i}{x_0} \times 100 \quad \text{或} \quad X_i = \frac{x_i - x_{\min}}{x_{\max} - x_{\min}} \times 100 \qquad 公式\ 2\text{-}2$$

逆指标：
$$X_i = \frac{x_0}{x_i} \times 100 \quad \text{或} \quad X_i = \frac{x_{\max} - x_i}{x_{\max} - x_{\min}} \times 100 \qquad 公式\ 2\text{-}3$$

公式 2-2、2-3 中，X_i 为标准化值，x_i 为原始值，$x_{\max}$ 为最大值，$x_{\min}$ 为最小值。x_0 为标准值，当该指标的国际数据可获取时，为现代化先行国家的平均值；当该指标的国际数据无法获取时，按极差法进行标准化处理。标准化处理后，各指标的取值在 0 ～ 100 之间。

三、权重的计算方法

本研究采用主成分分析法确定权重。主成分分析法是一种多变量统计方法，通常是指对多个数值或定量变量之间的相关性进行考察的多元统计方法。这种方法通过正交变换将全部指标中可能存在相关性的变量转换为线性不相关变量，再现指标与主成分之间的关系。将多个现代化指标变量简化为少数几个综合指标，是一种对高维变量空间进行降维的技术。主成分分析法被广泛运用于不同的研究领域中，在具体的研究中，研究者可按照相关指标特点，客观赋权各指标的权重。

在进行主成分分析之前，需要对数据进行适用性检验，主要采用相关系数矩阵、KMO

（Kaiser-Meyer-Olkin）检验和 Bartlett 球形检验方法确定数据是否适合进行主成分分析。本研究利用 SPSS 24.0 统计软件得出各指标变量之间的相关系数都在（-1，1），并且大部分值大于 0.5，表明变量之间存在较强的相关性。一般认为 KMO 值＞0.6 时可以做主成分分析，检验结果显示 KMO 值为 0.672（表 2-10），且 Bartlett 球形检验结果在显著性水平 0.01 时显著，p 值为 0.000。综合以上检验结果，判定该研究的数据可以进行主成分分析。

表 2-10　KMO 检验和 Bartlett 球形检验

KMO 值	Bartlett 球形检验		
	近似卡方	自由度	显著性（p 值）
0.672	488.440	153.000	0.000

利用主成分分析法得到各指标的权重如下（表 2-11）。

表 2-11　主成分分析法计算得到的各指标权重

编号	指标	权重
X_1	城镇化率 /%	5.25%
X_2	总抚养比	4.90%
X_3	受过高等教育人口比例 /%	4.51%
X_4	平均预期寿命 / 岁	9.22%
X_5	人均 GDP/ 元	5.75%
X_6	养老保险覆盖率 /%	3.25%
X_7	城乡差距	5.70%
X_8	区域差距	0.57%
X_9	劳动生产率 /（元 / 人）	5.42%
X_{10}	居民人均可支配收入 / 元	7.98%
X_{11}	文化产业增加值占 GDP 比例 /%	7.49%
X_{12}	协调度指数	6.56%
X_{13}	生态质量指数	5.95%
X_{14}	环境基础设施覆盖率 /%	4.12%
X_{15}	单位 GDP 能耗 /（吨标准煤 / 万元）	8.69%
X_{16}	生态文明体制落实指数	5.29%
X_{17}	万人刑事案件数量 / 件	0.26%
X_{18}	货物进出口总额占 GDP 比例 /%	9.08%

四、中国式现代化的测度结果

2022 年，中国式现代化测度的结果为：ICM 排在前 5 位的地区分别是：香港（93）、澳门（83）、北京（81）、台湾（78）、上海（70）。当 ICM 为 80 时，大致相当于现代化先行国家的低值，基本达到现代化国家的入门水平。

根据 ICM 分组：ICM ≥ 80 为中国式现代化 A 类地区；60 ≤ ICM ＜ 80 为中国式现代

化 B 类地区；40 ≤ ICM < 60 为中国式现代化 C 类地区；ICM < 40 为中国式现代化 D 类地区。

根据 ICM 分组，香港、澳门和北京 3 个地区 ICM 超过 80，属于中国式现代化的前沿地区（A 类地区）；台湾、上海、浙江、广东、天津、江苏、福建 7 个地区属于发达地区（B 类地区）；重庆、山东、江西、湖北、湖南、安徽、海南、辽宁、黑龙江、广西、四川、内蒙古、吉林、河南、陕西、河北、山西、云南 18 个地区属于中等发达地区（C 类地区）；宁夏、贵州、西藏、新疆、青海、甘肃 6 个地区属于中国式现代化的初等发达地区（D 类地区），见表 2-12。

表 2-12　2022 年按中国式现代化指数分组的地区评级

地区	中国式现代化指数评级
北京	A
天津	B
河北	C
山西	C
内蒙古	C
辽宁	C
吉林	C
黑龙江	C
上海	B
江苏	B
浙江	B
安徽	C
福建	B
江西	C
山东	C
河南	C
湖北	C
湖南	C
广东	B
广西	C
海南	C
重庆	C
四川	C
贵州	D
云南	C
西藏	D
陕西	C

续表

地区	中国式现代化指数评级
甘肃	D
青海	D
宁夏	D
新疆	D
香港	A
澳门	A
台湾	B

中国地区现代化指数的最大值为93，最小值为34，地区间现代化水平差异是2.7。具体而言，社会安全和开放发展两个分指数的地区差异巨大，劳动生产率、居民人均可支配收入、文化产业增加值占GDP比例等协调发展的各项指数在地区间的差异也很大，单位GDP能耗、生态质量指数等生态指标的地区差异为5～11倍，共同富裕指数的地区差异为1.4～8.9倍，人口规模现代化指标的地区差异总体较小（表2-13）。

表2-13　2022年中国式现代化指标的地区差距

指标类型	最大值	最小值	平均值	相对差（最大值/最小值）
ICM	90	34	54	2.7
X_1	100	45	79	2.2
X_2	100	68	84	1.5
X_3	100	40	61	2.5
X_4	100	88	95	1.1
X_5	100	25	52	4
X_6	100	71	88	1.4
X_7	102	49	82	2.1
X_8	116	13	61	8.9
X_9	100	3	18	33.3
X_{10}	100	1	13	100
X_{11}	100	1	27	100
X_{12}	100	1	42	100
X_{13}	100	13	68	7.7
X_{14}	100	19	54	5.3
X_{15}	90	9	58	10
X_{16}	62	15	43	4.1
X_{17}	100	1	60	100
X_{18}	100	1	27	100

从以上指标数据来看，2022年中国式现代化的区域不平衡性非常显著。这种区域不平衡

性集中反映在3个方面：① ICM 的不平衡，地区 ICM 的相对差距为 2.7 倍；② 现代化指标发展的不平衡，各项指标之间的差距很明显；③ 现代化水平的地理不平衡，中国地区的东西差距、南北差距还比较明显。

需要指出的是，不同指标的数据质量不同，且面板数据得到的结果与真实的现代化水平可能存在一定的差异，故本评价结果仅供参考。

下 篇
中国式现代化的特征、内涵与评价
——分报告

第三章

中国式现代化是人口规模巨大的现代化

习近平总书记在党的二十大报告中指出:"中国式现代化是人口规模巨大的现代化。我国14亿多人口整体迈进现代化社会,规模超过现有发达国家人口的总和,艰巨性和复杂性前所未有,发展途径和推进方式也必然具有自己的特点。"[1] 人口规模巨大是我国的基本国情,也是中国式现代化的首要显著特征。人口规模不同,现代化的任务和路径就不同,其实现的艰巨性和复杂性也不同。

第一节 人口规模巨大的现代化的理论背景

习近平总书记在2014年德国科尔伯基金会的演讲中就曾说道:"中国有13亿多人,只要道路正确,整体的财富水平和幸福指数可以迅速上升,但每个个体的财富水平和幸福指数的提高就不那么容易了。同样一桌饭,即使再丰盛,8个人吃和80个人吃、800个人吃是完全不一样的。"[2] 第七次全国人口普查数据显示,2020年中国的总人口已经到了14.1亿,这个数据意味着我们实现现代化的难度是很大的,问题是错综复杂的。当然,也意味着我国一旦实现了社会主义现代化强国战略,给世界现代化事业带来的贡献也是前所未有的。在中国式现代化所具有的五大特征中,人口规模巨大是首要特征。在现代化史上,中国式现代化的人口基础是史无前例的。因此,只有从人口规模这个首要特征出发,才能够更好地理解中国式现代化背后深刻的政治历史逻辑。

一、人口规模巨大的现代化的相关概念

(一)人口现代化

现代化作为社会各个领域普遍的、深刻的变化,在新中国成立早期主要包括工业、农业、国防与科技现代化,之后又加入了经济、政治、社会、文化、生态等方面的现代化内容。作为现代化建设的主体——人类自身发展的现代化,包括人口现代化以及人的现代化。由于人口现代化这个问题本身的复杂性,学界对包括概念在内的人口现代化的一些基本问题并没有

---

[1] 习近平.高举中国特色社会主义伟大旗帜 为全面建设社会主义现代化国家而团结奋斗:在中国共产党第二十次全国代表大会上的报告(2022年10月16日)[M].北京:人民出版社,2022:22.
[2] 习近平外交演讲集:第1卷[M].北京:中央文献出版社,2022:117.

达成共识。例如，什么是人口现代化？人口发展到怎样的状态才算实现或基本实现了现代化？人口现代化实现的标准是什么？是否可以对人口现代化进程进行度量？世界上哪些国家已经实现了人口现代化？这些国家是怎样实现人口现代化的？还有哪些国家尚处在人口现代化进程中？这些国家人口现代化已进展到什么程度？在人口现代化进程中还存在哪些比较突出的问题、弱点和不足？中国及各地区人口现代化已进展到什么程度？在世界人口现代化进程中中国处于怎样的位置？等等。

《不列颠百科全书》将人口现代化描述为欧洲的两次世界人口转型[1]；吴忠观则将人口现代化定义为"人口的数量、质量和结构与现代经济、社会发展的适应程度日益提高的过程"[2]。人口现代化是中国人口学家的理论创新，其理论渊源可以追溯到1981年曹景椿提出的人口再生产类型现代化概念以及1982年王维志在《社会主义制度加速了人口现代化的进程》一文中把低出生、低死亡、少子女和高寿命作为人口现代化的标志[3]。著名人口学家刘铮则首先提出一种关于人口发展的创造性理论，他认为人口现代化以现代科技为社会生产的基础，主要包括人口再生产类型的现代化和人口素质的现代化两个方面[4]，前者是指以低出生率、低死亡率和低人口自然增长率为基本特征的人口再生产模式，后者则是指劳动者能够利用所掌握的现代科技知识而推动生产力进步。

之后，人口学家查瑞传在1994年指出，人口现代化的主要内容包括5个方面：人口自然变动转向低生育、低死亡、低增长的模式；人口年龄金字塔由扁平型向底部垂直型转变；人口文化教育水平大幅提高；人口行业分布更多转向第二产业，继而又转向第三产业；人口迁移活跃，人口向城市集中。[5] 张开敏研究员在刘铮、查瑞传的研究基础上，提出现代化人口的标准包括人口生育模式、人口构成（年龄、产业、城乡）和人口素质（身体、智力和社会）3个方面。[6] 邬沧萍教授在1997年出版的《转变中的中国人口与发展总报告》中肯定了刘铮教授关于人口现代化包含的两个内容，同时补充了人口结构的现代化与人口迁移和分布的现代化两个方面，其中人口结构的现代化包含了人口的年龄结构和就业结构这两个方面。[7] 穆光宗把人口现代化定义为人口系统内部及人口系统与非人口系统之间相互作用的过程和结果，包含了人口系统内部的现代化（人口的内现代化）和人口系统与非人口系统之间互动的时序变化从低级趋向高级的过程（人口的外现代化）两个部分。[8] 陈友华认为人口现代化是人口再生产类型由传统转向现代、人口素质不断提高、性别年龄结构趋于合理、工业化与城市化并进、经济发展趋于现代化的发展过程，包含生育现代化、人口素质现代化与人口结构现代化3个方面的内容。[9]

---

1 Krishan K. Modernization. [EB/OL](2024-07-02)[2024-08-18]. https://www.britannica.com/topic/modernization

2 吴忠观. 人口科学辞典 [M]. 成都：西南财经大学出版社, 1997: 164.

3 王维志. 社会主义制度加速了人口现代化的进程 [J]. 财经问题研究, 1982 (3): 19-22+35.

4 刘铮. 人口现代化与优先发展教育 [J]. 人口研究, 1992(2): 1-10.

5 查瑞传. 人口现代化问题 [J]. 人口与计划生育, 1994(3): 4-9.

6 张开敏. 社会主义市场经济与人口现代化 [J]. 社会科学, 1994(5): 50-53.

7 邬沧萍. 转变中的中国人口与发展总报告 [M]. 北京：高等教育出版社, 1997: 32.

8 穆光宗. 人口流迁与人口现代化：系统科学的视野 [J]. 人口与经济, 1997(4): 10-16+43.

9 陈友华. 关于人口现代化几个问题的理论探讨 [J]. 人口研究, 1998(6): 14-18.

1999 年，浙江省人口学会年会暨人口现代化专题研讨会在杭州召开，就人口现代化的内涵、人口现代化应注意的几个关系以及人口现代化的指标体系等内容展开了讨论。2001 年，《人口研究》编辑部在第 1 期发起了关于"中国人口现代化：挑战与展望"的讨论，邀请到复旦大学彭希哲、中国人口情报资料中心顾宝昌、首都经贸大学黄荣清、中国青年政治学院王放 4 位专家，从不同角度对中国人口现代化进行了深入的分析探讨。2002 年，由中国人口报社和中国人口学会共同举办的"中国现代化进程中的人口现代化研讨会"在北京召开，会议主题涉及：① 人口现代化的定义、标志和指标体系；② 人口现代化是全面现代化的基础；③ 人口现代化应成为 21 世纪人口理论研究的新增长点；④ 计划生育工作的人口现代化问题等重要内容。这两次的分析探讨积极热烈且影响巨大，加深了人们对人口现代化内涵、外延及其特征的理解，同时也使人们看到了人口现代化命题的难度，由此引出了一系列人口现代化命题的论述。[1,2,3] 党的十八大之后，随着中国式现代化迈入新征程，中国人口发展和相应人口政策出现了新变化，重新思考和界定人口现代化理论和实践研究便表现出鲜明的现实意义。[4,5]

（二）人的现代化

要理解"人的现代化"的基本含义就需要首先清楚"人"的基本含义。按照人类学的解释，人有广义和狭义、抽象和具体之分。广义的人，泛指人类，是地球上生物进化的最高阶段，是社会历史文化活动的主体。马克思主义认为，人的最大特点是能制造劳动工具，并用来改造周围世界，"人的本质并不是单个人所固有的抽象物。在其现实性上，它是一切社会关系的总和"[6]。狭义的人，指的是个人，你我他 / 她等人的实体。个人着重强调个别性及人与人之间的差异性，因而带有具体性。广义的人则是高度抽象化了的概念，强调人的一致性，即从互有差异的个人中抽象出来的共同本质属性，亦即人类区别于非人类的属性——社会性。从广义上讲，人是人类的简称；从狭义上讲，人是个人的简称。因此，人的现代化是人向现代需要的新人综合转变的过程，现代化的人是这一转变的具体结果。广义的人的现代化是指整个人类状况的现代化，即包括适应社会现代化要求的人口素质的现代化和人的主体意识的现代化；狭义的人的现代化主要是指人的个体素质的现代化以及个体素质与社会现代化协调统一发展。

人与人口的概念既有区别又互相联系。人具有个体与群体两种生存状态，作为广义的人（类），是比人口更抽象的、更广泛的、不包含数量差异的整体概念，而人口则是存在数量差异的整体概念；作为狭义的人（个人），则是构成人口的基本单元。人口是生活在一定社会生产方式下，在一定时间、一定地域内，由一定社会关系联系起来的，由一定数量和质量的有生命的个人所组成的不断运动的社会群体。[7] 简言之，人口代表的是一个群体，而这个群体又是由个体组成的；或由部分个体组成，如区域人口、国家人口、男性人口、女性人口；

---

1 王秀银. 人口现代化与人的现代化 [J]. 山东社会科学, 2004(2): 103-104.
2 陈友华. 南京市人口老龄化现状及其发展前景 [J]. 南京人口管理干部学院学报, 2003(1): 9-12.
3 王学义. 人口现代化的测度指标体系构建问题研究 [J]. 人口学刊, 2006(4): 46-51.
4 段成荣, 邱玉鼎, 黄凡, 等. 从 657 万到 3.76 亿：四论中国人口迁移转变 [J]. 人口研究, 2022, 46(6): 41-58.
5 陆杰华, 谷俞辰. 优化中国人口发展战略的现实内涵、核心议题与实践路径 [J]. 社会科学辑刊, 2023(4): 134-144.
6 马克思恩格斯选集：第 1 卷 [M]. 北京：人民出版社, 2012, 135.
7 刘铮. 人口理论教程 [M]. 北京：中国人民大学出版社, 1985, 9.

或由全部个体组成，如世界人口。世界人口的产生与形成，与人（类）的起源息息相关。地球上的人（类）起源之日，亦即世界人口的产生之时。百万年来，人（类）发展变化的许多重要特征是通过人口的发展变化得到反映的。确切地讲，人口是从数量、结构、质量、分布等方面表现人（类）自身存在和发展状况的一个更为具体的概念。这样，从"人"这一角度来把握的现代化便少了确定性，从"人口"这一角度来把握的现代化便表现出一定的客观规律。

美国斯坦福大学著名的社会学教授英克尔斯早在20世纪60年代就对发展中国家现代化进程中人的现代化问题予以了关注，他认为："一个国家可以从国外引进作为现代化最显著标志的科学技术，移植先进国家卓有成效的工业管理办法、政府机构形式、教育制度以至全部课程内容。如果执行和运用这些现代制度的人还没有从心理、思想、态度和行为方式上都经历一个向现代化的转变，失败和畸形发展的悲剧结局是不可避免的。再完美的现代制度和管理方式，再先进的技术工艺，也会在一群传统人的手中变成废纸一堆。"[1] 日本教育家福泽谕吉在《文明论概略》一书中探讨日本走向现代化的途径时也明确指出："外在文明易取，内在文明难求，应先攻其难而后取其易，先求其精神，扫除障碍，为汲取外在文明开辟道路。"[2] 近代中国的现代化是在西方文化冲击下起步的，因此广大人民还缺乏进行这种伟大变革所必需的心理素质和价值观念，也就是实现人的现代化的问题。

什么是"人的现代化"？早期的研究者是从与"人的传统化"的对比入手来研究这一问题的。英克尔斯列举了传统人的十大特征：① 害怕与恐惧革新与社会变革；② 不信任乃至敌视新的生产方式，新的思想观念；③ 被动地接受命运；④ 盲目服从和信赖传统的权威；⑤ 缺乏效率和个人效能感；⑥ 顺从谦卑的道德，缺乏突破陈旧方式的创造性想象和行为；⑦ 思想狭隘，对不同意见和观点严加防范和迫害；⑧ 凡事总要以古人、圣人和传统的尺度来衡量评断，一旦与传统不符，便加以反对和诋毁；⑨ 对待社会公共事务漠不关心，与外界孤立隔绝，妄自尊大；⑩ 凡属与眼前和切身利益无明显关系的教育、学术研究都不加重视或予以蔑视排斥。[3] 与此相应，英克尔斯所列举的现代人的特征是：① 准备和乐于接受他未经历过的新的生活经验、思想观念和行为方式；② 不大固守传统，准备接受社会变革和变化；③ 思路广阔，头脑开放，尊重并愿意考虑各方面的不同意见；④ 注重现在和未来，守时惜时；⑤ 有强烈的社会效能感，对人和社会的能力充满信心，办事讲求效率；⑥ 不大固执己见，较尊重事实和实证，注重科学实验，愿意吸收新知识，不轻信臆想和妄说，在现代人之间，充满着尊重知识的风气和普遍的信任感；⑦ 重视专门技术，有根据技术水平高低来领取不同报酬的心理基础，乐于让自己和后代选择离开传统所尊敬的职业；⑧ 对教育内容和传统智慧敢于挑战；⑨ 对公众生活和个人生活有严格的计划性；⑩ 自尊，相互了解和尊重；⑪ 希望积极而又有成效地了解本职工作和与此相关的生产过程、原理，以及生产的计划和部署，表现出预期能在认识生产的过程中发挥出自己的才能与创造力的兴趣。[4]

---

[1] 亚历克斯·英克尔斯.人的现代化：心理·思想·态度·行为[M].殷陆君，译.成都：四川人民出版社，1985: 4.
[2] 福泽谕吉.文明论概略[M].北京编译社，译.北京：商务印书馆，1960: 20.
[3] 亚历克斯·英克尔斯.人的现代化：心理·思想·态度·行为[M].殷陆君，译.成都：四川人民出版社，1985: 4.
[4] 亚历克斯·英克尔斯.人的现代化：心理·思想·态度·行为[M].殷陆君，译.成都：四川人民出版社，1985: 22-25.

我国学者借鉴国外现代化专家的研究成果，结合中国的实际情况，也提出过人的现代化标准：① 具有高度的民主意识和民主参与能力。积极地关注、干预和参与国家的政治生活，关注、干预和参与政府的各项决策，对自己的权利和义务有明确的认识，知道怎样充分而又正确地运用民主权利表达自己的意见，并能以主人翁的态度积极地监督国家公职人员的工作，敢于与危害国家利益的行为作斗争。② 具有高度的法治精神。懂得法制是民主的保障，在法律面前人人平等，摈弃"以权代法""以人治代法治"的观念和行为，学法、知法、守法，维护法律的尊严。③ 具有开放的头脑。不囿于偏见与常规，乐于接受社会的变革和新生事物；不排斥异己，不党同伐异；既坚持真理，又不固执己见，有从善如流的博大胸怀；不安于现状，求新爱异，富有开拓、创新的精神。④ 具有合作精神和竞争观念。善于与他人合作，既自信、自强、自尊，又善于团结和尊重他人，懂得合作和竞争都是个人和社会向前发展所必需的。⑤ 具有强烈的个人效能感。有高度的时间观念、效率观念，对个人和社会的能力充满信心，相信"人定胜天"，办事不怠惰，不拖沓，讲求效率，并具有高度的责任感，不敷衍了事，不推卸责任。⑥ 尊重科学，不迷信权威。有科学的分析精神和分析头脑；对传统的知识和经验敢于提出挑战；崇尚科学，崇尚真理，对问题有寻根究底的探索精神。[1]

以上对人的现代化研究的综述表明，到目前为止，国内外对人的现代化内涵的研究基本局限在人的素质方面，而在人的素质中，又基本局限在思想素质方面，没有直接涉及人的身体素质和科技教育素质。也就是说，之前社会上流行的"人的现代化"概念，讲的不过是人的思想观念和现代化问题。显然，这不应是人的现代化内容的全部。从人的本质是"一切社会关系的总和"角度来讲，人的现代化似乎涵盖整个社会现代化的内容。但是这样讲，人的现代化不免又过于宽泛，从而失去了其独立存在的价值。如何使人的现代化研究在原有基础上深入进行下去？最显著的途径是寻找适宜的载体。由于人口是表现人自身和发展状况的一个较为具体的概念，因此人口现代化可以充当这样的载体。从人口数量、质量、结构由传统向现代的演进方面来拓展和深化人的现代化研究，具有理论和实践的双重意义。

二、现代西方人口现代化相关理论的演进

西方学术界没有关于人口现代化的专门论述，但自马尔萨斯开始至今的西方人口理论中无处不体现着人口现代化理论的渊源和脉络。现代西方人口学说派别繁多、观点纷纭，国内外学术界对各种人口学说的评价往往见仁见智、莫衷一是。但不可否认的是，西方工业发达国家的人口发展在许多方面走在我们前面，无论在人口转变的实际经验上还是理论研究方面都提供了可贵的思想资料。因此，中国人口现代化研究不能不重视和了解西方人口现代化的研究以及相关理论的演进过程。自18世纪后期工业革命以来，西方人口理论已经逐渐形成为独立的社会科学，并一直存在着两种主要的理论模式：一种是总人口理论（total population theory），从人口增长和经济增长的相互关系的角度来研究总人口发展过程及其增长极限；另一种是适度人口理论（optimum population theory），从人口内在变动因素，如出生率、死亡率等变量及其相互关系来研究人口变动；还有将以上二者相结合的理论，典型的就是人口

---

[1] 田慧生. 中国教育的现代化 [M]. 昆明：云南人民出版社, 1997: 23-25.

转变理论（population transition theory）。

（一）总人口理论

英国经济学家威廉·配第（William Petty，1623—1687）在1690年出版的《政治算术》可以看作是总人口理论的先导，他在书中分析了人口和财富特别是和土地的关系，并把劳动力作为基本国力来进行计算。英国人口学家托马斯·马尔萨斯（Thomas Malthus，1766—1834）在1798年出版的《人口原理》标志着人口学理论在西方成为独立的社会科学。马尔萨斯在书中提出了一个系统分析人口增长与生活资料增长相互关系的理论框架，这是一个研究总人口变动及其极限与社会经济发展相互关系的理论，该理论分析模型在西方被称为"总人口理论"。在西方人口理论发展史上，从18世纪末的马尔萨斯直至20世纪30年代末的约翰·凯恩斯（John Keynes，1883—1946），都是以总人口理论和适度人口理论为主要代表的，其中总人口理论始终是其发展的主流。

（二）适度人口理论

适度人口理论是探讨一个国家最适宜的人口数量、人口规模、人口密度的资产阶级人口理论。适度人口理论的思想产生得很早，作为一种人口理论出现在19世纪末期，在20世纪初期得到发展，第二次世界大战后，适度人口理论得到丰富并广泛流行于西方各国。适度人口理论的基本观点是，任何国家或地区都有一个最有利或最适宜的人口数量，符合这个数量的人口就是适度人口（optimum population），人口科学的任务就是要研究和寻求一个国家或地区的适度人口，并努力促其实现。

英国著名经济学家埃德温·坎南（Edwin Cannan，1861—1935）是适度人口理论的奠基人，在其1888年出版的《初级政治经济学》中最先提出近代适度人口理论，并在1914年出版的《财富论》中系统地阐述了他的适度人口理论。坎南认为，在一定生产条件下，人口既不应太多，也不应太少，一个适度的人口数量，才能获得最大的生产力，从而获得最大的经济收益。他还指出，要让人口达到适度水平，需要调节人口的出生率。但最先明确提出"适度人口"这一概念的是瑞典经济学家克努特·维克塞尔（Knut Wicksell，1851—1926），他也因此而蜚声人口学界，被认为是适度人口理论的奠基者之一。维克塞尔认为应该从一个国家的经济发展水平和科学技术进步的程度来考察这个国家的适度人口规模，而且特别要注意考察这个国家的工农业生产能力。他指出，在一定时期内，能为一个国家工农业生产潜力允许达到最大生产率所容纳的人口，就是适度人口规模。维克塞尔还认为，通过节制生育的方法来使出生率和死亡率之间保持平衡是达到适度人口规模的途径。

当代适度人口理论是指第二次世界大战后的适度人口理论，主要代表人物是法国著名人口学家阿尔弗雷德·索维（Alfred Sauvy，1898—1990），他在1952年出版的《人口通论》中指出："适度人口也就是一个以最令人满意的方式达到某项特定目标的人口。"[1] 他区分了经济适度人口和实力适度人口，所谓的经济适度人口是指得到最大经济福利的人口，实力适度人口则指国家能得到最大实力的人口。索维还认为，适度人口的考察可以分为静态和动态两种。静态适度人口就是指在技术水平、物质资源、产品分配、年龄构成、工作时间等情

---

[1] 阿尔弗雷德·索维. 人口通论：上册[M]. 查瑞传，戴世光，邬沧萍，等译. 北京：商务印书馆，1978：53.

况不变的条件下，达到一定目标的人口数量；动态适度人口则是指在技术变革、经济结构变革、就业变动等条件下，适度人口数量所发生的变化。

适度人口理论是继马尔萨斯的总人口理论后，在西方人口学界影响较大的理论之一。适度人口理论主张人口不能太多，也不主张人口越少越好，而是人口应有一个最优的数量，它既反对人口不加控制地任其盲目发展，也反对只强调减少人口，而是主张根据经济发展的需要来找到一个人口最优的数量。这种观点是具有科学性的，值得参考和借鉴。但这种理论从创立到不断演进中，始终是以经济指标与人口变动的关系来分析适度人口问题的，割裂了人口发展与社会变革和资源环境系统的内在关系，既缺乏社会要素对适度人口规模和适度人口增长率的研究，又没有把资源环境因素纳入适度人口理论中。而且这种理论只强调人口数量和增长速度，忽视了人口结构和人口地域分布，几乎没有提及人口素质，作为一种人口发展理论，其理论包容性相对欠缺。

（三）人口转变理论

人口转变理论是一种联系社会经济发展，以人口发展过程及其演变的主要阶段为研究对象的人口理论。[1]人口转变理论在20世纪初产生于西欧工业社会，早期以西欧人口出生率和死亡率的历史资料为依据对人口发展过程及其主要阶段进行描述性的分析与说明，并由此推论人口发展的未来趋势。该理论以1909年阿道夫·兰德里（Adolphe Landry，1874—1956）对欧洲人口变化过程的描述为基础，经沃伦·汤普森（Warren Thompson，1887—1973）润色加工，再由弗兰克·诺特斯坦（Frank Notestein，1902—1983）在1945年引入"人口转变"一词而逐步发展完善[2]，主要探讨和说明人口发展由原始阶段向现代阶段转变与演进的过程，及其转变的根源、机制和后果。

该理论的雏形最早是由法国人口学家兰德里在1909年发表的题为《人口的三种主要理论》的文章中提出来的，他根据法国等西欧国家的人口统计资料，划分了和经济发展相适应的人口发展阶段或社会秩序，即：不限制生育的原始阶段（regime primitif）、限制生育达到了普及的中期阶段（regime intermediate）和人们自觉限制家庭规模的现代阶段（regime contemporain）。他在1934年出版的《人口革命》一书中进一步系统地论述了人口转变理论，详细说明了人口转变的3个主要阶段，特别是向现代阶段的转变，这一阶段被称为"人口革命"[3]，意指这种转变包含着质的变化。如果说兰德里是从历史发展的角度对人口转变进行纵向分析，那么汤普森则是从区域差异的角度对人口转变进行横向分析。1929年他发表了题为《人口》的论文，在研究欧洲人口发展的基础上提炼出了适用于全世界的经验。[4]他在1930年出版的《人口问题》一书中，更系统地论述了自己关于人口转变的观点，认为世界各国人口按经济发展、生活水平、死亡率与出生率的变动倾向，可以划分为3类地区，这实际上区分了人口发展的3个阶段：出生率和死亡率都保持在高水平的第一阶段（亚洲、非洲和南美

---

1 李竞能. 现代西方人口理论[M]. 上海：复旦大学出版社，2004: 318.
2 UNDP. Human Development Report 1990[R]. New York: United Nations Development Programme, 1990.
3 Landry A. Demographic Revolution[M]. Paris: Ined, 1934: 169.
4 Thompson W S. Population[J]. American Journal of Sociology, 1929, 34(8): 959-975.

国家）；出生率和死亡率都开始下降，但死亡率的下降比出生率的下降更快的第二阶段（意大利、西班牙和中欧各国）；出生率和死亡率都以很快的速度下降，且出生率的下降比死亡率的下降更为迅速的第三阶段（除意大利、西班牙外的西欧各国）。兰德里和汤普森都被看作人口转变理论在奠基时期的代表人物。

在汤普森的文章发表16年之后，即1945年，弗兰克·诺特斯坦发表了《人口：长远观点》一文，将汤普森所划分的3类增长模式分别命名为A、B、C这3类模式：A模式为早期下降（incipient decline），B模式为转变增长（transitional growth），C模式为高增长潜力（high growth potential），"人口转变"这一术语也随之产生。[1] 诺特斯坦在1953年发表的《人口变动的经济问题》中提出了体系更为完整的人口转变理论的理论模型，因此他被看作是当代西方人口转变理论的创立者。其间，英国人口学者查尔斯·布莱克（Charles P. Blacker，1895—1975）在1947年发表的《人口增长的阶段》中按照出生率和死亡率的状况把人口发展过程划分为5个阶段。美国人口经济学家哈维·莱宾斯坦（Harvey Leibenstein，1922—1994）在1957年出版的《经济落后与经济增长》一书里也提出了自己的3阶段理论模型，从经济学的角度重新强调人口作为内在因素在经济增长中的重要作用，试图把经济增长模型与人口增长模型相结合。美国人口学家安斯利·科尔（Ansley J. Coale，1917—2002）和埃德加·胡佛（Edgar M. Hoover，1907—1992）在1958年出版的《低收入国家的人口增长和经济发展》一书里，主要依据印度人口增长和经济发展的实例，论述了农业低收入经济地区工业化和市场经济发展过程的人口转变，实际上也提出了一个4阶段模型。这些学者在描述人口转变的过程中存在不同，但对起点（高位静止）和终点（低位静止）的分析是一致的。从此，人口转变理论确立了它在西方人口研究中的地位，成为当代西方较有影响力的人口理论之一。

（四）人口可持续发展理论（population sustainable development theory）

可持续发展理论观点的问世及其对人口研究的影响，应当说是现代西方人口理论研究中一件有极其重要意义的事。人口可持续发展理论是20世纪末人口理论研究最重要的研究成果之一，其思想渊源可以追溯到20世纪中叶有关土地资源承载力、人口与资源、人口与环境相互关系等问题的分析，以及论证控制人口增长必要性的论著。如威廉·福格特（William Vogt，1902—1968）的《生存之路》（*Road to Survival*，1949）一书中提出了关于土地资源承载力的理论模型；埃利希夫妇（Paul R. Ehrlich & Anne H. Ehrlich）在《人口爆炸》（*The Population Bomb*，1968）和《人口、资源、环境》（*Population, Resources, Environment*，1970）中提出了人类生存的地球空间是有限的，并且这些空间日益受到严重的污染与破坏，因此必须把人口控制在同生态环境相适应的适度规模上的生存空间观。丹尼斯·梅多斯（Dennis L. Meadows）等人在《增长的极限》（*The Limits to Growth*，1972）一书中提出了世界动态系统模型的增长极限论，亦即零增长理论，该理论认为人口增长会导致资源短缺和环境恶化。零增长理论的提出，在西方引起激烈的争论，并出现了两种截然不同的看法：生

---

[1] Notestein F W. Population: The Long View[M]//Schultz T W. Food for the World. Chicago: University of Chicago Press, 1945: 36-57.

态学者认为人口过度增长会导致资源缩减和环境恶化，而技术论者认为人口增长会带动技术进步。可见，在人口和资源、环境的相互关系上，人们的看法起初并不统一，而可持续发展观正是在这种思想背景下产生的。

最早使用"可持续发展"一词并在正式文件里加以定义的是1987年世界环境与发展委员会的报告《我们共同的未来》（Our Common Future）。在该报告中，可持续发展被定义为：既满足当代人需要，又不对后代人满足其需要的能力构成危害的发展。这个定义后来被广泛接受，广大学者从自身不同角度对这一定义作了不同的解释，但最基本的观点和原则是一致的。从人口理论特别是可持续理论的角度出发，赫尔曼·戴利（Herman E. Daly，1938—2022）于1991年发表的《可持续发展：从概念和理论到操作原则》建议对联合国1987年的定义补充以下原则：① 主要原则是把人口规模限制在以下水平上，它即使不是最优的，至少也是不超过负载能力的，从而是可持续的；② 对可持续发展来说，技术进步应当使效益增加而不是废料增加；③ 应当尽量开发可再生资源而且其收获率不应当超过再生率，消耗不应当超过环境的再生吸收能力；④ 非再生资源的开发率应当等同于其不可再生的替代物的创造率。联合国1994年国际人口与发展会议提出决议报告和《国际人口与发展会议行动纲领》，对可持续发展的战略思想及其基本原则，以及实现的必要条件和具体途径，作出了全面和系统的论述。该《行动纲领》明确把"人"亦即人本主义作为可持续发展观的思想基础，一再强调"可持续发展问题的中心是人"；并相应地强调人权，人人生而自由，男女平等，人有权顺应自然过健康和生产性的生活；强调发展权利是基本人权的组成部分，而且人是发展的中心主体。

三、中国人口规模巨大的现代化的意义

所谓现代化，是一个世界现象、一种文明进步、一个发展目标，以工业化、城市化、知识化，以及因此而带来的经济、社会、政治、文化等方面发生变化作为重要特征。迄今为止，人类社会的现代化进程历经了近300年。18世纪下半叶英国开启人类追求现代化的序幕时，人口是千万数量级的。20世纪之后，到美国领跑现代化时，人口是上亿数量级的，成为世界上完成现代化的国家中人口规模最大的一个。而我们中国要建成的现代化国家是人口规模超过14亿的巨量级，无论是英国、美国，还是其他已经完成现代化的国家，它们的人口规模均未达到中国这般的体量。拥有十亿量级人口势能的大国将进入现代化行列，是人口发展史上前所未有的，也是人类历史上具有深远影响的大事。

（一）从比较的角度看中国人口规模巨大的现代化的意义

欧洲是现代化的发源地，理解西方式现代化进程的一个关键因素就是规模。西方式现代化，都是非常小规模的国家现代化，西方政治文明的一个特征就是"小型政治单位"的传统。[1] 西方在古典时代就是小的城邦，到了中世纪仍然是封建小王国，在现代化的进程中逐渐发展为小型的民族国家。小有小的优点，小国之间长期的、频繁的战争有利于催生技术、制度和文化的创新。尤其是在我们古代的火药传入欧洲之后，提升了战争的激烈程度，促进了现代科学的兴起，涌现出了伽利略、牛顿、拉瓦锡等科学巨擘，在击碎贵族盔甲和城堡的同时民

---

[1] 黄基明. 王赓武谈世界史——欧亚大陆与三大文明[M]. 刘怀邵，译. 北京：当代世界出版社，2020: 5-6+31.

族主义的现代化社会开始萌芽。西欧国家战争能力的提升，也改变了他们和其他文明的力量对比，他们开始向外扩张殖民，汲取全世界的财富来完成内部的资本积累，启动工业化的进程。但是小也有小的弊端，欧洲始终跳不出的问题就是——小国林立、战争频发，欧洲在第二次世界大战之前的一千年里都处在战争之中。而小国又缺乏支撑长期战争的财力，所以很多国家只能靠借债，借债的结果是国家最终落入资本特别是国际金融资本的控制之中。因而，西方式现代化进程始终伴随着战争、殖民、剥削、压迫以及经济金融危机和对自然的破坏。

相比而言，中国在这方面是非常独特而伟大的。早在上古时期，我们就进入了大规模的文明阶段。而且，不同于历史上大多数主要通过军事征服、宗教同化或者精英联盟来维系的其他大规模文明，中国自有历史记载以来就是努力通过民族融合以及政治制度和文化的创新来实现和维系我们的"大"。按照西方式现代化的理解，规模大和现代化之间是存在内在矛盾的，大部分西方式现代化都是小规模民族国家的现代化。当然也有例外，比如美国，它是基于对原住民的消灭、极其安全的地缘环境和非常丰富的土地供给；苏联是努力超越资本主义，借助世界经济危机来利用西方的资本和技术，同时也采取了高强度的农业集体化和计划经济；日本也算是一个大国，初期主要靠战争完成原始积累，战后主要靠充当美国的"冷战工具"来实现。除此之外，历史上没有一个拥有亿级人口的国家成功实现过现代化，无论是奥斯曼帝国还是中东欧的各个大帝国，都在面临维持"大"和实现现代化间做取舍，最终都放弃了帝国，分裂成为很多民族国家，才有可能走向现代化，这也使得现代化日益成为一个少数人的俱乐部。

近现代的中国也曾经在这样的矛盾中挣扎过，从清末到民国，既未能恢复大一统，也未能实现现代化。直到中国共产党统一中国，建立人民政权，经过70多年不懈的努力：1954年以毛泽东同志为核心的党的第一代领导集体第一次把工业、农业、国防、科学技术并提，形成四个现代化理论的基本雏形；改革开放后，邓小平提出了建设富强民主文明的社会主义现代化国家的"三步走"战略；之后国家历届领导人均围绕到本世纪中叶的奋斗目标进行部署安排，习近平在党的十九大提出建设富强民主文明和谐美丽的现代化国家强国战略目标，完成了我国由站起来、富起来到强起来的重大历史转变。让我们这个拥有14亿巨量级人口的大国，基本实现现代化，这无疑将是人类历史上最波澜壮阔的现代化。

（二）中国人口规模巨大的现代化对中国和世界的意义

对于中国而言，能够让一个人口规模如此巨大的发展中国家整体迈向现代化，则充分显示了中国特色社会主义制度的优越性。从积极的角度看，在人口规模巨大的现代化进程中，人口数量红利和人才素质红利是经济社会高质量发展和持续健康发展的要素支撑，可以充分发挥规模经济效应，同时也意味着巨大的消费市场需求，是中国式现代化强大的动力引擎与不竭的力量源泉。但是，我们也必须清楚地认识到，人口本身就是一个复杂系统，人口规模巨大则将这种复杂性加倍放大。中国式现代化面临一系列前所未有的艰巨而复杂的挑战，其中就包括人口本身的总量增速放缓、老龄化加速、区域差异扩大以及伴随着的外在生态环境负担过重和内在人的生存发展压力增大等问题，想要统筹解决超大规模人口的衣食住行、托幼、教育、就业、医疗、养老等一系列现代社会问题需要更强的中国智慧和历史担当。

对于世界而言，如此巨大人口体量的国家进入现代化，将彻底改写世界现代化的版图，全球现代化的中心将不再是欧洲或者北美，而是中国或以中国为主体构成的现代化亚洲、现代化东亚地区，引发世界大格局的巨大深刻变化。如果是人口规模小的国家或地区，它实现现代化的示范意义比较有限，就像20世纪下半叶快速发展的亚洲四小龙。但如果是发生在人口规模较大的国家或地区，它的现代化就必定具有世界意义，比如曾经的英国、德国、美国等国家实现的现代化，在世界上就具有重要的影响和更显著的示范作用。中国，作为一个巨量级人口规模的发展中国家，其现代化是在一穷二白的基础上起步，通过艰辛探索、艰苦奋斗，最终走出的一条有别于西方发达国家的中国式现代化道路，随之产生的经验对于其他想要实现现代化的国家和地区而言就会更具有借鉴意义。

第二节　人口规模巨大的现代化进程实践

2023年5月5日，习近平总书记在二十届中央财经委员会第一次会议上指出，当前我国人口发展呈现少子化、老龄化、区域人口增减分化的趋势性特征，必须全面认识、正确看待我国人口发展新形势。要着眼强国建设、民族复兴的战略安排，完善新时代人口发展战略，认识、适应、引领人口发展新常态，着力提高人口整体素质，努力保持适度生育水平和人口规模，加快塑造素质优良、总量充裕、结构优化、分布合理的现代化人力资源，以人口高质量发展支撑中国式现代化。要以系统观念统筹谋划人口问题，以改革创新推动人口高质量发展，把人口高质量发展同人民高品质生活紧密结合起来，促进人的全面发展和全体人民共同富裕。

一、中国式现代化进程中的人口现代化

（一）中国人口总量的演变

联合国数据显示，2023年，世界总人口约为80亿，中国人口占到世界总人口的约18%，约有14.1亿，规模大致相当于10个俄罗斯或日本、4个美国、3个欧盟的人口，超过所有发达国家人口的总和。而且中国人口规模巨大的特征不是近些年才出现的，而是贯穿中国式现代化整个进程的。根据国家统计局数据，新中国成立之初中国便已拥有5.41亿人口，彼时的中国人口就高于如今已完成现代化、人口总量接近峰值、人口规模位居发达国家首位的美国。换句话说，中国式现代化进程的初期，中国人口规模就已经远远超过当今世界上任何一个已经完成现代化的国家了。在之后长达70余年的发展过程中，中国的人口规模长期保持增长态势，表现出绝对规模保持巨大、增长速度波动下降的发展特点。国家统计局数据显示我国人口数在2020年达到14.12亿，2021年净增人口48万，2022年和2023年我国人口出现负增长（图3-1）。据联合国《世界人口展望2022》预测，中国人口2035年将下降至14亿，2050年将降为13.2亿[1]，目前来看，实际趋势应比这个结果下降得更多。相比已经实现现代化的发达国家，我国人口总体仍属于比较大的规模，但已经呈现出明显的下降趋势。

---

[1] United Nations. World population prospects 2022: Summary of results[EB/OL]. (2022-09-15) [2024-08-20]. https://www.un.org/development/desa/pd/content/World-Population-Prospects-2022

从新中国成立至今，我国共出现了 3 次婴儿潮，分别在新中国成立初期、1962—1973 年、1986—1990 年（图 3-1）。出生人数的波动存在明显的周期性，但由于计划生育政策的实施，第四次婴儿潮并未在 2010 年左右出现，且 15～49 岁育龄妇女人数在 2011 年达到约 3.8 亿的峰值后持续减少，使 2010 年后出生人口直接进入下行区间。之后生育政策逐渐放宽使出生人口短期上升，继"双独二孩""单独二孩"于 2011 年、2013 年相继放开后，2016 年中国实施"全面二孩"政策，在 2016 年、2017 年出生人口大幅增长至 1883 万和 1765 万，二孩占比由 2013 年的 30% 左右升至 2017 年的 50% 左右。随着此前积累的存量释放，2018 年以来出生人口出现回落，但出生人口中的二孩及以上孩次占比在 2019 年仍高达 59.5%。2021 年中国全面实施"三孩"生育政策，但 2022 年中国新生儿数量仅为 956 万，这个人口出生量只是 2016 年的一半，出生率下降至罕见的 6.77‰。

图 3-1　中国年末总人口及净增人口规模（1949—2023）
数据来源：国家统计局。

（二）中国人口结构的演变

针对我国人口发展存在的主要问题，此部分重点分析中国人口年龄结构指标，采用自 1990 年以来分年龄组人口数及比例，结合历史数据和预测数据来分析中国人口的现状和趋势特征（图 3-2）。1990—2022 年数据来自国家统计局，2023 年及以后数据来自联合国《世界人口展望 2022》中预测方法所得的数据。其中，蓝色区域是 15 岁以下的青少年群体，橙色区域是 15～64 岁的劳动力群体，灰色区域是 65 岁及以上的老年人群体。其中，需要重点关注的重要节点有 3 个：2020 年、2035 年和 2050 年。总体来看，我国人口结构的现状和趋势表现为以下 3 个特征。

第一，老龄化速度不断加剧。国家统计局数据显示，1990 年我国 65 岁及以上老龄人口占比为 5.57%，2020 年这一数字增加到 13.5%，2021 年全国范围内进入深度老龄化社会（aged society）[1]，2022 年 65 岁及以上老龄人口占比增至 14.86%。据联合国《世界人口展

---

[1] 目前，国际上通用的进入老龄化社会（aging society）的界定标准是 60 岁及以上人口占比达到 10%，或者 65 岁及以上人口占比达到 7%，当上述指标分别超过 20% 和 14% 时，进入深度老龄化社会，当 65 岁及以上人口占比超过 20% 时为超老龄化社会（super-aged society）。

望2022》预测，中国大约在2033年进入超老龄化社会，2035年中国65岁及以上人口占比将达到22.52%，2050年将增至30.09%。[1] 从图3-2中可以直观地看到灰色部分扩大得很快，表明老龄化程度不断在加剧。

第二，少子化趋势已经呈现。从图3-2中蓝色区域可以看出15岁以下人口比例在逐渐缩小，国家统计局数据显示，0～14岁人口占比从1990年的27.69%下降至2020年的17.9%，2022年这一数据为16.94%。联合国预测数据显示，未来中国15岁以下人口数量将持续下降，其比例在2035年将降至10.99%，此后将维持在这一水平，2050年这一数据为11.45%。

第三，劳动力下降趋势明显。图3-2中间橙色的劳动力部分，无论从数量还是比例上看，未来都呈现出明显的下降趋势。2022年中国15～64岁劳动年龄人口数为9.6亿，占比为68.21%，至2035年分别下降为9.3亿和66.49%，2035—2050年则下降得更快一些，2050年分别降至7.7亿和58.46%。

此外，本研究还分析了人口性别、城乡、就业结构指标的历史数据。在没有干预措施的情况下，出生人口性别比的正常区间应为103到107（以女婴为100计）。从性别结构的历史数据可以看出，自20世纪80年代以来，中国出生人口性别比开始偏高并持续上升，从1982年的108.5上升到2005年的最高值118.6（图3-3）。近年来，随着计划生育政策的逐步放开，出生人口性别比开始下降，2015年降至113.5，2020年进一步降至111.1。但中国仍是世界上出生人口性别比失衡较严重的国家之一。

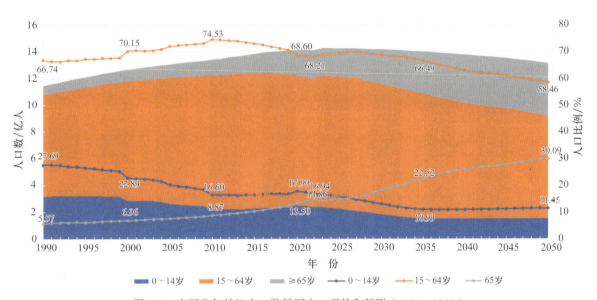

图3-2　中国分年龄组人口数量历史、现状和预测（1990—2050）

数据来源：国家统计局；United Nations. World population prospects 2022: Summary of results[EB/OL]. (2022-09-15) [2024-08-20]. https://www.un.org/development/desa/pd/content/World-Population-Prospects-2022

1　United Nations. World population prospects 2022: Summary of results[EB/OL]. (2022-09-15) [2024-08-20]. https://www.un.org/development/desa/pd/content/World-Population-Prospects-2022

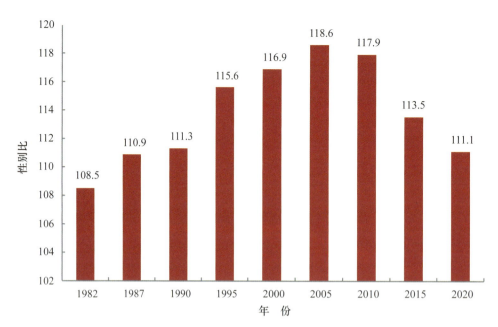

图 3-3 中国出生人口性别比（1982—2020）
数据来源：国家统计局。

从中国人口城乡占比（图 3-4）可以看出中国城镇化率迅速上升，城镇人口占比从 1982 年的 21.1% 提高至 2020 年的 63.9%，处于城镇化高速发展阶段。"十四五"规划提出，到 2025 年我国城镇化率要达到 65% 以上。在新型城镇化战略的引领下，中国城镇化进程仍有进一步提升的空间。不过需要注意的是，由于农村老龄化现象更为突出，未来劳动人口从农村向城镇迁移的增速可能放慢。

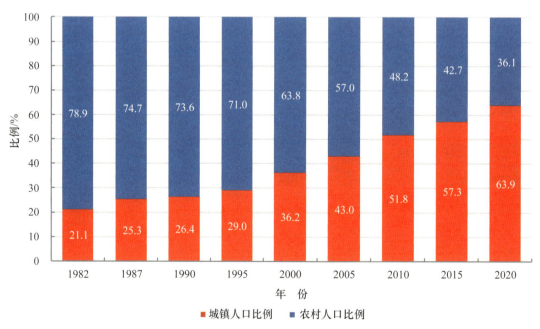

图 3-4 中国城乡人口占比（1982—2020）
数据来源：国家统计局。

中国人口就业结构的历史数据（图3-5）显示出劳动人口从第一产业向第二产业、第三产业的流动态势。第一产业就业人数占比从1982年的68.1%下降至2020年的23.6%，第三产业就业人数占比从1982年的13.5%增至2020年的47.7%。

图3-5　中国三次产业就业人数占比（1982—2020）
数据来源：国家统计局。

（三）中国人口素质的演变

有关人口素质部分，可以从人口的身体素质和精神素质两方面来分析，其中人口的身体素质可选择平均预期寿命指标。从图3-6中可以看到，中国人口的平均预期寿命自改革开放以来持续增加，由1981年的67.8岁增至2020年的78.2岁。

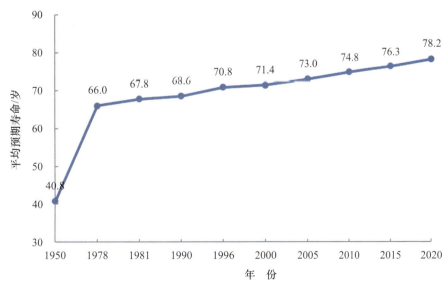

图3-6　中国人口平均预期寿命（1950—2020）
数据来源：国家统计局。

人口的精神素质可以选择受教育程度人口占比来衡量。从具体的数据来看（图3-7），受过高等教育人口比例[1]增长幅度最大，由1982年的0.6%提高至2020年的15.5%，高等教育持续快速发展；拥有高中（含中专）文化程度的人口占比也由1982年的6.4%提高至2020年的15.1%。相应地，拥有小学文化程度的人口占比由1982年的34.4%下降至2020年的24.8%。

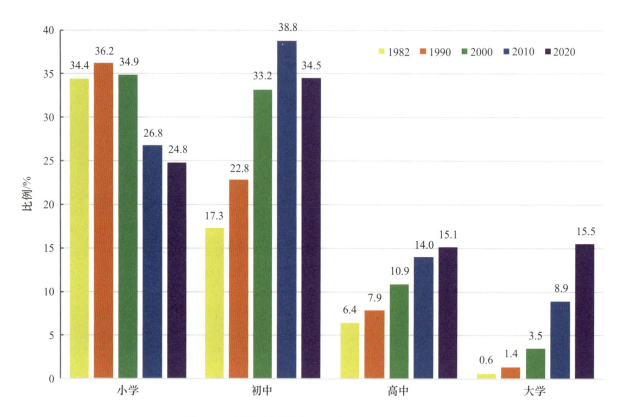

图3-7 中国各教育程度人口占比（1982—2020）
数据来源：国家统计局。

（四）中国人口的空间分布

关于中国人口空间分布的现状，我们首先要知道的是胡焕庸线，它由著名人口地理学家胡焕庸先生在《中国人口之分布》一文中首次提出，揭示了中国人口密度分布的东南和西北分异突变。由黑龙江黑河到云南腾冲的人口地理分界线将中国地域分为东南和西北两个半壁，东南半壁占全国36%的国土，居住着96%的人口，以平原、水网、丘陵、喀斯特和丹霞地貌为主要地理结构，自古以农耕为经济基础；西北半壁占全国64%的国土，居住着4%的人口，人口密度极低，是草原、沙漠和雪域高原的世界，自古就是游牧民族的天下。自新中国成立以来，这条线两侧的人口密度差异以及人口空间分布的大格局从未被打破过。

---

1 这里受过高等教育人口比例指的是拥有大专及以上文化程度的人口占总人口的比例。

二、中国式现代化进程中人的现代化

人的现代化就是人的解放，人的解放与无产阶级的解放是一致的。中国式现代化是中国共产党领导的以人民为中心的现代化，以全体人民共同富裕为价值旨归，超越了西方以资本为中心的现代化范式，摆脱了社会两极分化的历史困境，使人从资本的奴隶转变为资本的主人，从资本逻辑的抽象统治下解放出来，真正成为自己历史的创造者，其一切行动最终是为了实现无产阶级乃至全人类的解放。党的二十届三中全会通过的《中共中央关于进一步全面深化改革、推进中国式现代化的决定》中提出："聚焦提高人民生活品质，完善收入分配和就业制度，健全社会保障体系，增强基本公共服务均衡性和可及性，推动人的全面发展、全体人民共同富裕取得更为明显的实质性进展。"在现代化进程中，人既是主体，也是目的，现代化的核心和最终目标在于人的现代化。

（一）中国人健康水平的演变

古代中国人主要依靠中医养生和药食同源的理念来保持健康，注重饮食与运动的平衡，身心合一的调节。随着时间的推移，中国人对健康的认识逐渐深入，开始注重预防疾病和保健养生。到了现代，中国人的健康状况得到了显著改善，婴儿死亡率和孕产妇死亡率逐年下降，其中婴儿死亡率由1995年的36.4‰下降至2023年的4.5‰，孕产妇死亡率由1995年的61.9/10万下降至2023年的15.1/10万（图3-8）。目前，我国居民的健康指标居于中高收入国家前列。

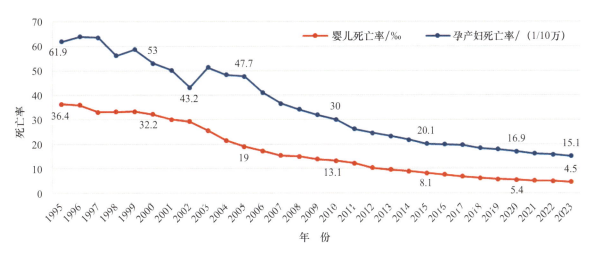

图3-8　中国婴儿死亡率和孕产妇死亡率变化（1995—2023）
数据来源：国家统计局。

在提升健康服务能力方面，我国重点加强医院能力建设、医师队伍培养等，每千人执业（助理）医师数从1985年的1.36人增加到2022年的3.14人，每千人注册护士数从1980年的0.47人增加到2022年的3.71人，人均卫生费用也由1980年的15元增加到2022年的6044元（图3-9）。2022年，我国卫生总费用占GDP的比例为7.0%。

图 3-9 中国每千人医师、护士数及人均卫生费用（1980—2022）
数据来源：国家统计局。

（二）中国人教育文化水平的演变

在中国人教育文化水平方面，第七次全国人口普查数据显示（图 3-10），15 岁及以上人口的平均受教育年限由 1982 年的 5.33 年提高至 2020 年的 9.91 年，九年义务教育更加普及。新中国成立时，文盲人数占全国总人口的 80%，而第七次全国人口普查数据显示 2020 年我国的文盲率已下降至 2.67%，可以说是创造了世界的教育奇迹，为全民教育作出了巨大贡献。

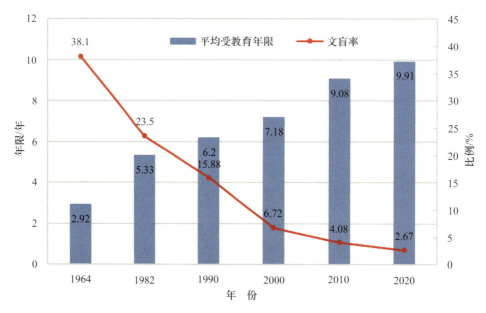

图 3-10 中国平均受教育年限及文盲率变化（1964—2020）
数据来源：国家统计局。

中国的教育投入工作扎实开展，以政府投入为主，多渠道筹集教育经费，有力地支撑起了世界上规模最大的教育体系，有力地推动了我国教育现代化总体发展水平跨入世界中上国家行列。2022 年全国教育经费总投入为 61 344 亿元，首次超过 6 万亿元，其中，国家财政性教育经费为48 478亿元。全国学前教育、义务教育、高中阶段教育、高等教育经费总投入分别为5137亿元、26 801亿元、9556亿元、16 397亿元。人均教育经费由2000年的304元增加到2020年的4344元，居民人均教育文化娱乐支出由2000年的366元增加到2020年的2469元（图3-11）。

图3-11 中国人均教育经费和居民人均教育文化娱乐支出（2000—2020）
数据来源：国家统计局。

（三）中国人家庭和住房的演变

关于中国人的家庭情况，第七次全国人口普查数据显示，2020年中国平均每个家庭户的人口为2.62人，比2010年第六次全国人口普查的3.10人减少了0.48人（图3-12），意味着我国家庭规模在继续缩小。当然，家庭规模小型化是世界各国人口发展的普遍趋势，日本、美国、韩国家庭户均规模分别约为2.27、2.53、2.4人。中国家庭户均规模从1990年开始就在持续下降，目前仍有小型化的趋势，可能导致更多的住房和人均住房建筑面积需求的增加。中国结婚率[1]在2013年见顶后持续回落，结婚率从2013年的9.89‰逐年下降到2022年的4.84‰（图3-12），已经持续9年下降，晚婚晚育现象日益突出。离婚率[2]由1990年的0.69‰逐步上升，于2019年达到顶峰的3.36‰（图3-12）。由于离婚冷静期制度等的实施，2020、2021年离婚对数连续下降，2022年基本保持平稳。

关于中国人的住房情况，第七次全国人口普查数据显示，2020年中国总住房建筑面积为527.2亿平方米，家庭户拥有住房间数达到14.9亿间，总量上已经进入"不缺房"的时代。2020年家庭户人均住房建筑面积达到41.76平方米，与2010年的31.06平方米和2000年

---

1 这里指的是粗结婚率，即指某地区当年结婚对数占该地区年平均人口数的比例。计算公式为：粗结婚率 = 当年结婚对数 / 年平均人口数 ×1000‰。
2 这里指的是粗离婚率，即指某地区当年离婚对数占该地区年平均人口数的比例。计算公式为：粗离婚率 = 当年离婚对数 / 年平均人口数 ×1000‰。

的22.77平方米相比，增长幅度较大。其中城市人均住房建筑面积达36.52平方米，平均每户住房间数为3.2间，平均每户居住建筑面积达到111.18平方米。从人均住房建筑面积以及户均住房间数的家庭分布情况可以看出，从2000年到2020年，人均住房建筑面积小于30平方米的家庭户占比从70.63%下降到31.77%，户均住房间数小于3间的家庭户占比也从54.62%下降到39.37%（图3-13）。人均面积较小、占有住房间数较少的家庭户比例显著下降，表明我国居民的住房水平显著提升。

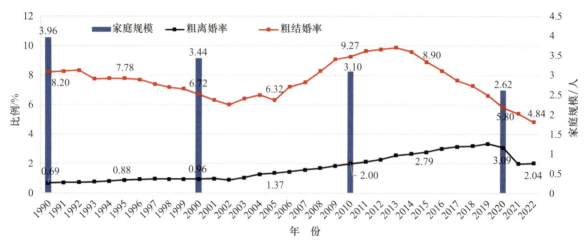

图3-12 中国家庭规模以及结婚率、离婚率变化（1990—2022）
数据来源：国家统计局。

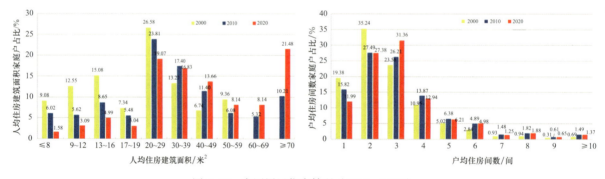

图3-13 中国居民住房情况（2000—2020）
数据来源：国家统计局。

（四）中国人生活成本的演变

在中国人的生活成本方面，本研究主要考察了恩格尔系数（居民人均食品消费占人均消费支出的比例）和房价收入比两个指标（图3-14）。我国恩格尔系数由1980年的59.9%下降至2023年的29.8%，居民的消费结构在不断改善。联合国粮食及农业组织曾根据恩格尔系数的高低对世界各国的生活水平进行划分：一个国家平均恩格尔系数大于60%为贫穷；50%～60%为温饱；40%～50%为小康；30%～40%属于相对富裕；20%～30%为富足；20%以下为极其富裕。按照此标准，我国已经进入富足水平并向极其富裕阶段迈进。2020年我国商品住宅房价收入比为9.68，比2010年的7.83和2000年的7.09都有所上升。

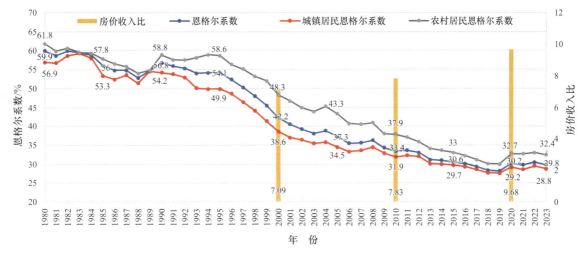

图 3-14 中国恩格尔系数及收入房价比变化（1980—2023）
数据来源：国家统计局。

（五）中国人生活品质的演变

在中国人生活品质提升中的生活方式方面，本研究重点解读了国家统计局在 2018 年开展的第二次全国时间利用调查结果。此次调查覆盖全国 11 个省市，采用国家统一的住户收支与生活状况调查样本框，共抽样调查 20 226 户 48 580 人。主要调查结果显示：居民在一天的活动中，个人生理必需活动（包括睡觉休息、个人卫生护理、用餐或其他饮食活动）平均用时 11 小时 53 分钟，占全天的 49.4%；有酬劳动平均用时 4 小时 24 分钟，占 18.3%；无酬劳动平均用时 2 小时 42 分钟，占 11.3%；个人自由支配活动平均用时 3 小时 56 分钟，占 16.4%；学习培训平均用时 27 分钟，占 1.9%；交通活动平均用时 38 分钟，占 2.7%（图 3-15）。

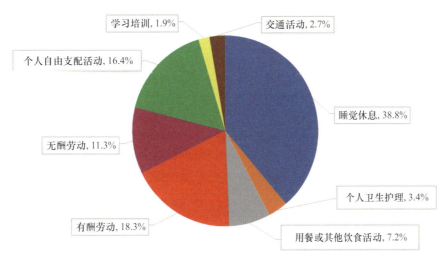

图 3-15 中国居民一天活动的事件构成

数据来源：国家统计局. 2018 年全国时间利用调查公报 [EB/OL]. (2019-01-25) [2024-08-20]. https://www.stats.gov.cn/sj/zxfb/202302/t20230203_1900224.html

在生活环境方面,中国人均公园绿地面积和每万人拥有公共交通车辆都呈现上升的趋势,每万人拥有公共厕所数基本保持较为稳定中略有增长的趋势(图3-16)。$PM_{2.5}$年均浓度在2013年达到峰值63.29微克/米^{3}后逐年下降,到2022年下降为29微克/米^3。

图3-16 中国城市绿地和设施水平及$PM_{2.5}$年均浓度变化(2004—2022)
数据来源:世界银行、中华人民共和国生态环境部。

三、人口规模巨大的现代化的国际对比

(一)人口规模与经济关系的国际对比

比较2022年120多个国家人口规模与GDP的关系(图3-17),可以看到一个比较正向的关系,即人口规模越大的国家,经济体量也越大。中国在拟合线之上,相对于同等人口水平的印度来说,我们发展得更好一些,略低于美国。

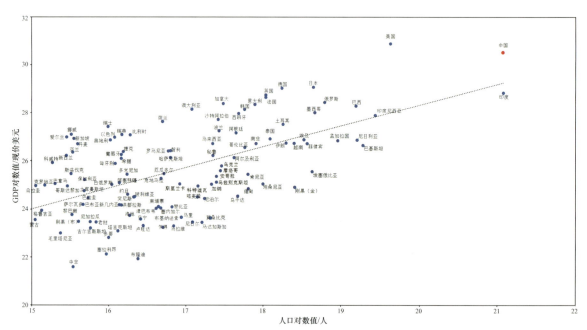

图3-17 2022年120多个国家人口规模与GDP关系
数据来源:世界银行。

比较 2022 年 120 多个国家人口规模与人均 GDP 的关系（图 3-18），可以看出这个关系和人口规模与 GDP 的关系不太一样，拟合线是一条略微向下的线，即人口规模越大的国家，人均 GDP 相对更低。中国也在这条拟合线之上，高于平均水平，但低于美国、挪威、日本、韩国等发达国家。

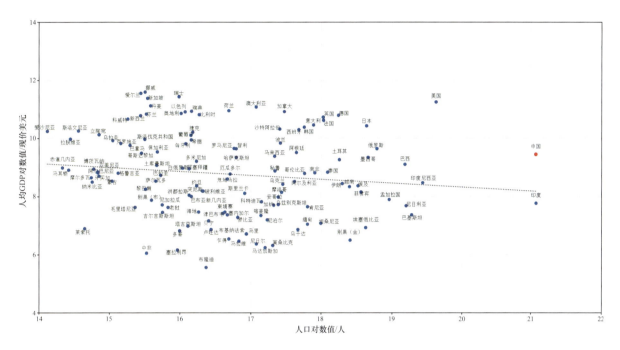

图 3-18　2022 年 120 多个国家人口规模与人均 GDP 关系
数据来源：世界银行。

（二）人口规模与人力资本关系的国际对比

从劳动力要素来看，2010 年以后中国的劳动力人口无论从占比还是规模上都是下降的（图 3-2），但和世界其他各个地区进行比较（图 3-19），中国 15～64 岁的劳动年龄人口占比还是具有一定优势的，1976 年后呈现上升趋势，1992 年超过北美洲，仅次于欧洲，1997 年超过欧洲，2010 年后虽然出现了一定的下降，但相比于其他地区，我国的劳动年龄人口占比仍处于高位。由于中国的人口规模巨大，劳动年龄人口又占比较高，因此劳动年龄人口的绝对量也相应是高的，具备一定的劳动力资本储备。

比较世界上 70 个国家 2020 年人口规模和劳动年龄人口占比（图 3-20），可以发现两者呈现较弱的正相关性，中国、新加坡、韩国、墨西哥、印度、美国等国家高于平均值，日本、法国、瑞士、芬兰等国家低于平均值。

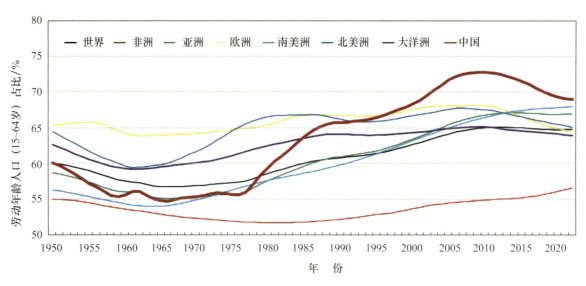

图 3-19　中国和世界各地区劳动年龄人口占比变化（1950—2022）

数据来源：United Nations. World population prospects 2022: Summary of results[EB/OL]. (2022-09-15) [2024-08-20]. https://www.un.org/development/desa/pd/content/World-Population-Prospects-2022

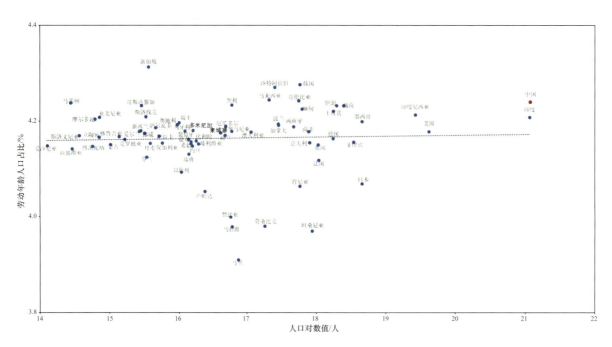

图 3-20　2020 年 70 个国家人口规模与劳动年龄人口占比关系

数据来源：世界银行。

从人力资本要素中的受教育程度[1]来看（图 3-21），70 个国家的拟合线是一条向下的线，即人口规模越大，劳动力中受过高等教育的比例越低。中国的这一情况不太乐观，不仅低于美国、日本、德国、法国等发达国家，还低于印度等发展中国家，并处于平均值以下，因此就劳动力的教育程度来说，我国还有很大的提升空间。

---

[1] 这里的受教育程度选用的是 25 岁及以上的人口中获得学士学位或完成同等学力人口的百分比。

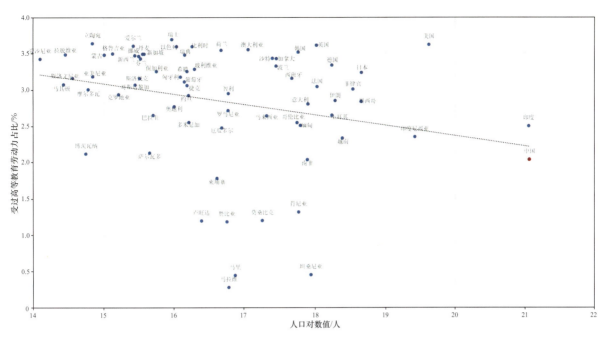

图 3-21　2020 年 70 个国家受过高等教育劳动力与人口规模占比关系
数据来源：世界银行。

第三节　人口规模巨大的现代化指标体系与评价方法

一、人口规模巨大的现代化指标体系

党的二十大报告提出，我们要建设的中国式现代化，其首要特征就是人口规模巨大的现代化。这个特征是由中国独特的国情所决定的，从数量级的角度揭示了我国人口规模的现状，也预示着我们在推进现代化时所具有的优势与红利，所面临的困难和挑战，更指明了我们党和国家做决策的一个基本出发点。本研究从人口现代化和人的现代化两个维度构建人口规模巨大的现代化指标体系（表 3-1），以"一切以人民为中心"为根本出发点，测度规模和发展的关联性、协同性和差异性。其中，人口现代化维度包括人口规模、人口结构、人口素质、人口分布 4 个主题，人的现代化维度设计思路是全生命周期的人的现代化，主要包括营养与健康、教育与文化、家庭与住房、消费与成本、生活品质 5 个主题。两个维度共 9 个主题、22 个领域、60 个一级指标、200 个具体指标，共同构成了人口规模巨大的现代化指标体系。

表 3-1 人口规模巨大的现代化指标体系

维度	主题	领域	一级指标	二级指标
人口现代化	人口规模	人口总量	总人口数	年末总人口数
			出生/死亡率	人口出生率 人口死亡率
		人口增长	增长率	人口自然增长率 人口年平均增长率
			生育率	总和生育率 累计生育率 终身生育率
	人口结构	年龄结构	分年龄段人口比例	0～14岁人口比例 15～64岁人口比例 老龄化率/65岁及以上人口比例
			抚养比	总抚养比 　少年儿童抚养比 　老年人口抚养比
		性别结构	性别比	男性人数/女性人数×100 男性人口比例 女性人口比例
		城乡结构	城镇化率	城镇人口比例 农村人口比例
		就业结构	就业人口比例	第一产业就业人口比例 第二产业就业人口比例 第三产业就业人口比例
	人口素质	身体素质	预期寿命	平均预期寿命 　男性平均预期寿命 　女性平均预期寿命
			国民体质指数	国民体质综合指数 　3～6岁幼儿体质综合指数 　7～19岁儿童青少年（学生）体质综合指数 　20～39岁成人体质综合指数 　40～59岁成人体质综合指数 　60～69岁老年人体质综合指数 　男性体质综合指数 　女性体质综合指数 　城镇国民体质综合指数 　农村国民体质综合指数 　身体形态综合指数 　身体机能综合指数 　身体素质综合指数
			健康素养水平	居民健康素养水平 　城镇居民健康素养水平 　农村居民健康素养水平
		精神素质	平均受教育年限	平均受教育年限 　男性人口平均受教育年限 　女性人口平均受教育年限

续表

维度	主题	领域	一级指标	二级指标
人的现代化	人口素质	精神素质	文盲率	文盲率 　男性文盲率 　女性文盲率
			按受教育程度分人口占比	小学文化程度人口占比 　小学男性文化程度人口占比 　小学女性文化程度人口占比 初中文化程度人口占比 　初中男性文化程度人口占比 　初中女性文化程度人口占比 高中文化程度人口占比 　高中男性文化程度人口占比 　高中女性文化程度人口占比 大专及以上文化程度人口占比 　大专及以上男性文化程度人口占比 　大专及以上女性文化程度人口占比
	人口分布	分布	人口密度	人口密度 　城镇人口密度
			高精度人口分布	公里网格人口空间分布栅格数据 夜间灯光指数
		迁移	人口迁移量	人口迁移强度 人口迁移连通度
			人口迁移方向	人口迁移平均距离 人口迁移平均方向
	营养与健康	营养	营养消费	人均粮食消费量 　城镇居民人均粮食消费量 　农村居民人均粮食消费量
				人均蔬菜及食用菌消费量 　城镇居民人均蔬菜及食用菌消费量 　农村居民人均蔬菜及食用菌消费量
			营养不良和过剩	营养不良人口比例 成人肥胖比例
		健康水平	特定人群死亡率	婴儿死亡率 　城镇婴儿死亡率 　农村婴儿死亡率
				孕产妇死亡率 　城镇孕产妇死亡率 　农村孕产妇死亡率
			居民患病率	居民两周患病率 　男性居民两周患病率 　女性居民两周患病率 　65岁及以上居民两周患病率
				居民慢性疾病患病率 　男性居民慢性疾病患病率 　女性居民慢性疾病患病率 　65岁及以上居民慢性疾病患病率

续表

维度	主题	领域	一级指标	二级指标
人的现代化	营养与健康	健康服务	医疗资源覆盖率	每万人拥有医疗卫生机构数 每万人拥有医院数 医院床位比例
			医护人员比例	卫生技术人员比例 医生比例 护士比例
			人均卫生费用	人均卫生费用
	教育与文化	教育水平	入学率	小学毛入学率 中学毛入学率 大学入学率
			生师比	小学生师比 初中生师比 高中生师比 普通高校生师比
			科技人员比例	科技人员比例
			人均教育经费	人均教育经费
		文化生活	人均教育文化娱乐支出	人均教育文化娱乐支出 城镇人均教育文化娱乐支出 农村人均教育文化娱乐支出
			娱乐休闲	人均年娱乐时间（15～64岁） 人均旅游消费 人均年观影次数
			网络生活	人均上网时间 网购人口比例 使用社交媒体交流的人口比例
			人均图书年阅读量	人均图书年阅读量 人均纸质书阅读量 人均电子书阅读量
	家庭与住房	家庭	家庭平均规模	家庭平均规模
			结婚率	粗结婚率 结婚率 男性结婚率 女性结婚率
			离婚率	粗离婚率 离婚率 男性离婚率 女性离婚率
			成人未婚率	成人未婚率 成人男性未婚率 成人女性未婚率
			婴幼儿/儿童照顾	0～3岁婴幼儿入托比例 与儿童平均沟通时间

续表

维度	主题	领域	一级指标	二级指标
人的现代化	家庭与住房	住房	人均住房建筑面积	人均住房建筑面积 　城镇人均住房建筑面积 　农村人均住房建筑面积
			户均住房间数	户均住房间数 　城镇户均住房间数 　农村户均住房间数
			房屋自有/出租率	房屋自有率 　城镇房屋自有率 　农村房屋自有率 房屋出租率 　城镇房屋出租率 　农村房屋出租率
	消费与成本	收入与消费	人均可支配收入	全体居民人均可支配收入 　城镇居民人均可支配收入 　农村居民人均可支配收入
			人均消费支出	全体居民人均消费支出 　城镇居民人均消费支出 　农村居民人均消费支出
			恩格尔系数	恩格尔系数 　城镇居民恩格尔系数 　农村居民恩格尔系数
			人均健康支出比例	居民人均健康支出比例 　城镇居民人均健康支出比例 　农村居民人均健康支出比例
		成本	房价收入比	城镇居民人均收入与平均每平方米的房价之比
			消费比例	消费比例 　城镇居民消费比例 　农村居民消费比例
	生活品质	生活方式	时间利用	日工作时间 日通勤时间 日自由支配活动时间
			汽车拥有率	家用汽车拥有率 　城镇居民家用汽车拥有率 　农村居民家用汽车拥有率
			移动电话拥有率	移动电话拥有率 　城镇居民移动电话拥有率 　农村居民移动电话拥有率
			计算机拥有率	计算机拥有率 　城镇居民计算机拥有率 　农村居民计算机拥有率
			人均文化机构资源	每万人拥有博物馆数 每万人拥有公共图书馆数 人均拥有公共图书馆藏量

续表

维度	主题	领域	一级指标	二级指标
人的现代化	生活品质	生活环境	人均资源量	人均水资源量 森林覆盖率
			公共设施覆盖率	公园绿地覆盖率 每万人拥有公共交通车辆数 公共厕所覆盖率 人均体育场所面积
			社会保险覆盖率	养老保险覆盖率 失业保险覆盖率 医疗保险覆盖率
			自然环境危害	$PM_{2.5}$年均浓度 人均二氧化碳排放量 淡水工业污染率 自然灾害受灾人口比例
			人为环境危害	犯罪率 监狱人口比例 交通事故伤亡率 人口火灾发生率
		满意度	生活满意度	生活满意度 　家庭生活满意度 　经济生活满意度 　社会生活满意度 　住房满意度 　教育满意度 　公共服务满意度
			生活抑郁	自杀率 抑郁症发病率

鉴于指标的代表性、可比性、适用性以及数据的可获得性、可操作性、一致性及完整性等特征，本研究精选优化了来自两个维度的共计9个主题，20个具体指标，构建了人口规模巨大的现代化评价指标体系（表3-2）。

表3-2　人口规模巨大的现代化评价指标体系

维度	主题	评价指标
人口现代化	人口规模	人口自然增长率
		总和生育率
	人口结构	总抚养比
		城镇化率
		第三产业就业人口比例
	人口素质	平均预期寿命
		平均受教育年限
		受过高等教育人口比例
	人口分布	城市人口密度
		人口迁移强度

续表

维度	主题	评价指标
人的现代化	营养与健康	人均蔬菜消费量
		医生比例
	教育与文化	小学生师比
		科技人员比例
	家庭与住房	粗离婚率
		人均住房建筑面积
	消费与成本	恩格尔系数
		消费比例
	生活品质	每万人拥有公共交通车辆数
		养老保险覆盖率

从各个核心指标的省际数据分析可以看出，各个省级行政区存在较大的差异[1]，具体表现在以下几个方面。

第一，在人口自然增长率方面，西藏在过去几年中一直保持相对较高的水平，高于全国整体水平，并且呈现出一定的增长趋势，这可能是由西藏独特的地理、文化和社会经济条件所决定的。而且西藏是中国唯一尚未进入老龄化社会的省级行政区，这与其较高的人口自然增长率密切相关，年轻的人口结构为西藏的经济社会发展提供了有力的人力资源保障。黑龙江的人口自然增长率近年来一直保持在较低水平，自2015年来出现负值以来持续走低，相关数据显示黑龙江的人口总数已经在减少。这一现象是由多种因素共同造成的，包括出生率下降、劳动力外迁和老龄化加剧等。这一现象也意味着该省的人口增长主要依赖人口迁移而非自然增长。

第二，在总和生育率方面，2020年贵州的总和生育率达到了2.12，这一数字在全国范围内处于较高的水平，甚至超过了更替水平[2]。尽管贵州在过去一段时间内的总和生育率相对较高，但全国范围内的生育率普遍下滑趋势也影响到了贵州，不过相较于其他省级行政区，贵州的生育率下滑幅度较小。需要引起注意的是，贵州内部的不同地区之间也存在生育率的较大差异，数据显示贵州有的民族地区生育率也在下降。上海总和生育率在近年来呈现较低水平，2023年上海全市总和生育率为0.6，这一数字远低于国际上通常认为能够维持人口稳定更替所需的2.1左右的总和生育率水平，也低于中国整体的总和生育率水平。此外，上海的生育数据还显示，2023年上海常住人口的一孩率为66.24%，二孩率为29.10%，三孩率为4.21%；户籍人口的一孩率为74.03%，二孩率为24.02%，三孩率为1.84%。上海育龄妇女的平均初育年龄也在逐年上升，2023年户籍人口女性平均初育年龄为31.66岁，平均生育年龄为32.56岁。

第三，在总抚养比方面，河南在全国范围内处于相对较高的水平。2021年河南的总抚养比为56.85%，比2020年下降0.94个百分点，这是连续12年上升后的首次下降，2022年河南的总抚养比为55.8%，保持了下降趋势，主要原因是出生人口的减少。黑龙江的总抚养比

---

1 由于个别指标在港澳台地区的统计口径不同，以及港澳台地区指标数据获取率较低等，本研究主要分析大陆地区31个省、自治区、直辖市的相关指标。
2 通常认为总和生育率为2.1左右时，人口处于稳定状态。

相对较低，这表明其非劳动年龄人口相对较少，老龄人口的抚养负担相对较轻。但由于黑龙江的老龄化程度较高，老龄人口占比较高，但少儿人口占比较低，因此导致其总抚养比相对较低。

第四，在城镇化率方面，截至2022年底，上海、北京、天津3地的城镇化率均高于85%。西藏的城镇化率在全国范围内处于较低的水平，但近年来也得到显著提升。2022年西藏的城镇化率达到37.36%，较2012年增长了14.91个百分点。

第五，在第三产业就业人口比例方面，截至2022年底，贵州、云南、甘肃的第三产业就业人口比例均低于40%，北京、上海、天津的第三产业就业人口比例均超过60%。北京作为中国的首都和政治文化中心，第三产业在就业结构中占据了绝对主导地位，已经超过了80%，达到了81.36%，这一比例高于许多发达国家。第三产业成为北京吸纳就业的主要领域，对经济增长的贡献率也非常高。这表明北京的经济结构已经相当成熟，服务业的发展对于推动经济增长和创造就业机会起到了至关重要的作用。甘肃第三产业就业人口比例近年来呈现出一定的上升趋势，但从全国来看仍处于较低的水平。

第六，在人口素质方面，2020年上海、北京、天津和浙江的平均预期寿命都已超过80岁，上海更是达到了82.55岁。西藏的平均预期寿命也已超过72岁，但从全国来看仍处于较低的水平。在平均受教育年限方面，2020年北京、上海、天津的平均受教育年限均超过11年，北京已经达到12.64年。青海、云南、贵州和西藏在普及九年义务教育方面还有一定的提升空间，西藏的平均受教育年限仅为6.75年。在受过高等教育人口比例方面，2020年北京、上海、天津的比例均超过了30%，并且北京已经达到了47.91%，领先于其他省级行政区。河南、西藏、广西、云南和贵州受过高等教育人口比例均低于15%，还需进一步优化教育资源配置、加强政策支持、提高教育质量。

第七，在人口的空间分布方面，北京、西藏、山东和辽宁的城市人口密度均低于2000人/千米^2，陕西和黑龙江的城市人口密度均高于5000人/千米^2。上海和浙江的人口净迁移率高于50%，北京和广东的人口净迁移率高于30%，是我国人口迁移非常活跃的地区，表现出非常强的人口吸引力，黑龙江、甘肃、河南和贵州的人口净迁移率低于-20%，表现出较大的人口流失。

第八，在营养与健康方面，重庆、河北、江苏的人均蔬菜消费量高于130千克，贵州、青海和西藏的人均蔬菜消费量低于82千克。北京、天津和浙江的医生比例均高于3.7人/千人，广东和江西的医生比例低于2.7人/千人。

第九，在教育与文化方面，吉林、黑龙江和内蒙古的小学生师比均低于13，广东和贵州的小学生师比高于18。北京、上海、天津、江苏和浙江的科技人员比例均高于2%，而青海、新疆和西藏在这方面与全国平均水平还存在较大差距。

第十，在家庭与住房方面，上海、西藏、广东和海南的粗离婚率均低于1.5‰，重庆、天津和贵州的粗离婚率则高于2.6‰。江西、福建、湖南和湖北的人均住房建筑面积均高于47米^2，吉林、广东、新疆和上海的人均住房建筑面积均低于33.9米^2，与之相比，澳门和香港的人均住房建筑面积分别仅为20.5米^{2}和13.6米^2。

第十一，在消费与成本方面，北京、上海、山东和江苏的恩格尔系数低于27%，四川、西藏和海南的恩格尔系数则高于34.5%。在消费比例方面，北京和上海再次领跑，高于1.7，而黑龙江、四川、甘肃和湖北的消费比例则低于1.4。

第十二，在生活品质方面，青海和湖南每万人拥有公共交通车辆数超过19标台，重庆、西藏和上海则均低于11标台。在养老保险覆盖率方面，北京、安徽、湖南、吉林和重庆的养老保险覆盖率均超过80%，而西藏、广东和新疆的养老保险覆盖率则低于66%。

二、人口规模巨大的现代化评价方法

本研究采用以定量分析为主，定性分析与定量分析相结合的方法进行评价。定量分析主要采用了模糊数学的贴近度模型、德尔菲法和统计分析法。

（一）单指标的无量纲处理方法

选用比较简明易懂的指标贴近度模型对各指标进行无量纲处理。

正指标： $$I_i = \frac{X_i}{Y_i} \times 100 \qquad 公式3-1$$

逆指标： $$I_i = \frac{Y_i}{X_i} \times 100 \qquad 公式3-2$$

结果超过100的按照100计算，个别指标根据研究的需要按照公式3-3进行无量纲处理。

$$I_i = \frac{X_i - X_{\min}}{X_{\max} - X_{\min}} \times 100 \qquad 公式3-3$$

X_i表示指标体系中的指标值；Y_i表示指标标准值[1]；I_i为该指标的实现程度，即本研究的数据基础。

（二）人口规模巨大的现代化指数计算方法

选用简单易懂的加权平均方法，即：

$$\text{PMI}_n = \sum K_i \times I_i \qquad 公式3-4$$

PMI_n为相应人口规模巨大的现代化的分维度、分领域、分主题指数，K_i为权重，I_i为该指标的实现程度。权重必须根据指标影响性和重要程度来确立，本研究采用德尔菲法给出权重。根据单指标的实现程度和权重，通过加权平均即可求出分维度的人口现代化指数和人的现代化指数。然后通过对上述指标赋以不同权重计算出人口规模巨大的现代化综合指数（comprehensive modernization index of a huge population）。

三、人口规模巨大的现代化评价结果

根据以上评价指标体系和模型方法分别计算全国34个省级行政单位[2]人口规模巨大的现代化的分维度、分主题以及综合指数。

（一）人口规模巨大的现代化分维度、分主题指数

全国34个省级行政单位的人口现代化维度下分主题现代化指数分级结果如表3-3所

---
[1] 本研究指标标准值定为该指标数据排名前三位的省级行政单位数值的平均值。
[2] 我国港澳台地区个别指标数据缺失，在评价中采用插值、估值的方法进行数据处理。

示。其中，人口规模现代化指数属于一级地区的省级行政单位[1]包括福建、甘肃、广东、广西、贵州、海南、江西、宁夏、青海、西藏和云南；人口结构现代化指数属于一级地区的省级行政单位包括澳门、北京、福建、广东、江苏、辽宁、内蒙古、山西、上海、台湾、天津、香港和浙江；人口素质现代化指数属于一级地区的省级行政单位包括澳门、北京、上海、广东、江苏、辽宁、陕西、台湾、天津、香港和浙江；人口分布现代化指数属于一级地区的省级行政单位包括澳门、北京、广州、江苏、上海、天津、香港和浙江。

表3-3　全国34个省级行政单位2022年人口现代化维度下分主题现代化指数分级

分级	人口规模现代化指数	人口结构现代化指数	人口素质现代化指数	人口分布现代化指数
一级地区	福建、甘肃、广东、广西、贵州、海南、江西、宁夏、青海、西藏、云南	澳门、北京、福建、广东、江苏、辽宁、内蒙古、山西、上海、台湾、天津、香港、浙江	澳门、北京、上海、广东、江苏、辽宁、陕西、台湾、天津、香港、浙江	澳门、北京、广州、江苏、上海、天津、香港、浙江
二级地区	澳门、安徽、北京、河北、河南、湖南、陕西、山东、山西、台湾、新疆、浙江	安徽、重庆、海南、黑龙江、河北、湖北、湖南、江西、吉林、宁夏、陕西、山东	重庆、福建、海南、黑龙江、湖北、吉林、内蒙古、宁夏、山东、山西、新疆	重庆、福建、海南、湖北、吉林、辽宁、内蒙古、宁夏、青海、山东、台湾、西藏、新疆
三级地区	重庆、黑龙江、湖北、吉林、江苏、辽宁、内蒙古、上海、四川、天津、香港	甘肃、广西、贵州、河南、青海、四川、西藏、新疆、云南	西藏、青海、甘肃、四川、云南、贵州、广西、湖南、江西	安徽、甘肃、广西、贵州、河北、河南、黑龙江、湖南、江西、四川、云南、陕西、山西

全国34个省级行政单位人的现代化维度下分主题现代化指数分级结果如表3-4所示。其中，营养与健康现代化指数属于一级地区的省级行政单位包括北京、重庆、吉林、河北、湖北、江苏、辽宁、上海、四川、天津和浙江；教育与文化现代化指数属于一级地区的省级行政单位包括澳门、北京、重庆、福建、广东、江苏、山东、上海、台湾、天津、香港和浙江；家庭与住房现代化指数属于一级地区的省级行政单位包括福建、广西、河南、湖北、湖南、江苏、江西、西藏和浙江；消费与成本现代化指数属于一级地区的省级行政单位包括澳门、北京、天津、江苏、内蒙古、山东、山西、陕西、上海、台湾、香港和浙江；生活品质现代化指数属于一级地区的省级行政单位包括澳门、安徽、北京、甘肃、河北、黑龙江、湖南、山东、陕西、宁夏、青海、台湾和香港。

表3-4　全国34个省级行政单位2022年人的现代化维度下分主题现代化指数分级

分级	营养与健康现代化指数	教育与文化现代化指数	家庭与住房现代化指数	消费与成本现代化指数	生活品质现代化指数
一级地区	北京、重庆、吉林、河北、湖北、江苏、辽宁、上海、四川、天津、浙江	澳门、北京、重庆、福建、广东、江苏、山东、上海、台湾、天津、香港、浙江	福建、广西、河南、湖北、湖南、江苏、江西、西藏、浙江	澳门、北京、天津、江苏、内蒙古、山东、山西、陕西、上海、台湾、香港、浙江	澳门、安徽、北京、甘肃、河北、黑龙江、湖南、山东、陕西、宁夏、青海、台湾、香港

---

[1] 省级行政单位排名不分先后，按拼音首字母排序。

续表

分级	营养与健康现代化指数	教育与文化现代化指数	家庭与住房现代化指数	消费与成本现代化指数	生活品质现代化指数
二级地区	安徽、澳门、海南、河南、黑龙江、湖南、江西、内蒙古、宁夏、陕西、山东、山西	安徽、河南、黑龙江、湖北、湖南、吉林、江西、辽宁、内蒙古、宁夏、陕西、山西、四川	安徽、重庆、甘肃、广东、贵州、海南、河北、青海、陕西、山东、山西、上海、四川、云南	福建、广西、贵州、河北、河南、湖南、吉林、江西、辽宁、青海、宁夏、西藏、新疆	福建、贵州、江苏、江西、海口、河南、湖北、山西、四川、云南、浙江
三级地区	福建、甘肃、广东、广西、贵州、青海、台湾、西藏、香港、新疆、云南	甘肃、贵州、广西、海南、河北、青海、西藏、新疆、云南	澳门、北京、吉林、黑龙江、辽宁、内蒙古、宁夏、台湾、天津、香港、新疆	安徽、重庆、甘肃、广东、海南、黑龙江、湖北、四川、云南	重庆、广东、广西、吉林、辽宁、内蒙古、上海、天津、西藏、新疆

全国 34 个省级行政单位人口现代化指数分级结果如表 3-5 所示。其中，属于一级地区的省级行政单位包括澳门、北京、福建、广东、海南、江苏、宁夏、上海、台湾、天津、西藏、香港和浙江；属于二级地区的省级行政单位包括安徽、重庆、广西、河北、湖北、内蒙古、山东、山西、陕西、青海和新疆；属于三级地区的省级行政单位包括甘肃、贵州、黑龙江、河南、湖南、吉林、江西、辽宁、四川和云南。

全国 34 个省级行政单位人的现代化指数分级结果如表 3-5 所示。其中，属于一级地区的省级行政单位包括澳门、北京、福建、河北、湖南、江苏、山东、陕西、上海、台湾、天津、香港和浙江；属于二级地区的省级行政单位包括安徽、重庆、吉林、广东、黑龙江、河南、湖北、江西、辽宁、内蒙古、宁夏、山西和四川；属于三级地区的省级行政单位包括甘肃、广西、贵州、海南、青海、西藏、新疆和云南。

（二）人口规模巨大的现代化综合指数

将全国 34 个省级行政单位人口规模巨大的现代化综合指数划分为三级地区，结果如表 3-5 所示。其中，属于一级地区的省级行政单位包括澳门、北京、福建、广东、江苏、山东、上海、台湾、天津、香港和浙江；属于二级地区的省级行政单位包括安徽、内蒙古、重庆、海南、河北、湖北、湖南、江西、宁夏、青海、山西和陕西；属于三级地区的省级行政单位包括甘肃、吉林、贵州、广西、黑龙江、河南、辽宁、四川、西藏、新疆和云南。

表 3-5 全国 34 个省级行政单位 2022 年人口现代化指数、人的现代化指数、人口规模巨大的现代化指数分级

分级	人口现代化指数	人的现代化指数	人口规模巨大的现代化指数
一级地区	澳门、北京、福建、广东、海南、江苏、宁夏、上海、台湾、天津、西藏、香港、浙江	澳门、北京、福建、河北、湖南、江苏、山东、陕西、上海、台湾、天津、香港、浙江	澳门、北京、福建、广东、江苏、山东、上海、台湾、天津、香港、浙江
二级地区	安徽、重庆、广西、河北、湖北、内蒙古、山东、山西、陕西、青海、新疆	安徽、重庆、吉林、广东、黑龙江、河南、湖北、江西、辽宁、内蒙古、宁夏、山西、四川	安徽、内蒙古、重庆、海南、河北、湖北、湖南、江西、宁夏、青海、山西、陕西
三级地区	甘肃、贵州、黑龙江、河南、湖南、吉林、江西、辽宁、四川、云南	甘肃、广西、贵州、海南、青海、西藏、新疆、云南	甘肃、吉林、贵州、广西、黑龙江、河南、辽宁、四川、西藏、新疆、云南

本章小结

中国各个省级行政单位人口规模巨大的现代化，包括人口现代化和人的现代化都是复杂多元的过程，涉及经济、社会、文化等多个方面。由于不同省级行政单位的经济发展水平不同，产业结构、地理位置、文化传统等因素的差异，其人口现代化和人的现代化进程也呈现出不同的特点和趋势。总的来说，各个省级行政单位在人口现代化和人的现代化进程中都取得了长足的发展，但区域间的差异也是客观存在的，东南部沿海地区省级行政单位人口规模巨大的现代化指数都属于一级地区，中部地区省级行政单位（除去河南）再加上青海都属于二级地区，西部地区（除去青海）再加上河南和东北三省都属于三级地区。

东南部地区：广东作为中国经济最发达的省份之一，人口规模庞大，常住人口数量位居全国前列。改革开放后，广东沿海外贸经济的快速发展吸引了大量外来人口的流入，推动了本地人口的城市化和现代化进程。随着政府教育资源的不断投入，广东的人口教育水平显著提高，大学及以上文化程度人口比例持续上升。近年来，浙江的人口增量在全国位居前列，显示出强劲的经济活力和人口吸引力。城镇化水平较高，城市基础设施完善，为人口现代化提供了良好的物质基础。浙江以数字经济、智能制造等新兴产业为主导的产业结构，为人口现代化提供了新的动力。

中部地区：作为中国人口大省之一的河南，人口基数大，但近年来人口增长却逐渐放缓。随着地区城镇化进程的加速，农村人口向城市的转移推动了人口结构的优化和现代化。政府对教育的投入也在加大，但由于人口基数大以及较大的人口流失，尤其是人才的流失，地区人口素质还有待进一步提高。湖南的人口结构相对较为均衡，但老龄化趋势逐渐显现，0～14岁人口占比有所下降，可能与生育率下降和人口流动等因素有关。湖南的人口流动现象较为普遍，尤其是向珠三角地区的流动，对湖南的经济社会发展产生了深远的影响，既带来了人力资源的流失，但也促进了湖南与珠三角地区的经济联系与合作。

西部地区：根据最新数据，四川常住人口数量稳定增长，显示出较强的人口吸引力。近年来，四川城镇化率显著提高，城镇人口比例上升，经济发展为人口现代化提供了坚实的基础。本地教育水平不断提升，少数民族人口增长速度快于汉族人口，促进了民族的和谐共荣。作为历史文化名省，陕西在推动人口和人的现代化的同时注重保护和传承传统文化。人口总量保持增长，增长速度高于全国平均水平，少儿人口比例近年来有所回升，平均受教育年限高于全国平均水平，为人口现代化提供了人才保障。

党的二十届三中全会指出，当前和今后一个时期是以中国式现代化全面推进强国建设、民族复兴伟业的关键时期。把改革推向前进是坚持以人民为中心、让现代化建设成果更多更公平惠及全体人民的必然要求。坚持以人民为中心，尊重人民主体地位和首创精神，人民有所呼、改革有所应，做到改革为了人民、改革依靠人民、改革成果由人民共享。

以人民为中心激发和促进人的现代化。"以人民为中心"是习近平总书记反复强调的理念，始终把人民放在发展最重要的位置。尊重人民的主体地位，在参与中促进人的行为现代化转变。要以人民为中心充分发挥人在现代化建设中的重要价值，重视人民的主体性、发挥中国人民的首创精神，用更强有力的措施发挥以人民为中心的显著优势，确保人民能够积极参与到各项公共事业中。关注人民的利益导向，在满足中促进人的需要现代化升级。充分关注人民的需求变化，以中国人民的切身利益为导向，最大限度地实现、维护、发展人民的切身利益，并关注不同群体的需求差异。重视人民的评判标准，在认同中促进人的观念现代化转变。做到接受人民的监督，接受人民的检验，倾听人民的声音，得到人民的认可。坚定人民的政治立场，同时宣传好党的方针政策措施，将党和人民的政治立场始终统一在社会主义建设的战线上，确保中国人民的思想现代化转变方向是符合中国国情的，是中国特色社会主义的人的现代化。

以国家治理现代化保障和带动人的现代化。党的二十届三中全会指出："进一步全面深化改革的总目标。继续完善和发展中国特色社会主义制度，推进国家治理体系和治理能力现代化。"当前，我国在人的现代化进程中暴露出来的很多问题都与相应的体制机制不够健全有关，因此需要进一步推进国家治理体系的现代化改革，在治理体系的构建中充分尊重普通公民的主体地位，通过一系列的组织、制度安排形成治理主体多元化的格局，以实现人的现代化的高度发展。强调以多元主体共同参与国家事务的管理和治理，只有当人民真正融入国家的治理之中时，中国人民在具体的实践中才能享有更多的发言权和主导权。在治理时要保证科学和民主，同时还要制度化、规范化和程序化。因此，这对领导干部以及更多劳动者的现代化知识和改革创新能力提出了更高的要求。在推进国家治理能力现代化中加强对现代公民的塑造，通过现代化的政治参与等途径培养人的现代化行为方式，在提高公民自身能力的同时提高国家治理能力。

以现代化教育科技发展和创新人的现代化。要在深入完善现代化教育科技体系中更新人的现代化发展条件。要完善学校教育、社会教育、家庭教育体系，完善具有公共性、普惠性、基础性、发展性的公共教育服务体系。建立强大的职业教育体系，从观念上改变对职业教育的偏见，强化职业教育的地位，采用项目式、工学结合等教学模式，提高社会对职业教育的认可度和接受度，从根本上培养对社会有用的人才。促进城乡教育一体化发展，在农村地区进行中小学专、兼校车改革试点，逐步建立与农村集中办学模式相适应的农村中小学校车管理制度，实施农村普通高中标准化建设工程，逐步实施农村免费职业教育。构建终身学习体系，为不同年龄、不同职业的人群提供持续学习的机会和资源。政府和企业要加大对科技研发的投入，支持新技术、新产品、新模式的研发与应用。加强与国际教育科技领域的交流与合作，学习借鉴国际先进经验和技术成果，同时积极参与国际竞争与合作，提升我国教育科技的国际影响力和竞争力。

在人口规模巨大的背景下实现中国式现代化，需要坚持党的领导，坚定不移地以人民为中心，牢记人民群众是历史的创造者，努力满足人民日益增长的美好生活需要；坚持问题导向，把握人口发展历史方位，立足本国人口基本国情，与时俱进优化发展战略、深化改革开放，持续提高人口治理能力和水平，努力实现人口长期均衡发展的目标；落实新发展理念，着眼于人口规模巨大的总体和各子群体，注重人与自然之间的和谐共生，把握世界人口变动趋势和人口发展时代规律，努力实现创新、协调、绿色、开放、共享的发展；坚定走中国式人口发展道路，全面推进健康中国建设，实施人口均衡发展战略和积极应对老龄化战略，坚持统筹设计与综合决策，努力实现人口高质量发展。

第四章

共同富裕：理论、实践与测度

党的二十大报告深刻阐述了中国式现代化的中国特色，指出中国式现代化是全体人民共同富裕的现代化，实现全体人民共同富裕是中国式现代化的本质要求之一。这既是对中国现代化建设理论层面上的经典概括，也是对中国现代化建设实践层面上的具体要求；既是对中国现代化建设历程的深度考量，也是对世界日益扩大的贫富差距问题的积极回应。因此，深刻理解共同富裕的丰富内涵，准确把握共同富裕的实践要求，科学测度共同富裕的发展水平，具有重要的时代价值和世界意义。作为一项复杂的系统工程，共同富裕涉及经济、社会、政治、文化、生态、人的全面发展等诸多领域，国内外学者从不同的学科视角已经对共同富裕作了大量的研究，而本研究将立足世界现代化进程，从系统的角度探讨共同富裕的形成发展、理论旨要、实践历程及评价测度。

第一节 共同富裕的形成发展与理论旨要

从人类文明的角度看，受生产力水平和分配制度的限制，经济发展规模上的不充分和结构上的不平衡成为一种逻辑必然，进一步影响社会、政治、文化、生态等几乎所有领域的发展不充分、不平衡，由此造成了不同群体、不同地区在财富、权益等方面呈现出的明显差别。因此，追求共同富裕、公平正义成为人类社会自诞生以来孜孜以求的奋斗目标和努力方向。

一、人类文明和世界现代化的历史逻辑

从人类文明的角度看，人类社会自诞生以来，先后经历了原始文明、农业文明、工业文明和知识文明4个历史阶段（表4-1）。其中，从农业文明向工业文明的转变是第一次现代化，从工业文明向知识文明的转变是第二次现代化。世界现代化的本质是人类文明的一种革命性和前沿性变化，是不断从传统文明向新型文明的历史性转变。文明发展的实质则是不断创新和满足人类层层递进的生存和发展需求。[1]因此，相对于一定文明阶段及其相应的人类需求而言，需要通过充分发展来解决发展和需求之间的矛盾。但相对于更高的文明阶段和更丰富的人类需求，发展的不充分问题就会凸显，所以发展的不充分问题是长期存在的，不充分是

---

1 何传启.第六次科技革命的战略机遇（第二版）[M].北京：科学出版社，2012：7.

绝对的，充分只是相对的。与此同时，发展的不平衡问题也是绝对的，而平衡只是相对的。由平衡到不平衡再到新的平衡是事物发展的基本规律，协调发展是平衡和不平衡的统一，所以解决发展的不平衡问题是要解决严重的不平衡即不协调和失衡问题。[1]

综上所述，人类文明的演进过程就是不断解决发展不充分、不平衡的过程，在某种程度上就是不断追求共同富裕的过程。特别是世界现代化的开启，在不断跃升的生产力水平的加持下，共同富裕这一人类宏愿逐渐变为可能。

表 4-1 人类历史上的文明范式及其差异性特征

项目	原始文明	农业文明	工业文明	知识文明
历史时间	人类诞生—公元前3500年	公元前3500—1760年	1760—1970年	1970—约2100年
经济特征	狩猎采集 平均分配	农业经济 按权力或地权分配	工业经济 按资本或劳动分配	知识经济 按贡献分配
社会特征	原始社会	农业社会	工业社会	知识社会
政治特征	原始民主	专制政治	民主政治	多元政治
文化特征	原始文化	农业文化	工业文化	网络文化
个人特征	部落生活方式	农村生活方式	城市生活方式	网络生活方式
环境特征	自然崇拜 部落互动	适应自然 国际关系	征服自然 国际战争	人与自然互利共生 国际依赖
差异性	物资匮乏 平均分配	群体差异 地区差异明显	贫富差距大 两极分化严重	数字鸿沟 两极分化

资料来源：何传启. 第二次现代化：人类文明进程的启示 [M]. 北京：高等教育出版社，1999，105-122；Grusky DB. The past, present, and future of social inequality[M]//Social Stratification: Class, Race, and Gender in Sociological Perspective. 2nd ed. Boulder: Westview Press, 2001: 3-51；以及相关文献整理。

二、共同富裕理论的形成与发展

（一）前现代化时期的共同富裕思想

共同富裕是人类的一种美好向往与追求。自人类诞生以来，均平共富就是人类社会最为质朴古老的理想之一，深刻表达了人民群众追求共同富裕的社会诉求。从上古时代的天道均平到晚清的《天朝田亩制度》，从公元前4世纪柏拉图的"理想国"到16世纪托马斯·莫尔的"乌托邦"，东西方文明都孕育了丰富的共同富裕思想，并对其进行了不懈的探索与实验。

尽管与共同富裕有关的思想几乎伴随着人类文明的整个进程，但前现代化时期的共同富裕思想更多强调的是"共同"而非"富裕"，主要着眼于公平而非效率。据历史考证，从远古一直到18世纪工业革命以前，按照人均GDP来计算的社会财富的增长都是异常缓慢的，长时期等于零甚至是负数，原因是社会财富的绝对增量被不断增长的人口数量相抵消。从公元1000年到1750年，西欧的人均收入年增长率远远低于0.1%，尽管贵族们过着奢华的生活，但整个社会始终处于贫困的糊口经济水平。[2]

综上所述，在前现代化时期，几乎没有任何社会能够实现共同富裕，其根本原因在于原

---

[1] 董振华. 如何理解发展的不平衡不充分 [N]. 学习时报，2017-12-27(2).
[2] 罗荣渠. 论现代化的世界进程 [J]. 中国社会科学，1990(5): 107-126.

始社会和农业社会的生产力落后，缺乏共同富裕必不可少的物质基础。高度发达的生产力水平是实现共同富裕的必要条件，只有高经济增长率带来现代经济的持续快速增长，人类的经济社会生活实现质的改变，共同富裕的理想才有实现的可能。

（二）世界现代化进程中的共同富裕思想

肇始于17世纪的启蒙运动为世界现代化奠定了理论与思想基础。以卢梭（Jean-Jacques Rousseau，1712—1778）为代表的思想家通过对人类历史文明发展过程的分析，从经济和政治上揭示了社会不平等的根源，深刻指出生产的发展和私有制的产生，使人类脱离了"自然状态"，产生了贫富不均的社会现象，私有制是社会不平等的根源。1755年出版的《论人类不平等的起源和基础》是卢梭全部思想的基础，为资产阶级政治革命提供了重要理论依据。

18世纪的工业革命开启了世界现代化的历史进程，成为人类社会迄今为止的最大发展分水岭，它改变了并持续改变着整个世界。[1] 生产力的不断解放、生产力水平的极大提升成为世界现代化最为显著的特征，仅工业革命以来不到一百年的时间所创造的生产力就比过去一切世代所创造的全部生产力还要多，还要大。[2] 但是生产力的发展并非必然带来共同富裕和普遍福祉。在世界现代化的早期，以英国为代表的现代化先行国家在资本逻辑的主导下，对外侵略扩张、对内剥削压迫，在世界层面形成了"中心–外围"不对称、不平等的现代化发展格局，在国家内部则进一步加剧了群体、城乡、地区间的贫富差距，社会矛盾冲突不断。在信息化、数字化、智能化的今天，信息茧房、数字鸿沟、算法歧视等成为当前世界现代化进程中加剧贫富差距的新诱因。在世界现代化200多年的进程里，特别是在以西方现代化为主导的发展模式下，生产力发展和社会财富快速增长并没有带来普遍福祉。为消除贫富差距，形成了以公有制、反贫困、福利社会、包容性增长、可持续发展、共同富裕等为代表的一系列发展理论与生动实践。

流行于19世纪初的空想社会主义把私有制条件下造成的贫富不均、社会分化等看成是人类社会的重要病根，主张废除私有制，消灭阶级差别，共同劳动，平均分配产品，建立平等社会。其中，以罗伯特·欧文（Robert Owen，1771—1858）为代表的空想家们对人人平等的理想社会进行了大胆尝试。马克思深刻洞察人类社会历史发展的一般规律和资本主义社会运行的特殊规律，强调生产力的发展是实现共同富裕的经济基础，只有在社会生产力发展到一定程度，才能使得阶级差别的消除成为真正的进步；强调社会主义公有制是实现共同富裕的制度基础，生产力与生产关系是实现共同富裕的内在规律。[3] 列宁深入思考关于社会主义建设的重大理论问题，从共同富裕和社会主义的关系上分析了社会主义的最终目的是实现全体人民的共同富裕；从生产力发展水平和社会主义制度的关系角度论述了发展的重要性。[4] 斯大林明确地提出和阐述了共同富裕思想，将实现全体人民共同富裕作为苏联的社会主义目标。[5]

历史上，许多文明体系将对贫穷的态度深深植根于道德和宗教思想的污名化体系中，自

---

1 艾瑞克·霍布斯鲍姆. 革命的年代：1789—1848[M]. 王章辉，等译. 北京：中信出版社，2017：72.
2 马克思恩格斯文集：第2卷[M]. 北京：人民出版社. 2009：36.
3 马克思，恩格斯. 德意志意识形态（节选本）[M]. 北京：人民出版社，2018：10-44.
4 列宁选集：第4卷[M]. 北京：人民出版社，1995：59-69.
5 斯大林选集：上[M]. 北京：人民出版社，1979：375-376.

18世纪工业革命以来，伴随世界现代化进程的推进，反贫困才在观念上实现了由个人不道德或懒惰的污名化取向转变为社会经济问题取向。[1]特别是1834年，英国议会通过了《济贫法（修正案）》，在国家层面开展社会救济工作，实现了社会救济的强制化和规范化，奠定了现代社会福利制度的基础。19世纪80年代，随着经济衰退、社会主义思想传播、工人运动兴起，福利主义思潮应运而生。德国政府以国家立法的形式先后通过了《疾病保险法》《工人赔偿法》《伤残、死亡和养老保险法》，标志着现代社会保障制度体系的建立。[2]进入20世纪20年代，新兴的福利经济学强调政府要发挥积极作用实现收入的均等化和资源的优化配置，进而增进福利、避免两极分化。20世纪三四十年代的新福利经济学则突出个人自由，强调福利的全民性，并主张通过提高效率来增进社会福利。具有划时代意义的是1942年的《贝弗里奇报告：社会保险和相关服务》，该报告设计了一整套"从摇篮到坟墓"的社会福利制度。以此为基础，1948年，英国宣布建成了第一个福利国家，开启了建设福利国家的制度发展里程。但是不断增长的社会福利支出给福利国家的现代化带来了各种弊端和社会负面影响，特别是使拉丁美洲国家的现代化陷入高福利发展困境。在此后的半个世纪里，以阿马蒂亚·森（Amartya Sen，1933— ）为代表的经济学家，主张经济学应与伦理学相结合，以服务于人类正义。通过综合运用经济学和哲学手段，把伦理因素重新纳入至关重要的经济学问题讨论之中，在社会选择理论、福利、贫困指标和饥荒等福利经济学若干基本问题上作出了一系列关键性贡献。

进入21世纪，在世界现代化全面推进的过程中，诸如收入差距持续扩大、资源约束和增长价值观紊乱等一系列非合意现象，引发全球对长久以来的现代增长模式和增长目标的反思。2007年，亚洲开发银行提出"包容性增长"的概念，旨在将增长战略集中于能创造出生产性就业岗位的高增长、能确保机遇平等的社会包容性以及能减少风险并给最弱势群体带来缓冲的社会安全网。包容性增长所寻求的是社会和经济的协调发展、可持续发展，与单纯追求经济增长相对立，其最终目的是把经济发展成果最大限度地让普通民众受益，最基本的含义是公平合理地分享经济增长。2015年，联合国可持续发展峰会通过了《变革我们的世界：2030年可持续发展议程》，旨在寻找新的方式改善全世界人民的生活、消除贫困、促进所有人的健康与福祉、保护环境以及应对气候变化。

第二节　中国式现代化进程中的共同富裕实践

党的二十大报告深刻阐述了中国式现代化的中国特色，指出中国式现代化是全体人民共同富裕的现代化，实现全体人民共同富裕是中国式现代化的本质要求之一。百年来，中国共产党牢记"为中国人民谋幸福、为中华民族谋复兴"的初心使命，奋力以中国式现代化推进中华民族伟大复兴，在现代化建设的伟大实践中坚持马克思主义基本原理同中国具体实际相结合、同中华优秀传统文化相结合，开辟了一条经济社会发展与人的全面发展相互促进、现

---

[1] 吴高辉，岳经纶. 贫困类型、贫困观念与反贫困结构的变迁：世界贫困史的视野[J]. 探索与争鸣，2023(8): 39-58.
[2] 杨敏，郑杭生. 西方社会福利制度的演变与启示[J]. 华中师范大学学报（人文社会科学版），2013, 52(6): 25-35.

代化建设与共同富裕内在互嵌的中国式现代化新道路。

一、中国式现代化的探索实践及历史分期

从国别的角度看,中国现代化是世界现代化的重要组成部分,是被动开启、后发追赶的典型代表。中国的现代化起步于清末的鸦片战争(1840),比西方先行国家滞后了近100年的时间;在民国时期(1912)开启了局部的现代化进程;在新中国成立(1949)以来开启了全面现代化的历史阶段。当下,关于中国式现代化的起源及其历史阶段的讨论,比较有代表性的观点大致有5种:① 基于语义分析,认为"中国式"是民族性的体现,中国式现代化亦即中国现代化,大致起步于1840年;同理有英国式现代化、美国式现代化等。② 基于领导主体分析,认为中国式现代化的领导主体是中国共产党,中国式现代化起步于1921年中国共产党的诞生。③ 基于概念内涵分析,认为中国式现代化是中国现代化的新阶段,是新中国成立以来中国现代化"全面推进"的历史阶段。④ 基于史实分析,认为1979年邓小平同志首次提出"中国式的现代化",是中国式现代化的发端。⑤ 基于现实分析,认为进入新时代,中国式现代化理论体系的系统形成是中国式现代化的起步(表4-2)。

表4-2 关于中国式现代化起步的主要观点

起步时间	代表性学者	主要观点	分析判据
1840年	程美东[1]等	"中国式"是民族性的体现	语义分析
1921年	姚功武[2]等	中国共产党领导	领导主体
1949年	刘雷等[3]	中国共产党领导+社会主义	概念内涵
1979年	胡国盛[4]等	邓小平同志首次提出	史实分析
2012年	张文显[5]等	新时代系统性阐释	现实分析

党的二十大对中国式现代化进行了全面而深刻的阐述,着重指出"中国式现代化是中国共产党领导的社会主义现代化,既有各国现代化的共同特征,更有基于自己国情的中国特色"。我们可以从3个维度来深入理解这一概念:一是从历史的角度看,中国式现代化是在中国共产党的坚强领导下,自新中国成立以来不断推进的全面现代化进程。二是从发展策略上看,中国式现代化秉持普遍性与特殊性相统一的原则,坚守中国特色社会主义的根本属性。这意味着我们在深刻把握世界现代化普遍规律的同时,也注重将这些规律同中国的具体实际以及深厚的中华优秀传统文化紧密结合。三是从路径模式的选择上看,中国式现代化既没有盲目套用马克思主义经典理论中关于社会主义发展路径的设想,也未盲目模仿西方国家的现代化模式。相反,我们在继承和发扬中华优秀传统文化的基础上,积极吸纳人类现代化的文明成果,不断探索和开拓符合我国国情的现代化发展道路。[6]

---

1 程美东. 论中国式现代化的中国个性特征 [J]. 马克思主义研究, 2023(7): 20-32.
2 姚功武. 中国式现代化的发展历程、现实挑战及推进路径 [J]. 大连干部学刊, 2023(10): 5-11.
3 刘雷, 万劲波. 科技现代化支撑引领中国式现代化:过去、现在与未来 [J]. 财经智库, 2023(3): 19-36.
4 胡国盛. "中国式现代化"概念的源流考释与话语演变 [J]. 教学与研究, 2022(12): 109-117.
5 张文显. 深刻把握中国式现代化的科学概念和丰富内涵 [N]. 经济日报, 2022-10-23(7).
6 刘雷, 万劲波. 科技现代化支撑引领中国式现代化:过去、现在与未来 [J]. 财经智库, 2023(3): 19-36.

回首中国共产党百年奋斗历程，中国式现代化在新民主主义革命时期孕育雏形，在社会主义建设时期形成框架，自改革开放以来进一步丰富完善，在新时代进一步推进拓展，形成了系统完善的理论与实践体系。党的二十大报告明确提出，党的中心任务就是要以中国式现代化全面推进中华民族伟大复兴；同时精辟概括了中国式现代化的演进历程，亦即自新中国成立以来，尤其是改革开放以来的持续探索与实践，为新时代现代化理论创新与实践深化奠定了坚实基础，进而成功推进并拓展了中国式现代化。2023年，中央经济工作会议进一步明确提出，必须把推进中国式现代化作为最大的政治。

二、中国式现代化进程中的共同富裕实践

（一）新民主主义革命时期的初步探索

在新民主主义革命时期，中国共产党肩负着反对帝国主义、反对封建主义、反对官僚资本主义，以及争取民族独立和人民解放的历史重任，但与此同时，中国共产党人也开始深入思考并积极探索与共同富裕相关的各种问题。在理论层面，早期中国共产党人对共同富裕概念的形成主要集中在共产主义和社会主义的探讨、生产与分配关系的研究等方面。1919年，李大钊在《物质变动与道德变动》中提出未来社会的生产方法应由私据的变为公有的，分配方法应由独占的变为公平的；在北京大学讲授"社会主义与社会运动"课程时，他指出社会主义不是使人尽富或皆贫，而是使生产、消费、分配适合的发展，人人均能享受平均的供给，得最大的幸福。在实践层面，这一时期中国共产党对共同富裕的探索主要表现在团结带领广大农民进行土地革命，通过"打土豪、分田地"，实现"耕者有其田"，帮助劳苦大众翻身解放，最终夺取新民主主义革命的胜利，建立新中国，为实现共同富裕、开创中国式现代化道路创造了根本政治条件。

（二）社会主义革命和建设时期的初步实践

1949年新中国一经成立，中国共产党随即领导中国人民开启了全面现代化的历史新征程。在当时作为新中国第一个具有宪法性质的政治文件——《中国人民政治协商会议共同纲领》，就提出没收官僚资本归人民的国家所有，有步骤地将封建半封建的土地所有制改变为农民的土地所有制，保护国家的公共财产和合作社的财产，保护工人、农民、小资产阶级和民族资产阶级的经济利益及其私有财产，发展新民主主义的人民经济，稳步地变农业国为工业国。1953年，党中央确立了从新中国成立到社会主义改造基本完成的过渡时期总路线，将革命与建设同时并举，提出完成社会主义工业化以及对工农商的社会主义改造的目标。也正是在酝酿过渡时期总路线的过程中，中共中央通过的《关于发展农业生产合作社的决议》中首次提出了"共同富裕"的概念，指出要通过农业社会主义改造，使农民能够逐步完全摆脱贫困的状况而取得共同富裕和普遍繁荣的生活。仅仅用了4年时间，社会主义三大改造就基本完成了，社会主义公有制在国民经济中占据了主导地位，标志着中国新民主主义社会的结束和社会主义社会的开始。社会主义基本制度的建立，为实现共同富裕、全面开启中国式现代化奠定了根本政治前提和制度基础。但是，由于历史条件的限制和认知上的偏差，在社会主义改造过程中过分重视生产关系的反作用，追求纯而又纯的公有制，忽视了生产力的发展；分配方式上过分重视社会公平，追求"平

均分配""同步富裕""平均主义"等教条式思想观念，忽视了按劳分配，导致"大锅饭""共产风"等的畸形发展，严重影响了共同富裕和中国式现代化的顺利推进。

总体而言，新中国成立以来历经30年的现代化建设探索，虽然经历了严重曲折，但成功建立起一个独立的、比较完整的工业体系和国民经济体系，取得了社会主义革命和建设的巨大成就，积累了后发追赶型国家进行社会主义现代化建设的重要经验，为在新的历史时期开创中国特色社会主义、实现共同富裕提供了宝贵经验和物质基础。

（三）改革开放以来的共同富裕建设

1978年，党的十一届三中全会果断作出了把全党工作着重点和全国人民的注意力转移到社会主义现代化建设上来的战略决策，中国式现代化进入蓬勃发展的新阶段，共同富裕开启了新征程。以邓小平同志为核心的党的第二代中央领导集体集中思考了在我们这样的国家和所处的历史条件下，"什么是社会主义"和"怎样建设社会主义"这两个社会主义首要的基本理论问题。特别地，在1992年邓小平的南方谈话中，精辟概括了社会主义的本质是解放生产力，发展生产力，消灭剥削，消除两极分化，最终达到共同富裕。在理论层面，共同富裕是社会主义的本质要求，是中国特色社会主义现代化建设的根本奋斗目标。在实践层面，以邓小平同志为核心的党的第二代中央领导集体通过"三步走"战略将共同富裕与现代化建设有机互嵌：消除贫困、实现温饱，先富带动后富、人民生活达到小康水平，直至共同富裕、基本实现现代化。随着改革开放和社会主义现代化实践的推进，以江泽民同志为核心的党的第三代中央领导集体结合共同富裕的具体实践，把"三步走"中的第三步发展战略更加细化，提出2010年小康生活更加宽裕，社会主义市场经济体制基本形成；2020年经济进一步发展，各项制度更加完善；2049年基本实现现代化，建成富强民主文明的社会主义国家的"新三步走"战略。此后，党的十六大将全面建设小康社会的奋斗目标提上日程，进一步丰富了"新三步走"发展战略的具体内容。与此同时，《国家八七扶贫攻坚计划（1994—2000年）》（1994）、《中共中央关于国有企业改革和发展若干重大问题的决定》（1999）等一系列涉及消除贫困、缩小地区发展差距的相关战略出台。尔后，以胡锦涛同志为代表的领导集体坚持科学发展观，提出统筹城乡发展、统筹区域发展、统筹经济社会发展、统筹人与自然和谐发展、统筹国内发展和对外开放的"五个统筹"要求，旨在使社会与自然以及社会诸领域、诸要素从紊乱到有序、从失调到和谐，实现以人为本的全面、协调、均衡和可持续的发展。

（四）新时代共同富裕的理论创新与实践创新

党的十八大以来，中国特色社会主义进入新时代，中国社会的主要矛盾已经由人民日益增长的物质文化需要同落后的社会生产之间的矛盾转化为人民日益增长的美好生活需要和不平衡不充分的发展之间的矛盾。特别是2021年全面建成小康社会目标的实现，历史性地解决了一直以来困扰中国人民的绝对贫困问题，在实现共同富裕的道路上取得了阶段性的胜利。在新的历史背景下，共同富裕的理论与实践探索迈入了新阶段，正如2021年习近平总书记在中央财经委员会第十次会议上指出的：现在，已经到了扎实推动共同富裕的历史阶段。

2012年，党的十八大报告深刻阐述了中国特色社会主义道路、中国特色社会主义制度、社会主义现代化与共同富裕的科学内涵及相互联系，强调要坚持社会主义基本经济制度和分配制度，调整国民收入分配格局，加大再分配调节力度，着力解决收入分配差距较大问题，使发展成果更多更公平惠及全体人民，朝着共同富裕方向稳步前进。共同富裕是中国特色社会主义的根本原则，中国特色社会主义道路是共同富裕的实现途径，中国特色社会主义制度是实现共同富裕的根本保障，三者统一于中国特色社会主义现代化建设的伟大实践。

2017年，党的十九大报告强调必须始终把人民利益摆在至高无上的地位，让改革发展成果更多更公平惠及全体人民，朝着实现全体人民共同富裕不断迈进，提出了现代化强国建设的"两步走"战略，其中在共同富裕方面：到2035年，人民生活更为宽裕，中等收入群体比例明显提高，城乡区域发展差距和居民生活水平差距显著缩小，基本公共服务均等化基本实现，全体人民共同富裕迈出坚实步伐；到本世纪中叶，全体人民共同富裕基本实现，我国人民将享有更加幸福安康的生活。

2021年，中央财经委员会第十次会议专题研讨扎实促进共同富裕问题。习近平总书记在会上强调，共同富裕是社会主义的本质要求，是中国式现代化的重要特征，要坚持以人民为中心的发展思想，在高质量发展中促进共同富裕。到"十四五"末，全体人民共同富裕迈出坚实步伐，居民收入和实际消费水平差距逐步缩小；到2035年，全体人民共同富裕取得更为明显的实质性进展，基本公共服务实现均等化；到本世纪中叶，全体人民共同富裕基本实现，居民收入和实际消费水平差距缩小到合理区间。会议强调共同富裕是全体人民的富裕，是人民群众物质生活和精神生活都富裕，不是少数人的富裕，也不是整齐划一的平均主义，要分阶段促进共同富裕。

2022年，党的二十大报告对中国式现代化进行了系统阐述，指出中国式现代化的本质要求是：坚持中国共产党领导，坚持中国特色社会主义，实现高质量发展，发展全过程人民民主，丰富人民精神世界，实现全体人民共同富裕，促进人与自然和谐共生，推动构建人类命运共同体，创造人类文明新形态。强调中国式现代化是全体人民共同富裕的现代化，共同富裕是中国特色社会主义的本质要求，也是一个长期的历史过程。我们坚持把实现人民对美好生活的向往作为现代化建设的出发点和落脚点，着力维护和促进社会公平正义，着力促进全体人民共同富裕，坚决防止两极分化。至此，在中国式现代化建设总体布局下推进共同富裕，成为继脱贫、小康之后，中国现代化建设史上又一个重要的历史阶段。

第三节　中国式现代化进程中的共同富裕测度

新时代中国共产党站在历史、全局和战略的高度，擘画了未来发展的宏伟蓝图：以中国式现代化全面推进中华民族伟大复兴，坚持把实现人民对美好生活的向往作为现代化建设的出发点和落脚点，把促进全体人民共同富裕作为为人民谋幸福的着力点，让发展成果更多更公平惠及全体人民，不断增强人民群众获得感、幸福感、安全感。共同富裕已经内嵌于中国式现代化建设的总体布局，与现代化建设形成了协同增效的互动关系。当前，中国式现代化建设进入了新时代，扎实推动共同富裕迈入了新阶段，如何把中国式现代化进程中的共同富裕理论转化为推进伟大事业的实践力量，将发展蓝图转化为"施工图""实景图"，不仅需要我们在理论层面全面深入理解把握共同富裕的内涵要义，而且需要我们在实践层面积极推进共同富裕相关政策落地见效。这就需要我们科学构建共同富裕的量化方法，适时监测、分析、评估共同富裕的推进情况，直观了解全民共同富裕的实质性进展，为宏观决策提供科学支撑。

一、现代化指标与共同富裕指标研究的历史回顾

如前所述，从历史的角度看，共同富裕相关理论及其实践较现代化更为悠久，甚至可以贯穿整个人类文明进程。自进入现代社会以来，有关反贫困、福利社会、包容性增长、不平等指数等一系列与共同富裕相关的统计、评价指标相继被提出，它们普遍关注发展的下限或底线，强调国家或者政府的兜底作用。相比之下，世界现代化实践肇始于18世纪，而世界现代化研究则起步于20世纪50年代，先后经历了经典现代化研究、后现代化研究和新现代化研究3次浪潮，并产生了众多理论成果。研究人员以不同的理论为基础，充分借鉴当时的指标研究成果，形成了不同的现代化指标体系。

就指标研究本身而言，自20世纪50年代以来大致经历了3个发展阶段，即20世纪50年代（40年代末—50年代）以联合国统计年鉴为代表的世界统计指标体系的建立、20世纪60年代（60年代中期—70年代初）由美国发起进而影响全球的社会指标运动、20世纪70年代以来全球统计指标、发展指标和现代化指标等的蓬勃发展。现代化指标和共同富裕相关指标作为指标研究的重要组成部分，事实上存在诸多交叉，只是在指标体系构建的目标、原则、策略、方法、内容等方面各有侧重。特别是在现代化视域下构建共同富裕指标体系，这两者的结合则更为紧密。比如由政府权威部门联合发布的小康水平指标体系、小康社会指标体系、"十四五"时期经济社会发展主要指标等，它们一方面是对共同富裕推进状况的测度，另一方面也是对现代化进程的阶段性考察。

二、典型的共同富裕指标体系

共同富裕是一项系统性工程，既涉及经济发展，又关系社会、政治的稳定，还与文化、环境和人的全面发展问题密切关联。与现代化研究相类似，共同富裕研究实际上也属于跨学科、交叉性研究领域。关于共同富裕指标体系的构建，国内外不少研究机构和专家学者从不同的研究视角进行了深入探讨，形成了诸多有价值的成果。这些研究围绕共同富裕的主体、内容、方法和路径等方面展开，从多个维度构建共同富裕的统计、评价或监测指标体系，较好地反映了共同富裕的目标要求。本部分将针对典型的国际组织和相关学者的共同富裕指标体系进行简要分析。

（一）联合国共同富裕相关指标体系

20世纪40年代后期，以联合国为代表的国际组织，在各国统计的基础上，为提供方便、全面、国际可比的历史统计数据，组织开展了世界统计工作。1949年，首部《联合国统计年鉴1948》正式发布，构建了由国土人口和生命、劳动力、农业和畜牧业生产、林业、渔业、工业、交通和通信、内部贸易、外部贸易、收支平衡、工资和价格、货币银行和证券交易、国民收入、公共财政、社会统计、教育和文化、工业事故和纠纷17个主题和150多个指标

组成的世界统计指标体系，其中经济统计约占 80%，这也充分体现了以经济增长为中心，以效率为导向，追求高收入、高效率、高增长的时代特征。

进入 20 世纪 60 年代，在世界经济迅速增长的同时，社会矛盾与社会问题也日益尖锐。传统的"增长第一战略"受到越来越多的质疑，单纯以经济指标衡量社会发展水平的局限性凸显。[1,2]1989 年，联合国在全球已有的指标研究成果基础上，发布了《社会指标手册》（表 4-3），这本手册对世界各国社会指标体系的构建产生了重要影响。其中，社会阶层与流动，收入、消费和财富，社会保障和福利，学习和教育服务，经济活动和非经济活动这几个主题，仍是当下构建共同富裕指标体系的主要内容。

表 4-3　1989 年联合国《社会指标手册》指标体系

主题	亚主题	指标（举例）
人口组成与变化	按年龄和性别划分的人口结构与规模 按民族划分的人口结构与规模 人口增长率	老龄人口比例 少数民族人口比例 人口自然增长率
居住与环境	人口的地理分布与变化 土地使用 住房存量 住房保有权与支出 居住设施 家庭能源消费 个人交通 气候	城市人口比例 人均森林面积 人均住房建筑面积 人均住房支出 室内卫生设施普及率 人均能源消费 家庭汽车普及率 年降水量
婚姻、家庭与生育	家庭规模与组成 婚姻状况 生育率	平均家庭规模 结婚率 总和生育率
健康与营养	健康状况 损伤和残疾 健康服务与资源 营养	平均预期寿命 损伤和残疾人口比例 医生比例 人均蛋白质供应量
学习和教育服务	教育程度 入学与滞留 成人教育与培训 教育支出	平均受教育年限 中学入学率 参加成人教育的人口比例 政府人均教育支出
经济活动和非经济活动	劳动力状况 就业与失业 就业补偿 工作环境与培训	预期工作寿命 失业率 雇员人均工资 周平均工作时间
社会阶层与流动	社会阶层与变化时间 代内与代际流动	家庭阶层分布 25 岁以上子女与父母阶层不同的比例
收入、消费和财富	家庭收入结构与水平 家庭消费结构与水平 收入与支出分配	家庭人均可支配收入 家庭人均支出 家庭可支配收入与家庭收入之比

1　郑杭生，李强，李路路. 社会指标理论研究 [M]. 北京：中国人民大学出版社，1989：10-15.
2　朱庆芳，吴寒光. 社会指标体系 [M]. 北京：中国社会科学出版社，2001：14-15.

续表

主题	亚主题	指标（举例）
社会保障和福利	避免收入损失的保护范围 避免收入损失的保护费用	家庭和个人损失保险覆盖率 人均社会保险支出
休闲、文化和通信	休闲时间 休闲和文化活动、设施的支出 通信设施	年均休假天数 政府在休闲文化方面的支出比例 家庭电话普及率
公共秩序与安全	特定犯罪和受害发生频率与危害程度 罪犯特征与处理 制度、人员与绩效	犯罪率 经司法判定犯罪的比例 司法部门平均办案时间

资料来源：United Nations Department of International Economic and Social Affairs. Hand Book on Social Indicators[M]. New York: United Nations Publication, 1989：15-17.

进入 21 世纪，可持续发展成为全球发展的主题。在 2000 年召开的联合国千年首脑会议上，世界各国领导人就消灭极端贫穷和饥饿，普及小学教育，促进男女平等并赋予妇女权利，降低儿童死亡率，改善产妇保健，与艾滋病、疟疾和其他疾病作斗争，确保环境的可持续能力，全球合作促进发展 8 个方面，商定了一套有时限的目标和指标（21 个具体目标和 60 个官方指标）。这些目标和指标被置于全球议程的核心，统称为千年发展目标（Millennium Development Goals，MDGs）。千年发展目标是一幅由 189 个国家和主要发展机构共同绘制的蓝图——全力以赴来满足全世界穷人的需求，成为人类历史上最重要的全球反贫困推动力。

尽管千年发展目标成绩斐然，但区域之间的发展仍不平衡，而且全球经济危机的影响仍然阻碍着发展工作的进程。2015 年，联合国可持续发展峰会通过了《2030 年可持续发展议程》，确立了 17 个可持续发展目标（Sustainable Development Goals, SDGs），旨在千年发展目标到期之后继续指导 2015—2030 年的全球发展工作，以综合方式彻底解决社会、经济和环境 3 个维度的发展问题，走可持续发展道路。可持续发展目标旨在呼吁所有国家，包括低收入国家、高收入国家和中等收入国家，共同采取行动，消除一切形式的贫穷，实现平等，促进繁荣并保护地球，同时确保没有一个人掉队。在具体工作层面，联合国组织起草了全球指标框架，包括 17 个可持续发展目标，169 个具体目标和 232 个具体指标。

（二）经济合作与发展组织共同富裕相关指标体系

成立于 1961 年的经济合作与发展组织是国际上重要的政府间经济组织，旨在促进成员国经济和社会的发展，推动世界经济增长，共同应对全球化带来的经济、社会和政府治理等方面的挑战，把握全球化带来的机遇。经济合作与发展组织是在政策和分析的基础上，为世界提供一个思考和讨论问题的场所，以帮助各国政府制定政策，其工作方式包含一种高效机制，始于数据收集和分析，进而发展为对政策的集体讨论，然后达到决策和实行。因此，数据和指标是经济合作与发展组织工作的核心。具体到共同富裕方面的指标体系，经济合作与发展组织数据库设有"社会保护与福利"专题，从收入分配和贫困、财富分配、性别平等、社会保护、美好生活指数 5 个主题对成员国进行统计、监测和评估。

表 4-4　经济合作与发展组织共同富裕相关指标体系

主题	维度	指标（举例）
收入分配和贫困	收入分配 不平等 贫困	平均可支配收入 基尼系数、帕尔玛比值、P90/P10 税后和转移支付后的贫困率
财富分配	家庭净财富 不平等	家庭净财富中位数 负债家庭的债务资产比率中位数 排名前 1% 财富的份额 负债家庭的比例
性别平等	社会制度和性别指数	家庭歧视指数 身体受限指数 生产性和金融性资产可及性 公民自由受限指数
社会保护	社会救济金	养老津贴 残障津贴 求职者津贴 带薪病休津贴 住房补贴
	社会支出	社会净支出占 GDP 比例 残疾和疾病方面的公共支出占 GDP 比例 按支出类型分列的家庭公共支出占 GDP 比例 老年和遗属的公共支出占 GDP 比例
美好生活指数	住房 收入 工作 社区 教育 环境 公民参与 健康 安全 生活满意度	人均住房间数 家庭平均净可支配收入 就业率 社会支持网络的质量 平均受教育年限 空气质量 选民投票率 出生时平均预期寿命 自杀率 生活满意度调查得分

资料来源：OECD.Regional and global engagement[EB/OL].(2023-10-03) [2024-08-20]. https://www.oecd.org/en/data.html

（三）中国官方共同富裕相关指标体系

如前所述，自新中国成立以来，中国共产党带领全国各族人民积极探索并努力实践共同富裕，不断丰富共同富裕的理论内涵，创设了一系列共同富裕相关指标体系，作为统计、监测、评价共同富裕推进情况的重要政策工具。其中，小康水平、小康社会、全面建成小康社会、基本公共服务均等化统计监测指标体系、"十四五"时期经济社会发展主要指标等是官方创设的典型代表。

1991年，国家统计局、财政部、卫生部、国家教育委员会等 12 个部门的研究人员组成课题组，按照党中央、国务院提出的小康社会的内涵，从经济水平、物质生活、人口素质、精神生活、生活环境 5 大领域确定了小康水平的 16 项基本监测指标和临界值，并在此基础上，设立了一个总体指标，即全部指标实现程度平均值，根据这个指标体系来衡量小康的实现情况。小康水平是中国式现代化建设"三步走"重要的阶段性目标。

2002年，党的十六大针对当时小康低水平、不全面、发展很不平衡的实际，提出在21世纪头20年全面建设小康社会的目标。随后，国家有关部门参照国际上常用的衡量现代化的指标体系，综合考虑我国国情，从10个方面构建了全面建设小康社会的基本标准。2003年，国家统计局统计科学研究所开始研究制定全面建设小康社会统计监测指标体系，2007年又根据党的十七大提出的新要求对指标体系做了重要修订。为了便于各地开展监测工作，2008年6月，国家统计局正式印发了《全面建设小康社会统计监测方案》，方案中的指标体系由经济发展、社会和谐、生活质量、民主法治、文化教育、资源环境6个方面23项指标组成。

2012年，党的十八大提出，在中国共产党成立一百年时全面建成小康社会，并确定了全面建成小康社会目标，即从"五位一体"总体布局所涉及的经济、政治、文化、社会和生态5个方面提出要求。国家统计局采用定量追踪监测和定性主观感受调查双重办法对全面建成小康社会进行监测。其中，全面建成小康社会指标体系包括体系框架、监测指标、指标目标值和指标权重。体系框架以"五位一体"总体布局为基础，包括经济发展、民主法治、文化建设、人民生活、资源环境、三大攻坚6个方面。在具体指标的选取中，纳入了包括"十三五"规划中约束性指标在内的52个指标。

2021年2月，习近平总书记在全国脱贫攻坚总结表彰大会上庄严宣告，脱贫攻坚战取得了全面胜利，中国完成了消除绝对贫困的艰巨任务。7月，在庆祝中国共产党成立100周年大会上，习近平总书记庄严宣告："经过全党全国各族人民持续奋斗，我们实现了第一个百年奋斗目标，在中华大地上全面建成了小康社会，历史性地解决了绝对贫困问题，正在意气风发向着全面建成社会主义现代化强国的第二个百年奋斗目标迈进。"10月，习近平总书记在《求是》杂志上发表文章指出："党的十八大以来，党中央把握发展阶段新变化，把逐步实现全体人民共同富裕摆在更加重要的位置上，推动区域协调发展，采取有力措施保障和改善民生，打赢脱贫攻坚战，全面建成小康社会，为促进共同富裕创造了良好条件。现在，已经到了扎实推动共同富裕的历史阶段。"

2022年，党的二十大以习近平同志为核心的党中央综合分析国际国内形势和我国发展条件，对全面建成社会主义现代化强国和实现全体人民共同富裕作出了系统筹划和战略安排：到"十四五"末，全体人民共同富裕迈出坚实步伐；到2035年，基本实现社会主义现代化，人的全面发展、全体人民共同富裕取得更为明显的实质性进展；到本世纪中叶，全面建成社会主义现代化强国，全体人民共同富裕基本实现。如何在中国式现代化视域下进行共同富裕的统计、监测与评价，成为当下学界、政界和社会各界广泛关注的议题。其中，国家统计局在推动构建中国式现代化统计监测指标体系和共同富裕统计监测指标体系方面已有不少报道，但至今尚未正式发布相关内容。浙江作为国家共同富裕示范区，在2021年发布的《浙江高质量发展建设共同富裕示范区实施方案（2021—2025年）》中，提出了一系列指标与目标。

（四）典型的共同富裕指标体系

由中共中央党校（国家行政学院）和社会科学文献出版社共同发布的《共同富裕蓝皮书：中国共同富裕研究报告（2022）》，系统分析了中国的共同富裕水平，研究了推进共同富裕过程中遇到的理论和现实问题，编制了中国全体人民共同富裕指数，动态反映了中国共同富裕程度。其中，共同富裕指数由经济发展、社会结构、居民收入与财产、公共产品可及性、人民生活质量、收入分配公平度和生命健康7个二级指标以及28个三级指标构成（表4-5）。

表4-5 《共同富裕蓝皮书：中国共同富裕研究报告（2022）》共同富裕指标体系

二级指标	三级指标	指标权重
经济发展	人均GDP	16.01
	城镇化率	3.99
社会结构	城镇低保人数占城镇人口比例	1.58
	农村低保人数占农村人口比例	1.89
	中等收入群体占比	6.53
居民收入与财产	人均可支配收入	2.26
	人均年末存款占有量	3.69
	人均汽车保有量	2.61
	人均住房建筑面积	1.44
公共产品可及性	城市养老保险比例	1.97
	城市职工医疗保险比例	5.83
	小学生师比	2.43
	劳动力受教育年限	1.01
	铁路里程占全省面积比例	4.46
	人均公园绿地面积	0.28
	生活垃圾无害化处理率	3.77
	生活污水处理率	0.24
人民生活质量	城镇登记失业率	6.20
	商品房价格	6.15
	全国居民人均教育文化娱乐支出	1.03
	人均国际游客旅游收入	1.19
	恩格尔系数	0.42
收入分配公平度	城乡收入差距	4.39
	城乡收入泰尔指数	5.31
生命健康	每千人卫生技术人员数	3.69
	每千人医疗卫生机构床位数	3.84
	孕产妇死亡率	0.32
	人均预期寿命	2.15

资料来源：韩保江，高惺惟．共同富裕蓝皮书：中国共同富裕研究报告(2022)[M]．北京：社会科学文献出版社，2023：20-21．

中国宏观经济研究院课题组在系统回顾共同富裕及其他经济社会发展综合性指标体系的基础上，以共同性和富裕性为一级指标（表4-6），根据现阶段各地推进共同富裕实践探索开发了二级和三级指标，综合熵权法与德尔菲法为各指标赋权，并运用该指标体系分析了2010年以来我国共同富裕程度的变化趋势以及当前的省际差异。

表 4-6 中国宏观经济研究院课题组构建的共同富裕指标体系

一级指标	二级指标	三级指标	调整权重
共同性 (0.308)	城乡差异 (0.095)	城乡居民收入之比	0.095
	区域差异 (0.094)	区域人均收入极差 / 元	0.094
	人群差异 (0.119)	中等收入群体比例 /%	0.060
		基尼系数	0.059
富裕性 (0.692)	经济发展 (0.365)	人均 GDP/ 万元	0.053
		居民人均可支配收入 / 元	0.054
		劳动报酬占 GDP 的比例 /%	0.040
		恩格尔系数	0.050
		6 岁以上人口平均受教育年限 / 年	0.050
		每千人拥有执业 (助理) 医生数 / 人	0.036
		基本养老保险参保率 /%	0.042
		互联网普及率 /%	0.040
	政治文化 (0.191)	文化产业增加值占 GDP 比例 /%	0.067
		教育文化娱乐支出占总消费比例 /%	0.052
		每万人拥有登记社会组织数 / 个	0.072
	生态环境 (0.136)	单位 GDP 能耗 /（吨标准煤 / 万元）	0.045
		单位 GDP 碳排放 /（吨 / 万元）	0.047
		对生活污水进行处理的乡所占比例 /%	0.044

资料来源：中国宏观经济研究院课题组, 杨宜勇, 王明姬, 等 . 新时代共同富裕评价指标体系设计构想——兼述对全国及分省共同富裕程度的测算 [J]. 国家治理 ,2023(5): 27-32.

浙江财经大学李金昌、余卫在解读新时代共同富裕内涵的基础上，以"以人民为中心"和"共享、富裕、可持续"为要点，紧扣"共同"和"富裕"两大关键词，瞄准城乡、地区和收入 3 个差距，构建了由经济质效并增、发展协调平衡、精神生活丰富、全域美丽建设、社会和谐和睦、公共服务优享 6 个一级指标组成的共同富裕过程性评价指标体系和由共享性、富裕度和可持续性 3 个一级指标组成的共同富裕结果性评价指标体系。与已有文献报道显著不同的是，该研究在共同富裕结果性评价指标体系中，三级指标均采用基于现有统计指标的合成指标进行测度，三级指标的政策指向明确，更易被公众理解和接受（表 4-7）。

表 4-7 浙江财经大学研究人员构建的共同富裕结果性评价指标体系

一级指标	二级指标	三级指标	指标解释	2035 年目标值
共享性	地区发展差异	地区发展差异系数	按泰尔指数计算	0.02～0.03
	城乡发展差异	城乡发展差异系数	按公式计算	0.3～0.5
	收入差异	收入差异系数	按基尼系数计算	0.25～0.35
富裕度	富裕强度	富裕强度指数	按公式计算	8%
	中等收入群体	中等收入群体规模	按绝对收入界限划分法推算的比例	55%
	满意度	满意度指数	公民调查数据	95%
可持续性	社会稳定状况	社会不安定指数	根据失业率和居民消费价格指数计算	<7%
	人力资本发展	人力资本发展指数	15 岁以上人口平均受教育年限	12 年 / 人
	自然资源状况	自然资源资产净额	自然资源资产核算结果	增长 25%

资料来源：李金昌, 余卫 . 共同富裕统计监测评价探讨 [J]. 统计研究 , 2022(2): 3-17.

浙江大学刘培林等从总体富裕程度和发展成果共享程度两个维度构建共同富裕测度指标体系。其中，发展成果共享程度这一维度主要突出人群、区域和城乡的差异性。[1]与此同时，在指标选择上综合考虑了与发达国家的差距，将现代化的追赶特征包含在内，但是具体到实际应用，他们并没有做解释，还需要进一步澄清。类似的研究还有武汉大学程承坪和孙佩雯创建的共同富裕评价指标体系，他们在富裕和共享两个维度的基础上，增加了富裕与共享的协调度，通过数学耦合度和综合协调指数两个算法进行协同度的测度。[2]

四川大学蒋永穆和豆小磊围绕扎实推动共同富裕的核心内容和目标要求，构建了基于人民性、共享性、发展性和安全性4个维度，包含14个亚维度和34个指标的共同富裕评价指标体系（表4-8）。[3]在文章中作者特别指出，由于城乡之间、区域之间、行业之间各具差异性，其发展基础和发展条件亦不相同，这就为共同富裕指标的遴选及其评价体系的构建提出了挑战。

表4-8 四川大学研究人员构建的共同富裕评价指标体系

一级指标	二级指标	三级指标
人民性	主体综合素质	劳动年龄人口平均受教育年限
	主体发展环境	城乡基本公共设施达标率；人均基本公共服务指数；数字化基本公共服务指数；一站式服务普及率
	主体参与度	劳动参与率
共享性	城乡差距	城乡居民收入比；城乡居民人均可支配收入增速比；城乡人均基本公共服务支出差异系数
	区域差距	区域差异系数；区域基本公共服务均等化指数；地区人均基本公共服务支出差异系数
	收入差距	劳动报酬占初次分配的比例；中等收入群体占比
发展性	经济发展质量	人均GDP；劳动生产率
	人民生活质量	恩格尔系数；全国居民人均服务性消费支出；居民幸福指数
	生态环境质量	环境质量指数；城镇人均公园绿地面积
安全性	收入底线保障	低收入群体人均可支配收入；低收入群体消费价格指数
	卫生健康保障	每万人拥有医生数；全国专业公共卫生机构和社区卫生服务中心数量；各地区基层医疗卫生机构标准化水平；农村卫生厕所普及率
	养老保障	全国养老机构数量和标准化程度；各地区间养老服务床位数量
	就业保障	城镇登记失业率；城镇就业人员社会保险综合覆盖率；参加工伤保险的工人数量
	其他安全保障	紧急避难场所数量和规模；各地区食品药品安全指数

资料来源：蒋永穆，豆小磊．扎实推动共同富裕指标体系构建：理论逻辑与初步设计[J]．东南学术，2022(1): 36-44．

中国式现代化建设已经迈入新征程，共同富裕步入了新阶段，扎实推动共同富裕将面临一系列新情况、新问题、新挑战。如何与时俱进地构建共同富裕的统计、监测和评价指标体系，有效适应共同富裕的发展动态性，科学理性展现共同富裕与中国式现代化战略目标的阶段性安排和总体性实现程度，关乎共同富裕，乃至中国式现代化的实现。我们必须不断推动共同

---

[1] 刘培林，钱滔，黄先海，等．共同富裕的内涵、实现路径与测度方法[J]．管理世界，2021(8): 117-127．
[2] 程承坪，孙佩雯．共同富裕的涵义与测度方法[J]．江汉论坛，2023(1): 46-53．
[3] 蒋永穆，豆小磊．扎实推动共同富裕指标体系构建：理论逻辑与初步设计[J]．东南学术，2022(1): 36-44．

富裕的实践创新与理论创新，为共同富裕指标体系的科学构建提供理论与实践指引，从而不断丰富和完善共同富裕指标体系。既有研究已经为我们构建共同富裕指标体系贡献了广阔的分析思路和研究视角，本研究将充分借鉴已有的丰富研究经验，对共同富裕指标体系进行深化研究，努力将中国式现代化视域下的共同富裕指标体系设计得更加科学合理。

三、中国式现代化视域下的共同富裕指标体系

（一）理论基础

1. 现代化与中国式现代化的内涵与特征

现代化是一个世界性、动态性、阶段性的历史演进过程，自18世纪工业革命以来，世界现代化的前沿已经经历了从农业文明向工业文明，再从工业文明向知识文明的两次转型，其中第二次转型正在进行（表4-9）。未来，世界现代化必将朝着更高级的文明形态持续演进和跃升。现代化的动态演进过程必然导致其内涵和特征的持续变化。因此，关于现代化的定义，学界乃至整个社会一直都没有统一的认识。中国科学院何传启研究员及其团队对现代化进行了20余年的持续研究，他们认为可以从3个层面理解现代化：①基本词义。现代化既可以表示一种行为（过程），也可以表示一种状态。通俗地说，成为最新的、最好的、最先进的行为（过程）就是现代化的行为（过程），完成这个行为（过程）后的状态就是现代化的状态。②理论含义。不同理论对现代化有不同的解释，特别是存在历史学、社会学、经济学、政治学等学科差异，学者们往往根据研究需要，对现代化进行操作性界定。③政策含义。不同现代化理论的政策含义不尽相同，同一个现代化理论在不同国家、不同时期和不同领域的政策含义也不尽相同。3个层面是同一事物所呈现的不同侧面，其中，基本词义相对稳定，理论含义存在学派差别，政策含义则与时俱进。一般而言，理论含义与基本词义紧密相关，政策含义是理论含义的实际应用。[1] 何传启研究团队认为，现代化是自18世纪工业革命以来人类发展的世界前沿，以及不同国家追赶、达到和保持世界前沿水平的行为和过程。[2]

表4-9 世界现代化前沿进程的两个阶段

项目	第一次现代化阶段	第二次现代化阶段
时间	约1760—约1970年	约1970—约2100年
内容	从农业文明向工业文明、传统文明向现代文明的转变	从工业文明向知识文明、物质文明向生态文明的转变
	从农业社会向工业社会、农业经济向工业经济、农业政治向工业政治、农业文化向工业文化的转变	从工业社会向知识社会、工业经济向知识经济、工业政治向知识政治、工业文化向知识文化、物质文化向生态文化的转变
特点	工业化、城市化、民主化、理性化、福利化、流动化；重视经济增长	知识化、信息化、生态化、智能化、全球化、个性化、多元化；关注生活质量
周期	起步期、发展期、成熟期、过渡期	起步期、发展期、成熟期、过渡期
浪潮	机械化、电气化、自动化	信息化、仿生化、走向太空

资料来源：何传启. 中国现代化报告2020：世界现代化的度量衡[M]. 北京：北京大学出版社, 2020.

---

1 何传启. 中国现代化报告2020：世界现代化的度量衡[M]. 北京：北京大学出版社, 2020.
2 何传启. 中国现代化报告2010：世界现代化概览[M]. 北京：北京大学出版社, 2010.

2. 共同富裕的内涵与特征

如前所述，共同富裕的内涵与特征也是一个动态演进的过程。特别是在现代化视域下，共同富裕不仅在时间维度上具有时代的差异，而且在空间维度上包含世界整体和国别内部两个层次的发展差异。本研究主要聚焦于中国式现代化视域下的共同富裕测度，亦即当下中国的共同富裕评价。具体而言，中国式现代化视域下的共同富裕内涵与特征，包括狭义和广义两个方面。

狭义的共同富裕主要指财富的分配问题。党的十八大、十九大、二十大报告均强调：坚持社会主义基本经济制度和分配制度，调整国民收入分配格局，加大再分配调节力度，着力解决收入分配差距较大的问题。国际上一般采用基尼系数、泰尔指数、恩格尔系数、居民消费价格指数、五等份收入分组比值、十等份收入分组比值、帕尔玛比值、贫困率等进行测度。

广义的共同富裕是全体人民的富裕，是人民群众物质生活和精神生活都富裕，是包含经济、社会、政治、文化、环境、人的全面发展等层面的总体性概念。广义的共同富裕是不断实现人民对美好生活的向往，充分体现主体的人民性（全民共享），内容的全面性（全面共享）、路径的共建性（共建共享）和过程的渐进性（渐进共享）。从指标体系的角度看，广义的共同富裕指标体系是继小康水平指标体系、小康社会指标体系、全面建成小康社会指标体系之后，中国式现代化统计、监测和评价的一个新的里程碑，是衡量中国式现代化建设阶段性成果的重要标尺。

本研究拟在《中国现代化报告》系列年度报告提出的现代化指标体系的基础上，以第二次现代化理论和党中央关于共同富裕的相关重要文件为指导，充分借鉴当前国际权威的统计、发展指标体系，以及国内外学者构建的关于共同富裕的相关典型指标体系，构建中国式现代化视域下的共同富裕指标体系，为中国式现代化建设和共同富裕的推进提供参考。

（二）指标体系构建的主要原则和方法

1. 指标体系构建的主要原则

共同富裕指标体系作为现代化指标体系的重要组成部分，在指标体系的构建过程中，需要遵循现代化指标体系构建的指导性原则，按照科学的方法搭建指标体系框架，遴选现代化指标。除了系统性、可比性、代表性、指标数量适度、数据可获取性、主观与客观相结合、定性与定量相结合等一般性的原则外，构建中国式现代化视域下的共同富裕指标体系时还应该考虑整体性原则、典型性原则、全面性原则、开放性原则、继承性原则，并容易被人接受和理解。[1]

2. 指标体系的构建方法

在中国式现代化视域下构建共同富裕指标体系，既要遵循现代化的科学原理，又要符合中国的国情特色；既要满足指标体系构建的目的，又要遵循指标体系建立的原则；既要处理好指标体系顶层设计的宏观与微观关系，又要处理好指标体系建构和统计、监测、评价的短期与长期矛盾，以期能够科学理性地展现中国共同富裕战略目标的阶段性安排和总体性实现程度。本研究中，我们应用现代化度量衡原理，采用研究对象和研究内容相结合的思路，构

---

[1] 何传启. 中国现代化报告2020：世界现代化的度量衡[M]. 北京：北京大学出版社, 2020.

建共同富裕指标体系。

（1）基本思路

通过借鉴国际典型共同富裕相关指标体系、世界现代化指标体系，同时充分考虑中国式现代化的核心本质内涵、阶段性特征、模式与动力等，参考中国官方创设的统计监测指标体系，遴选和构建中国式现代化视域下的共同富裕指标体系。

（2）维度选择

广义的共同富裕是包含经济、社会、政治、文化、生态、人的全面发展等层面的总体性概念，是不断实现人民对美好生活的向往，充分体现全民共享、全面共享、共建共享、渐进共享的基本原则。因此，广义的共同富裕指标体系可以依照中国式现代化"五位一体"的建设格局，突出主体的人民性，分别按照经济、社会、政治、文化、生态和人6个领域展开。而狭义的共同富裕强调做大"蛋糕"、分好"蛋糕"，主要从发展和共享两个维度进行考察，突出总量——测度发展的充分性问题，强调结构——测度发展的平衡性问题。

（3）指标选择

共同富裕作为中国式现代化的重要特征，涉及现代化各个领域的行为、结构、制度、观念和副作用，涵盖现代化各个领域的过程、结果、动力和模式等方面的内容，同时还要关注具体的建设实践，将社会追求的关键价值目标与政策目标有效衔接，努力为推进共同富裕建设提供决策支撑。因此，中国式现代化视域下的共同富裕指标体系需要反映这些方面的变化。

（4）指标来源

按照上述思路，分别从世界现代化指标体系、经济合作与发展组织数据库、《中国统计年鉴》等中遴选指标。

（5）指标数据来源

国际和中国指标的数据来源既有共性，又有不同，本研究尽可能采用已有的权威统计数据，因此多数指标可以直接获取，部分指标需要进行计算。

3. 中国式现代化视域下的共同富裕指标体系

本研究立足中国现代化本身，从系统的角度构建共同富裕指标体系，以共建共享为目标，测度发展的平衡性、协调性、包容性。中国式现代化视域下的共同富裕指标体系由经济、社会、政治、文化、生态和人6大领域、13个维度、45个指标组成（表4-10）。

表4-10 中国式现代化视域下的共同富裕指标体系

领域	维度	指标	指标性质	指标功能
经济	规模	GNI	正指标	水平
	质量	居民人均可支配收入	正指标	水平
		恩格尔系数	逆指标	状态
		单位GDP能耗	逆指标	水平
	效率	劳动生产率	正指标	水平
		全要素劳动生产率	正指标	水平
	结构	服务业增加值比例	正指标	水平

续表

领域	维度	指标	指标性质	指标功能
经济	结构	人均高技术出口	正指标	水平
	差异	基尼系数	逆指标	特征
		城乡居民收入倍差	逆指标	特征
		区域泰尔指数	逆指标	特征
社会	工作	失业率	逆指标	状态
		持证残疾人就业比例	正指标	状态
		失业保险覆盖率	正指标	水平
		工伤保险覆盖率	正指标	水平
		公路网密度	正指标	水平
		互联网普及率	正指标	水平
	生活	居民消费水平差异	逆指标	状态
		居民消费结构差异	逆指标	状态
		最低生活保障人口占比	逆指标	水平
		基本医疗保险覆盖率	正指标	水平
		每千人拥有卫生技术员数	正指标	水平
		基本养老保险覆盖率	正指标	水平
		每千人拥有3岁以下婴幼儿托位数	正指标	状态
政治	治理	财政教育支出占财政支出比例	正指标	水平
		社会保障和就业支出占财政支出比例	正指标	水平
		卫生医疗支出占财政支出比例	正指标	水平
		每万人受理案件数	逆指标	状态
文化	科技	R&D 人员比例	正指标	水平
		R&D 经费支出占比	正指标	水平
		发明专利授权数量	正指标	水平
	教育	大学阶段毛入学率	正指标	水平
		初中教育生师比	逆指标	水平
	娱乐	每万人拥有公共文化设施面积	正指标	水平
		居民文教娱乐服务支出占家庭消费支出比例	正指标	水平
生态	生态	单位 GDP 碳排放	逆指标	水平
		可再生能源比例	正指标	特征
		$PM_{2.5}$ 浓度	逆指标	特征
		固体废物处置率	正指标	水平
人	个人	人均预期寿命	正指标	水平
		平均受教育年限	正指标	水平
		人均住房建筑面积	正指标	水平
		人均国内旅游花费	正指标	水平
		人均私人汽车拥有量	正指标	水平
		生活满意度	正指标	状态

4. 中国式现代化视域下的共同富裕评价指标体系

为分析评价全国 34 个省级行政单位的共同富裕推进情况，本研究在中国式现代化视域下的共同富裕指标体系基础上，以共建共享为目标，坚持系统性、科学性、简明性、实用性等原则，从高质量发展和人本性共享两个维度构建共同富裕评价指标体系（表 4-11）。其中，高质量发展维度重点突出人均产出、质量效益、创新发展、绿色发展和开放发展，人本性共享重点强调收入水平、基础设施、公共服务、个人发展和生活质量。在指标选择方面，以结果为导向，充分考虑数据的可获得性，仅选择 10 个核心指标进行分析评测。

表 4-11 中国式现代化视域下的共同富裕评价指标体系（中国版）

维度	主题	核心指标	数据来源	指标性质
高质量发展	人均产出	人均 GDP	《中国统计年鉴》	正指标
	质量效益	劳动生产率	《中国统计年鉴》	正指标
	创新发展	人均技术市场成交额	国家统计局数据库	正指标
	绿色发展	单位 GDP 能耗	地方统计年鉴	逆指标
	开放发展	外国直接投资净流入占 GDP 比例	国家统计局数据库	正指标
人本性共享	收入水平	居民人均可支配收入	《中国统计年鉴》	正指标
	基础设施	互联网普及率	国家统计局数据库	正指标
	公共服务	基本医疗保险覆盖率	国家统计局数据库	正指标
	个人发展	平均受教育年限	国家统计局数据库	正指标
	生活质量	平均预期寿命	国家统计局数据库	正指标

为更好地进行现代化进程的国际比较，在全球视野下分析测度世界各国推进共同富裕建设的状况，本研究同时构建了国际版的共同富裕评价指标体系（表 4-12）。国际版基本保持了中国式现代化视域下共同富裕评价指标体系的原有结构，仅在人均技术市场成交额、基本医疗保险覆盖率等几个核心指标方面出于数据可获得性的考虑，进行了等效替换。同时，为保证分析评价能够获取到动态更新的最新数据，本研究给出了辅助/替代指标，作为研究过程的指标备选。

表 4-12 中国式现代化视域下的共同富裕评价指标体系（国际版）

维度	主题	核心指标（辅助/替代指标）	指标来源
高质量发展	人均产出	人均 GDP	WDI
	质量效益	劳动生产率	WDI
	创新发展	人均知识产权出口（人均高技术出口）	WDI
	绿色发展	单位 GDP 能耗（单位 GDP 二氧化碳排放量）	WDI
	开放发展	外国直接投资净流入占 GDP 比例（国际移民比例）	WDI
人本性共享	收入水平	居民人均可支配收入（人均 GNI）	WDI
	基础设施	互联网普及率（固定宽带普及率）	WDI
	公共服务	养老保险覆盖率（基本社会保障覆盖率）	ILO
	个人发展	平均受教育年限（大学入学率）	HDI
	生活质量	平均预期寿命	WDI

注：WDI 表示世界银行世界发展指标数据库，ILO 表示联合国国际劳工组织数据库，HDI 表示联合国教科文组织人类发展指数数据库。当且仅当核心指标数据不可获得时，可以使用括号内的辅助/替代指标进行指标替换。

5. 中国式现代化视域下的共同富裕评价方法

由于评价体系中各指标的量纲不同，为使各指标之间具有可比性，需要对各指标的数据进行标准化处理。本研究采用极差标准化法对样本数据进行无量纲化处理，具体公式如下：

$$\text{正指标：} x'_{ij} = \frac{x_{ij} - x_{\min}}{x_{\max} - x_{\min}} \times 100\% \qquad 公式 4\text{-}1$$

$$\text{逆指标：} x'_{ij} = \frac{x_{\max} - x_{ij}}{x_{\max} - x_{\min}} \times 100\% \qquad 公式 4\text{-}2$$

其中，i 表示省级行政单位（$i=1,2,\cdots,m$），j 表示指标（$j=1,2,\cdots,n$），x_{ij} 表示 i 省级行政单位第 j 个指标在选定年的原始值，x'_{ij} 表示 i 省级行政单位第 j 个指标在选定年的取值经过无量纲化处理后的值，$x_{\max}$ 和 $x_{\min}$ 分别表示指标 j 在各省级行政单位选定年中的最大值和最小值。无量纲化后的数值将分布于 0～1 之间。为避免后期几何平均运算中出现结果为零的状况，将无量纲化后的数值继续进行优化，具体公式如下：

$$\text{正指标：} x'_{ij} = \left(\frac{x_{ij} - x_{\min}}{x_{\max} - x_{\min}}\right) \times 0.9 + 0.1 \qquad 公式 4\text{-}3$$

$$\text{逆指标：} x'_{ij} = 1 - \left(\frac{x_{\max} - x_{ij}}{x_{\max} - x_{\min}}\right) \times 0.9 \qquad 公式 4\text{-}4$$

为减少主观赋权的弊端，本研究借鉴联合国、世界银行的方法，采用均值赋权。因为每一种权重设定方式背后都是主观判断，很难说哪一种选择更为"正确"，但从评价方法稳定性和合理性的角度考虑，过高或过低的赋权都不太符合现实情况，折中选择可能更符合常理。[1] 因此，本研究中对于选定年 i 省级行政单位的共同富裕指数的计算公式为：

$$CP_i = \sqrt{D_i \times S_i} \qquad 公式 4\text{-}5$$

其中，CP_i 为选定年 i 省级行政单位的共同富裕指数，D_i 为 i 省级行政单位的高质量发展指数，S_i 为 i 省级行政单位的人本性共享指数。两个指数的具体计算公式为：

$$D_i = \sqrt[5]{\prod x'_{ij}} \times 100 \qquad 公式 4\text{-}6$$

$$S_i = \sqrt[5]{\prod x'_{ij}} \times 100 \qquad 公式 4\text{-}7$$

其中，各项含义同上。在高质量发展指数 D_i 中，$j=1,2,3,4,5$；在人本性共享指数 S_i 中，$j=6,7,8,9,10$。

通过上述评价指标体系，既可以单独观测每一个指标的实现程度，又可以通过相应的综合方法来判断共同富裕的整体实现程度。由于单个指标有正指标、逆指标和适度指标之分，因此需要分 3 种情况分别测算各自的实现程度。对于共同富裕指数这一综合指数而言，其水平提升是高质量发展和人本性共享两个一级指标变动的综合体现，因此可以按一级指标的增（减）量对共同富裕指数的变动进行分解分析，分解公式为：

$$\frac{dCP_i}{dt} = \sqrt{\frac{dD_i}{dt} \times \frac{dS_i}{dt}} \qquad 公式 4\text{-}8$$

---

[1] Ravallion M. Troubling tradeoffs in the Human Development Index[J]. Journal of Development Economics, 2012, 99(2): 201-209.

公式中左侧表示共同富裕指数的变动值，右侧为一级指标指数，即高质量发展指数和人本性共享指数变动的几何平均值。此方法同样适用于三级指标的分解分析。

（三）数据来源及特征

本研究采用的数据主要来源于官方出版的历年《中国统计年鉴》《中国能源统计年鉴》《中国医疗保障统计年鉴》《中国卫生健康统计年鉴》《中国教育统计年鉴》《中国互联网络发展状况统计报告》，以及第七次全国人口普查数据汇总《中国人口普查年鉴2020》和各省级地区的统计年鉴等。本研究所使用的大多数指标可以直接由原始数据或经简单数学处理后获得，如劳动生产率可以根据《中国统计年鉴》中的地区年度生产总值和相应的就业人口进行计算。个别省级地区的单位GDP能耗采用了临近年数据。基本医疗保险覆盖率采用《中国统计年鉴》中城镇基本医疗保险年末参保人数和年末常住人口进行计算，个别省级行政单位面板数据求得的基本医疗保险覆盖率大于100%，按照100%进行标准化处理。对于香港、澳门、台湾三个地区，因其统计口径与国家统计局口径不完全一致，因此采用国际版指标体系，选用世界银行等组织的国际统计数据，将这3个地区划定为特征组，与整体平均水平进行分析对比。其中，国际指标数据主要来自世界银行世界发展指标数据库、联合国国际劳工组织数据库和联合国教科文组织人类发展指数数据库。

（四）中国共同富裕进程的量化测度与实证分析

1. 总体特征

（1）国际层面

自1960年以来，全球人均产出呈上升趋势（图4-1）。其中，中国的人均GDP由1960年的238美元（2015年不变价）上升到2022年的11 560美元，超过了世界平均水平11 315美元（2015年不变价），但与美国人均GDP的绝对差距在持续扩大，2022年两者相差超5万美元。

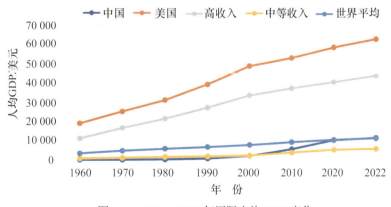

图4-1　1960—2022年国际人均GDP变化

在质量效益方面，自1991年以来，国际劳动生产率呈上升趋势（图4-2）。其中，中国的劳动生产率由1991年的3230国际元（2021年不变价）上升到2022年的39 957国际元，超过了中等收入水平，但仍低于世界平均水平。相较而言，中国的劳动生产率与美国的绝对差距先扩大后缩小，2022年两者相差超10万国际元。

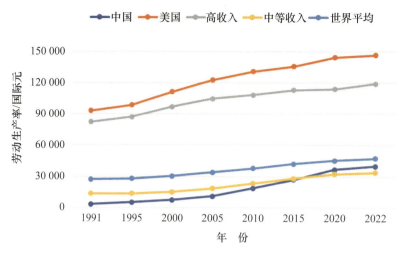

图 4-2　1991—2022年国际劳动生产率变化

在创新发展方面，国际创新水平在逐步提升（图4-3）。其中，中美之间的人均知识产权出口相对差距由2000年的2400多倍，下降到2022年的约40倍。2022年，中国人均知识产权出口约为9美元，美国约为382美元，高收入国家平均水平约为342美元，中等收入国家平均水平约为3美元，世界平均水平约为56美元。

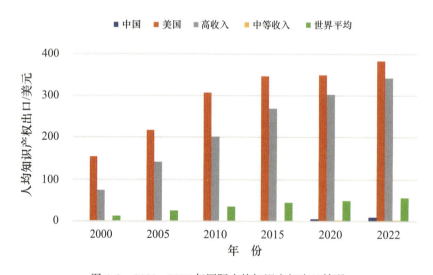

图 4-3　2000—2022年国际人均知识产权出口情况

在开放发展方面，自1970年以来，国家外国直接投资净流入占GDP比例呈现波动变化。其中，2022年，中国的外国直接投资净流入占GDP比例约为1%，美国为1.53%，高收入国家平均水平为1.97%，中等收入国家平均水平为1.37%，世界平均水平为1.75%。

在人均国民收入方面，自1990年以来，国际人均GNI呈上升趋势（图4-4）。其中，中国由1995年的2729国际元（2021年不变价）增长到2022年的20 794国际元，已经超过世界平均水平和中等收入平均水平。自1995年以来，中美人均GNI的相对差距逐渐缩小，

2022 年约为 3.5 倍，但绝对差距超 5 万国际元。

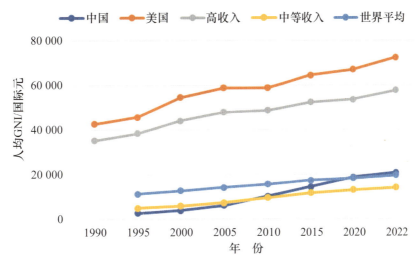

图 4-4　1990—2022 年国际人均 GNI 变化

在基础设施方面，以互联网普及率为例，自 1990 年以来，国际互联网普及率不断上升。2021 年，中国互联网普及率为 73%，美国为 92%，高收入国家平均水平为 90%，世界平均水平为 63%，中等收入国家平均水平为 60%。

在个人发展方面，自 1970 年以来，国际大学入学率普遍上升。其中，2022 年中国大学入学率为 72%，美国为 79.4%，高收入国家平均水平为 79.3%，世界平均水平为 62.8%，中等收入国家平均水平为 41.8%。

在生活质量方面，以平均预期寿命为例，自 1961 年以来，国际平均预期寿命逐渐延长。其中，2022 年中国平均预期寿命为 78.6 岁，美国为 77.4 岁，高收入国家平均水平为 80.3 岁，世界平均水平为 75.6 岁，中等收入国家平均水平为 72 岁。

总体而言，从国际共同富裕典型指标来看，中国在人本性共享方面表现较好，与国际先进水平差距较小；但在高质量发展方面，尽管发展势头强劲，但与国际先进水平的差距仍然较大。

（2）国家层面

根据本研究构建的中国式现代化视域下的共同富裕评价指标体系及测度模型，2022 年，我国平均共同富裕指数为 39，其中高质量发展指数为 29，人本性共享指数为 53，表明共享性水平高于发展性水平，这与我国的基本国情一致。国家层面的共同富裕评价指标情况分析如下。

在收入方面，自 2005 年以来，全国居民人均可支配收入持续提高（图 4-5）。其中，工资性收入占比逐步下降，但仍占全部收入的主体；财产净收入小幅上升。2023 年全国居民人均可支配收入已达 39 218 元，占人均 GDP 的 43.9%。其中，工资性收入占 56.2%，转移净收入占 18.5%，经营净收入占 16.7%，财产净收入占 8.6%。

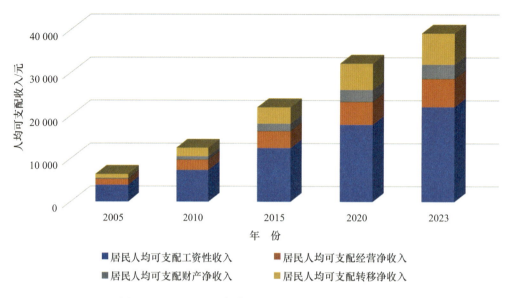

图 4-5 2005—2023 年全国居民人均可支配收入变化

在群体差距方面，根据国家统计局相关数据，自 2013 年以来，全国居民人均可支配收入基尼系数基本维持在 0.46～0.473 间（表 4-13），高于国际警戒线 0.4。占全国人口 20% 的高收入组群体，其总收入接近全国的一半。

表 4-13 2013—2023 年全国居民人均可支配收入情况

项目		2013	2014	2015	2016	2017	2018	2019	2020	2021	2022	2023
基尼系数		0.473	0.469	0.462	0.465	0.467	0.468	0.465	0.468	0.466	0.467	0.47
全国居民五等份收入/元	低收入组	4402	4747	5221	5529	5958	6440	7380	7869	8333	8601	9215
	中间偏下组	9654	10 887	11 894	12 899	13 843	14 361	15 777	16 443	18 446	19 303	20 442
	中间收入组	15 698	17 631	19 320	20 924	22 495	23 189	25 035	26 249	29 053	30 598	32 195
	中间偏上组	24 361	26 937	29 438	31 990	34 547	36 471	39 230	41 172	44 949	47 397	50 220
	高收入组	47 457	50 968	54 544	59 259	64 934	70 640	76 401	80 294	85 836	90 116	95 055
高收入组总收入占比		46.7%	45.8%	45.3%	45.4%	45.8%	46.8%	46.6%	46.7%	46.0%	46.0%	45.9%

数据来源：国家统计局。

缩小城乡差距是推进共同富裕建设的重点。在城乡差距方面，自 2004 年以来，尽管全国城乡居民人均可支配收入都在持续增长，二者的收入倍差在逐步缩小，但城乡收入差距依然显著（图 4-6）。其中，2023 年，城镇居民人均可支配收入达 51 821 元，农村居民人均可支配收入为 21 691 元，收入倍差约为 2.39，其中财产性收入倍差最大，高达 9.99 倍（表 4-14）。

图 4-6　2004—2023 年全国城乡居民人均可支配收入变化

表 4-14　2004—2023 年全国城乡居民人均可支配收入情况

项目	2004	2005	2010	2015	2020	2023
城乡居民人均可支配收入倍差	3.08	3.08	2.99	2.73	2.56	2.39
城乡居民人均可支配工资性收入倍差	7.04	6.50	5.43	4.20	3.78	3.42
城乡居民人均可支配经营净收入倍差	0.29	0.37	0.61	0.77	0.78	0.79
城乡居民人均可支配财产净收入倍差	4.17	4.82	9.82	12.07	11.04	9.99
城乡居民人均可支配转移净收入倍差	10.09	8.47	3.63	2.58	2.22	2.02

数据来源：国家统计局。

在地区差距方面，根据构建的中国式现代化视域下的共同富裕评价指标体系及测度模型，2022 年，东、中、西部呈现梯度变化，东部共同富裕建设水平高于中、西部；而港澳两个特别行政区和台湾地区的发展水平又高于东、中、西部（表 4-15）。

表 4-15　2022 年分地区共同富裕指数情况

地区	省级行政区	高质量发展指数均值	人本性共享指数均值	共同富裕指数均值
东部	北京、天津、河北、辽宁、上海、江苏、浙江、福建、山东、广东、海南	38	58	47
中部	山西、吉林、黑龙江、安徽、江西、河南、湖北、湖南	24	49	34
西部	内蒙古、广西、重庆、四川、贵州、云南、西藏、陕西、甘肃、青海、宁夏、西藏、新疆	21	40	29
特别行政区	香港、澳门，以及台湾地区	51	126	80

2. 分地区特征

根据构建的中国式现代化视域下的共同富裕评价指标体系及测度模型，本研究分析了 2002—2022 年全国及 34 个省级行政区推进共同富裕建设的进展，重点评估了 2022 年 34 个省级行政区的共同富裕建设状况。需要特别指出的是，34 个省级行政区受历史、区位、资源以及功能定位等的影响，发展水平存在明显的差异性，在推进共同富裕建设方面，需要国家层面的系统谋划和总体部署。

2022年，34个省级行政区的共同富裕指数区间为16～86，全国平均共同富裕指数为39，34个省级行政区的共同富裕指数的标准差为16.8，31个省级行政区（港澳台除外）的共同富裕指数的标准差为11.7。其中，香港、澳门、北京、台湾、上海、天津、江苏、浙江、广东、福建、山东、重庆12个地区的共同富裕水平高于全国平均水平，湖北的共同富裕指数与全国平均水平相当，其他21个地区的共同富裕指数均低于全国平均水平。从地理分布看，东部地区整体共同富裕程度相对较高。

本章小结

共同富裕植根于人类文明传承，是世界历史发展的基本价值理念。近现代以来开启的世界现代化进程，使得高度发达的生产力为共同富裕的实现奠定了坚实的物质基础。然而，生产力的发展并非必然带来共同富裕和普遍福祉，近300年的世界现代化，加剧了空间（国际、国家、地区、城乡等）和群体（个人、行业等）间的贫富差距，特别是在信息化、数字化、智能化的今天，信息茧房、数字鸿沟、算法歧视等成为当前世界现代化进程中加深贫富鸿沟的新诱因。立足不断变化的世情国情，中国共产党坚持为人民谋幸福、为民族谋复兴、为世界谋大同的使命，在现代化建设的伟大实践中将马克思主义基本原理同中国具体实际相结合、同中华优秀传统文化相结合，开辟了一条经济社会发展与人的全面发展相互促进、现代化建设与共同富裕内在互嵌的中国式现代化新道路，为世界其他发展中国家提供了可资借鉴的现代化方案、共同富裕路径。

在新的历史阶段，中国式的共同富裕，在发展理念上坚持创新、协调、绿色、开放、共享的新发展理念。以创新发展解决发展动力问题，以协调发展解决发展不平衡问题，以绿色发展解决人与自然和谐问题，以开放发展解决发展内外联动问题，以共享发展解决社会公平正义问题。在发展模式上，通过加快发展新质生产力、推动高质量发展来推进共同富裕。坚持高质量发展是缩小两极分化、应对贫富差距问题的根本前提。在发展重心上，立足中国贫富差距实际，抓重点、补短板、强弱项，坚持农业农村优先发展，实施乡村振兴战略，消除贫困、改善民生、缩小城乡差距，逐步实现共同富裕。在发展策略上，坚持全民共享、全面共享、共建共享、渐进共享，不断推进全体人民实现共同富裕。在战略部署方面，健全保障和改善民生制度体系，着力扩大中等收入群体规模，缩小居民收入和消费差距；加快完善市场经济体制，增强区域发展的平衡性，强化行业发展的协调性，保护合法致富，促进各类资本规范健康发展；建立科学的公共政策体系，加强基础性、普惠性、兜底性民生保障建设，促进基本公共服务均等化；促进人民精神生活共同富裕，强化社会主义核心价值观引领，不断满足人民群众多样化、多层次、多方面的精神文化需求。

第五章

物质文明和精神文明相协调的现代化

人类文明的实质是进行生产、生活、交往和其他社会活动的组织方式。现代化作为社会变迁的整体性进程，既是物质技术基础、经济领域的现代化，表现为生产方式、生活方式等物质变革，也是思维方式、价值观念和文化领域的现代化，表现为精神世界的变革。作为人类生存状态的总体反映，文明生成于人类社会发展的历史进程中，为人的实践活动所创造。[1] 在人类历史发展过程中，物质和精神的关系是现代化建设中具有根本性、方向性、基础性的关系，物质文明和精神文明及其关系是人类探索自然、发展社会的全部理论成果和实践凝结，是任何国家在实现现代化过程中都需要首先正确认识并处理好的重大问题。[2]

西方国家首先开启资本主义工业化进程并由此取得了巨大的物质发展成果，因此它们把创造这一物质文明的相关制度及其思想文化体系作为人类现代化的唯一标准，并把现代化与西方资本主义文明等同起来。[3] 中国式现代化以物质文明和精神文明相协调的方式走出了一条不同于西方式现代化单方面强调物质而忽视精神的现代化道路。这一现代化道路不仅在西方式现代化片面强调生产力的发展和资本的增殖基础上，实现了生产力发展与人民生活水平提高的目标，而且实现了物质生活的充裕与精神生活的丰富相统一的更高要求，充分集中地展现了中国式现代化的道路优势、理论优势、制度优势和文化优势，使中国式现代化的先进性更充分地体现了出来。

然而，当前我国物质文明和精神文明仍存在不协调问题，集中表现在经济持续增长与公众文明素质提高存在落差，对精神文明建设的物质投入和人力投入数量不够，农村的精神文明建设相对滞后，在经济全球化进程中出现国家虚无主义思潮等。[4] 在推进现代化建设过程中，物质文明和精神文明的关系问题仍然是"两个一百年"奋斗目标的历史交汇期、全面深化改革期、社会转型期的重要议题。基于此，有必要重新挖掘物质文明和精神文明关系的时代新内涵，把物质文明和精神文明相协调的重大原则要求贯穿始终，使其同向而行、共同发展，最终才能以中国式现代化全面推进中华民族伟大复兴。

---

1 张士海.建设中华民族现代文明的四重维度[N].光明日报，2024-05-14 (6).
2 郝永平，鲁秀伟.从物质与精神的关系审视中国现代化进程[J].科学社会主义，2021(4): 119-124.
3 李滨，陈子烨.文明视野下中国式现代化与西方现代化的共性与本质区别[J].欧洲研究，2023, 41 (3): 1-18
4 辛向阳.在协调发展中加强社会主义精神文明建设[J].理论探讨，2016(1): 27-31.

第一节　物质文明和精神文明的理论内涵

一、现代化视域下的物质文明

物质文明建立在人类物质生产和物质交往的基础之上，体现为社会生产力的发展水平以及人的物质生活的丰富程度[1]，包括生产工具改进、生产规模扩大、社会物质财富积累等在内的社会物质生产的进步，也可以理解为包括衣食住行等物质生活水平的提高和物质生活方式的变化等在内的物质生活整体改善[2]。物质文明受生产力状况的制约，其发展程度取决于生产力发展的水平。

物质生产的进步包括生产工具和技术的革新、生产规模的扩大、劳动生产率的提升以及社会财富的积累。随着科技的发展，物质生产方式经历了从手工生产到机械化、自动化乃至智能化的转变，极大地提高了生产效率。物质文明直接关联人们的生活水平，体现在衣食住行等基本生活需求的质量提升，以及更加丰富多样的消费模式和更高的生活质量。随着经济的发展，人们的物质生活条件得到显著改善，生活便利性和舒适度不断提高。

科学技术是推动物质文明进步的关键力量，它不仅促进了生产方式的变革，而且为解决资源、能源、环境等问题提供了可能，使人类能够更有效地利用自然资源，减轻对自然的依赖并增强控制自然的能力。基础设施的建设，包括交通运输、能源供应、通信网络等基础设施的完善，是物质文明的重要标志之一。这些基础设施的建设和发展，为社会生产和日常生活提供了坚实的基础。物质文明的发展使得人类能够更好地适应自然环境，并有意识地改造环境以满足自身需要。然而，这也伴随着对自然环境的负面影响，如环境污染和生态破坏等，因此可持续发展成为物质文明追求的新目标。

资本主义生产方式极大地促进了人类物质文明和精神文明的发展，同时，资本主义还打破了封建专制制度等级秩序，推行一种建立在人的政治自由、平等基础上的新社会秩序。在此基础上，教科文体卫事业蓬勃发展，为人的精神生活提供了越来越优越的条件。但是，资本主义生产方式也催生了拜物教，即社会普遍物化意识。

二、现代化视域下的精神文明

精神文明作为人类建构的哲学、文学、艺术、道德等全部精神成果的总和，表征着人们精神生产、精神生活的进步状态。这种进步状态集中表现在两个方面：一方面是科教文体卫等文化事业的发展程度、发展规模和发展水平；另一方面是思想意识、道德风尚、理想情操、政治信念等思想状况。精神文明的文化建设和思想建设两个方面互相影响并相互渗透，表现为社会文明进步及群众性精神文明创建活动有序开展。[3] 在社会主义社会，精神文明建设尤

---

1 张士海. 建设中华民族现代文明的四重维度 [N]. 光明日报，2024-05-14(6).
2 岳伟，鲍宗豪. 改革开放 40 年我国物质文明与精神文明关系的实践及理论探索 [J]. 学术论坛, 2018, 41 (5): 60-67.
3 同上。

其强调以马克思主义为理论指导，旨在构建适应社会主义市场经济和民主政治要求的新文化形态，促进全体人民思想道德素质和科学文化素质的提高，是社会主义现代化建设不可或缺的组成部分。

精神文明的内涵可以从科学文化、思想道德、个体修养与社会进步、制度与政策支持4个方面来理解。

在科学文化方面，涵盖了社会的文化底蕴、知识积累、科技进步、教育普及程度以及文化艺术、卫生体育等领域的发展水平，反映了人类在认知自然、创造知识、传承文明和提升生活质量方面的成就。

在思想道德方面，主要涉及社会的政治思想导向、道德规范、社会风气，以及公众的世界观、价值观、理想信仰、情操觉悟和组织纪律性等。[1] 思想道德建设旨在树立积极向上的社会风气，培养有理想、有道德、有文化、有纪律的公民，为社会发展提供正确的价值导向和道德支撑。

在个体修养与社会进步方面，强调个体应不断提升自我精神境界，包括道德品质、文化素养、审美情趣等，同时强调促进整个社会的文明和谐，实现人的全面发展和社会的持续进步。

在制度与政策支持方面，精神文明的建设还需要相应的制度框架、政策导向和法律保障，以确保精神文化活动的健康发展，为物质文明建设提供思想保证、精神动力、智力支持和良好环境。

三、中国式现代化视域下物质文明和精神文明相协调的内涵

文化是思想和现实的反映和表现。在世界各国现代化建设实践中，物质文明和精神文明相协调绝非自然而然，而是要面对以物欲化、享乐化、个体化为特征的消极文化的冲击。西方国家走向现代化的路径选择正是西方资本主义制度在文化和世俗生活中的直接反映，形成了以资本逻辑为核心、以占有物为中轴、以无偿占有剩余劳动价值为实现方式、以实现价值增殖为根本目标的发展模式，最终直接导致物质优先和拜物教成为处理物质与精神关系的选择。[2] 一些后发国家在现代化进程中深陷两极分化、政治动荡，一个重要原因就是在工业化、技术化、资本化以及文化变迁的现代化诸场景中，物质文明和精神文明发展出现不平衡、不协调问题。[3]

与西方式现代化不同，中国式现代化以人民为中心的价值取向，始终将解放生产力、发展生产力与提高人民的生活水平、实现共同富裕及实现人的自由和全面发展紧密联系起来，这就使中国走出了一条不同于西方式现代化的新道路。[4] 中国式现代化坚持物质文明和精神文明相协调，具有独特的内在逻辑和内生规律，它源于科学社会主义理论的先进本质，植根于中华文明五千多年的文化沃壤，形成于百年大党文化建设的历史实践，发展于适应世界变

---

1 王立胜, 韩玉洁. 中国式现代化：物质文明和精神文明相协调的现代化[J]. 山东社会科学, 2023(11): 28-34.
2 史巍. 中国式现代化物质文明与精神文明相协调的思想逻辑及时代要求[J]. 社会科学家, 2023(1): 22-29.
3 张志丹. 中国式现代化的意识形态意蕴[J]. 上海师范大学学报(哲学社会科学版), 2023, 52(2): 22-30.
4 史巍. 中国式现代化物质文明与精神文明相协调的思想逻辑及时代要求[J]. 社会科学家, 2023(1): 22-29.

局演进的时代要求，是中国共产党领导中国人民推进中国式现代化的主动选择。[1]

（一）"两个文明"相协调是坚持辩证唯物主义方法论的重要体现

作为总体的社会文明是历史地发展着的，一定的社会文明形态标志着社会发展的一定历史阶段，并且由代表这个阶段的物质文明和精神文明共同构成。唯物史观的基本观点认为，物质文明和精神文明是人类认识世界和改造世界过程中所形成的一切物质和非物质成果的总和，两者共同构成了人类文明的基本内容。马克思主义主张物质与精神是辩证统一的关系，既强调物质对精神的决定作用，又承认人们精神活动的能动作用，把"两个极大"即物质财富极大丰富、精神境界极大提高作为描绘共产主义远景目标的基本标志，把"两个改造"即改造客观世界、改造主观世界作为迈向更美好未来的基本活动。[2,3] 中国式现代化是物质文明和精神文明相协调的现代化，是斗争性与同一性辩证关系原理在实现中国式现代化的具体运用。

物质文明具有基础性，物质生产活动及生产方式是人类社会赖以存在和发展的基础，也是其他一切人类活动的首要前提。《史记·管晏列传》有言："仓廪实而知礼节，衣食足而知荣辱。"马克思认为，物质生活的生产方式制约着整个社会生活、政治生活和精神生活的过程。不是人们的意识决定人们的存在；相反，是人们的社会存在决定人们的意识。这是对物质文明的基础性作用的最好概括，指明了物质文明对精神文明起到基础性作用，为精神文明提供必要的物质前提和条件。

精神文明发展具有相对独立性，精神文明对物质文明具有能动的反作用。恩格斯曾经指出："物质存在方式虽然是始因，但是这并不排斥思想领域也反过来对物质存在方式起作用。"[4] 因为除了物质生产之外，"我们称之为意识形态观点的那种东西——又对经济基础发生反作用，并且能在某种限度内改变经济基础"[5]。这阐明了精神文明对物质文明的反作用，指明了精神文明能够为物质文明建设提供有力且必要的智力支撑，在很大程度上影响物质文明发展的进程和方向。[6]

（二）"两个文明"相协调是中国特色社会主义全面发展的内在要求

物质文明和精神文明彼此相连、相互促进，共同构成了丰富多彩的人类文明。社会主义现代化是以马克思主义为根本指导思想的现代化，必然要以努力实现社会全面进步、人自由而全面的发展为奋斗目标。物质贫困不是社会主义，精神贫乏也不是社会主义，物质富足、精神富有才是科学把握社会主义现代化本质要求的两个重要维度。[7] 中国特色社会主义既坚持了科学社会主义的基本原则，又根据历史积淀、现实国情、时代条件赋予了鲜明的中国特色。

---

[1] 孙明增. 物质文明和精神文明相协调的内在逻辑、价值蕴涵和实践指向 [J]. 道德与文明, 2023(5): 13-21.

[2] 俞祖华. 百余年来中国共产党人对精神文明建设的探索：兼论中国式现代化是物质文明和精神文明相协调的现代化 [J]. 人文杂志, 2024(4): 12-24.

[3] 是说新语. 崇高追求：中国式现代化是物质文明和精神文明相协调的现代化 [EB/OL]. (2023-08-25) [2024-08-20]. http://www.qstheory.cn/laigao/ycjx/2023-08/25/c_1129818840.htm

[4] 马克思恩格斯文集：第10卷 [M]. 北京：人民出版社, 2009: 586.

[5] 马克思恩格斯文集：第10卷 [M]. 北京：人民出版社, 2009: 598.

[6] 韩保江. 论社会主义物质文明的历史超越 [J]. 理论探索, 2024(1): 102-112.

[7] 袁红英. 在"两个文明"协调发展中推进中国式现代化 [J]. 学习月刊, 2023(11): 12-14.

习近平总书记强调:"只有物质文明建设和精神文明建设都搞好,国家物质力量和精神力量都增强,全国各族人民物质生活和精神生活都改善,中国特色社会主义事业才能顺利向前推进。"[1]

物质文明发展是解决我国所有问题的基础和关键。经济发展是国家强盛、社会进步的基础,只有推动经济高质量发展,才能筑牢国家繁荣富强、人民幸福安康、社会和谐稳定的物质基础。实现中华民族伟大复兴,关键是经济的发展和物质文明的复兴。提升中国的国际地位和国际影响力、竞争力,同样有赖于经济的发展和物质文明的昌盛。2023年,我国GDP超过126万亿元,稳居世界第二,但是人均GDP与美国等西方发达国家相比仍有较大差距。全面发展的社会主义,首先是物质文明发达的社会主义,以经济建设为中心仍是社会主义初级阶段面临的主要任务。

精神文明发展是国家强盛、社会进步的精神支撑。精神文明是综合国力的重要组成部分,是衡量国家文明发展程度、发展水平的重要尺度。精神文明关系民族凝聚力和向心力,是实现中华民族伟大复兴的精神力量和精神支撑。人民有信仰,国家才能有力量,人民主体作用的发挥与人民精神状态密切相关。全面发展的社会主义,必然是精神文明富有的社会主义。

中国特色社会主义在物质文明和精神文明相协调的基础上,致力于实现物质文明、精神文明、政治文明、社会文明和生态文明"五个文明"的协调发展。政治文明是人类政治生活的进步状态和政治发展的积极成果,社会文明是人类社会的开化状态和社会治理的进步程度,生态文明是人类为保护和建设美好生态环境而形成的生态制度和生态观念,政治文明、社会文明、生态文明分别为物质文明和精神文明协调发展提供制度保障、社会条件和生态环境。"五个文明"协调发展,既要物质财富极大丰富,也要精神财富极大丰富,才能推动社会主义的整体发展,全面建成富强民主文明和谐美丽的社会主义现代化强国。

(三)"两个文明"相协调彰显人的全面发展价值理念

人类在改造自然的过程中,不仅创造了丰富的社会文明,而且实现了自我的发展完善。人是社会文明的创造者,也是社会文明的受益者;既是社会文明建设的目的,又是社会文明建设的动力。人的全面发展是"两个文明"协调发展的最终目标。"两个文明"的协调发展既能够提升人的物质生活水平,又能够满足人的精神需求。人的需求是人的全面发展的逻辑起点。

人民群众对美好生活的需要是全方位、多层次的,不仅对衣食住行等物质层面的"硬需求"提出了更高要求,而且对民主、法治、公平、正义、安全、环境等的"软需求"也在日益增长,这决定了不仅要物质富裕和精神丰盈,而且还要物质文明和精神文明协调发展,使得人民群众既实现物质生活水平提高、家家仓廪实衣食足,又实现精神文化生活丰富、人人知礼节明荣辱。只有二者协调发展,在高质量发展的基础上,提供高品位的物质生活产品和精神生活产品,才能更好地满足人民对美好生活的需要,推动实现人的全面发展。

实现人的全面发展要求物质文明和精神文明协调发展。马克思、恩格斯在《共产党宣言》

---

[1] 习近平在全国宣传思想工作会议上强调:胸怀大局把握大势着眼大事,努力把宣传思想工作做得更好[N].人民日报,2013-08-21(1).

中指出："代替那存在着阶级和阶级对立的资产阶级旧社会的，将是这样一个联合体，在那里，每个人的自由发展是一切人的自由发展的条件。"人的全面发展需要多方面的条件支撑，物质生活充裕、精神生活丰盈，是人的全面发展的重要保障。在物质文明充分发展的基础上，实现精神文明的充分发展，满足人的多维度需求，才能促进人的全面发展。

（四）"两个文明"相协调是中国共产党历史探索的一脉相承

中国共产党是具有高度文化自觉和文化自信的政党。一部中共党史，就是一部中华文化的传承发展史。物质文明和精神文明相协调是我们党一以贯之的不懈追求。中国式现代化始终是在回应和解决现实问题的过程中不断形成的有中国特色的现代化道路，物质文明和精神文明相协调的特征也是在不断回应时代问题的过程中总结和形成的。"两个文明"相协调理论在革命、建设和改革时期具有高度的一脉相承的赓续性特点，凝聚了数代中国马克思主义者的实践精华和思想智慧。

新民主主义革命时期，毛泽东同志认为，一个正确的认识，往往需要经过由物质到精神，由精神到物质，即由实践到认识，由认识到实践这样多次的反复，才能够实现，甚至"在一定的物质基础上，思想掌握一切，思想改变一切"[1]。毛泽东同志在社会主义建设事业中进一步提出要"将我国建设成为一个具有现代工业、现代农业和现代科学文化的社会主义国家"[2]。改革开放之初，我们党创造性地提出建设社会主义精神文明的战略任务，确立了物质文明、精神文明"两手抓、两手都要硬"的战略方针。党的十二大创造性地提出"社会主义精神文明是社会主义的重要特征"[3]的论断，将其确定为建设社会主义的一个战略方针。党的十四大明确指出，把"两个文明"都搞好，才是有中国特色的社会主义。[4]改革开放以来，我国不仅创造了物质文明长期发展的世界奇迹，而且取得了精神文明稳定发展的丰硕成果，文明发展的全面性和协调性显著增强。物质文明和精神文明协调发展、相互促进，是改革开放的成功经验，也是改革开放的实践智慧。

党的十八大以来，党把精神富有作为满足人民对美好生活的向往、实现人的全面发展、实现全体人民共同富裕、实现中华民族伟大复兴的必然要求，把物质文明和精神文明相协调的理论推向了新境界，也在实践创新层面进一步强化了中国式现代化道路的建设实践。习近平总书记指出："我们坚持和发展中国特色社会主义，推动物质文明、政治文明、精神文明、社会文明、生态文明协调发展，创造了中国式现代化新道路，创造了人类文明新形态。"[5]同时强调我国现代化是物质文明和精神文明相协调的现代化，实现中国梦，是物质文明和精神文明均衡发展、相互促进的结果，因此，要"以辩证的、全面的、平衡的观点正确处理物质文明和精神文明的关系"[6]。正是几代中国共产党人的共同努力，才使我国不仅跃升为世

---

1 中央档案馆.中共中央文件选集（一九四三——九四四）：第14册[M].北京：中共中央党校出版社，1992: 199.
2 毛泽东文集：第7卷[M].北京：人民出版社，1999: 207.
3 中共中央文献研究室.十二大以来重要文献选编：上[M].北京：人民出版社，1986: 26.
4 中共中央文献研究室.十四大以来重要文献选编：上[M].北京：人民出版社，1996: 27.
5 习近平.在庆祝中国共产党成立100周年大会上的讲话[N].人民日报，2021-07-02(2).
6 靳凤林，闫瑞峰.走好"两个文明"协调发展的中国式现代化道路[EB/OL].(2022-08-22) [2024-08-20]. https://theory.gmw.cn/2022-08/22/content_35968902.htm

界第二大经济体，经济实力、科技实力、综合国力大幅提升，主要经济社会指标占世界的比例持续提高，而且文化影响力、国际影响力等文化软实力也得到了显著提升。

（五）"两个文明"相协调是创造人类文明新形态的重要使命

人类文明由多方面的要素构成，文明要素的协调性关系文明发展的速度和持续性，决定文明的生命力。如果文明内部出现短板，就会形成短板效应，导致文明的衰落或中断，因此物质文明和精神文明相协调成为世界人民共同的追求。中国人民自古以来就向往过上物质富裕、精神富足的美好生活，中华文明历来把人的精神追求和道德修养纳入人生和社会理想之中，把人的精神升华放在物质追求之上。

推动物质文明和精神文明相协调才能超越资本主义文明形态。马克思、恩格斯在《共产党宣言》中指出："资产阶级在它的不到一百年的阶级统治中所创造的生产力，比过去一切世代创造的全部生产力还要多，还要大。"西方资本主义的发展推动了生产力的增长，促进了生产方式、生产关系的变革，摧毁了封建专制制度，推动了民族国家的出现和世界历史的形成，也推动了人类社会的城市化、工业化和现代化进程。然而，西方资本主义发展过程中存在许多深层次的矛盾和问题，其中一个主要问题就是物质文明和精神文明发展的不协调、不同步，甚至出现二者的背离，一边是财富的积累和膨胀，另一边是信仰缺失、物欲横流，物质文明越发达，精神文明越匮乏。[1] 当今，西方资本主义国家日渐陷入困境，一个重要的原因就是无法遏制资本贪婪的本性，无法解决物质主义膨胀、精神贫乏等痼疾。资本主义制度以资为本，追求资本利益最大化和物质主义，不可能真正实现共同富裕，更不能真正实现人民幸福、世界大同。建设全面发展、全面进步的社会主义现代化国家，就需要克服资本主义现代化的先天性弊病，不以牺牲民主文明和谐美丽为代价，听任资本片面追求物质膨胀，而是既要物质财富极大充足，也要精神财富极大富有，更要二者相协调。

推动物质文明和精神文明相协调，既是实现中华民族文化复兴的必然要求，也是新时代中国共产党人必须担负起的新的文化使命。古往今来，一个大国的发展进程，既是经济总量、军事力量等硬实力提高的过程，也是价值观念、思想文化等软实力提高的过程。[2] 中华民族的现代文明不是单纯的物质文明或精神文明，而是物质文明和精神文明相协调的文明。当前，我国的文化软实力与我国文化资源大国和文明古国的地位还不相匹配，与我国的综合国力还不相适应。要让中华民族以更加昂扬的姿态屹立于世界民族之林，就必须在不断增强经济实力的同时，大力建设社会主义文化强国，推动社会主义文化大发展大繁荣，不断提高国家文化软实力，为全面推进中华民族伟大复兴提供强大的思想保证、精神动力和文化条件。

推动物质文明和精神文明相协调，才能创造人类文明新形态。一些西方学者认为，人类文明发展只有一种样态，资本主义文明形态是人类文明发展的最终样态和最佳选择。中国式现代化在实现自身发展的过程中走出了区别于西方以掠夺、殖民、对抗为主要表现形式的现代化之路，体现为立足于自身发展以及与其他经济体非对抗性的新的现代化之路。习近平总书记在党的二十大报告中向世界各国再次呼吁，要"弘扬和平、发展、公平、正义、民主、

---

[1] 王立胜，韩玉洁. 中国式现代化：物质文明和精神文明相协调的现代化[J]. 山东社会科学，2023(11): 28-34.
[2] 张志丹. 论新时代意识形态工作思想的多维创新[J]. 江西师范大学学报(哲学社会科学版), 2022, 55(4): 18-26.

自由的全人类共同价值"[1]。物质文明和精神文明相协调是创造人类文明新形态的客观基础，在此基础上才有可能生成新的文明形态，为中国推动构建人类命运共同体、引领人类进步潮流提供深层次的目标愿景。

四、物质文明和精神文明相协调的现代化发展要求

一个国家要实现现代化奋斗目标，既要不断地丰富物质财富，也要不断地丰富精神财富。推动物质文明和精神文明相协调，要以辩证的、全面的、协调的观点正确处理二者之间的关系，在抓好物质文明建设的同时，继续锲而不舍、一以贯之地抓好精神文明建设，为全国各族人民不断前进提供坚强的思想保证、强大的精神力量和丰润的道德滋养。[2]

纵观世界大国崛起的历史，尽管具体道路各不相同，但是在经济实力、科技实力、军事实力等硬实力不断提升的同时，这些国家的思想观念、价值取向、社会制度、发展模式等软实力的吸引力、感召力和影响力也在与日俱增，这是一个普遍规律。面对世界范围思想文化交流、交融、交锋形势下价值观较量的新态势，以及改革开放和发展社会主义市场经济条件下思想意识多元、多样、多变的新特点，必须以马克思主义统领文化建设，全面贯彻落实习近平新时代中国特色社会主义思想，守正创新、固本培元，把握主流和支流、区分先进和后进、划清积极和消极，构建起群众广泛认可并积极践行的社会主义精神文明。中国式现代化是致力于人类和平与发展崇高事业的现代化。在舆论场中，西方长期掌握着"文化霸权"，当代中国的道路、理论、制度和文化中存在太多被扭曲的解释、被屏蔽的真相、被颠倒的事实。这就需要通过物质文明和精神文明协调发展，厚植民族和国家最持久、最深层的精神力量，增强中国人的骨气和底气，让14亿人都成为传播中华优秀传统文化、革命文化和社会主义先进文化的主体，向世界真切展现中华民族的精神追求和当代中国文化的精神价值，呈现中华民族为人类和平与发展作出更大贡献的真诚意愿，让当代中国形象在国际上不断树立和闪亮起来。

（一）增强社会主义意识形态的凝聚力和引领力

强大的意识形态引领力是中国式现代化的精神内核。意识形态是统治阶级物质利益的精神表达，也是维护统治阶级物质利益的思想工具，决定着社会文化的前进方向和发展道路。党的十八大以来，以习近平同志为核心的党中央始终坚持马克思主义在意识形态领域的指导地位，为全面建成小康社会、实现第一个百年奋斗目标提供了坚强的思想保证和强大的精神力量。习近平总书记在党的二十大报告中指出："意识形态工作是为国家立心、为民族立魂的工作。"坚持马克思主义在意识形态领域的指导地位是推动物质文明和精神文明相协调的根本思想保证。[3] 在新征程上，要不断拓展马克思主义中国化时代化的内涵，坚持不懈用习近平新时代中国特色社会主义思想凝心铸魂。

---

1 习近平.高举中国特色社会主义伟大旗帜　为全面建设社会主义现代化国家而团结奋斗：在中国共产党第二十次全国代表大会上的报告[N].人民日报,2022-10-26(1).
2 李玉举,肖新建,邓永波.从物质文明和精神文明相协调看中国式现代化[J].红旗文稿,2023(1):30-33.
3 孙明增.物质文明和精神文明相协调的内在逻辑、价值蕴涵和实践指向[J].道德与文明,2023(5):13-21.

中国共产党是中国式现代化建设的领导核心，是否坚持和加强党的全面领导，直接关系着中国式现代化的根本方向、前途命运和最终成败。习近平总书记强调："坚持党的领导，是党和国家的根本所在、命脉所在，是全国各族人民的利益所系、幸福所系""我们推进的现代化，是中国共产党领导的社会主义现代化"[1]。在党的全面领导下推进物质文明和精神文明协调发展，关键是要把党的性质宗旨、初心使命、信仰信念、政策主张贯穿于中国式现代化始终，确保我们促进物质富足和精神富有的发展进程始终沿着正确的轨道前进。只有毫不动摇坚持党的领导，把党的全面领导落实到物质文明和精神文明建设的各领域、各方面、各环节，才能确保中国式现代化前景光明、繁荣兴盛，才能确保中国式现代化不偏离航向、不丧失灵魂。[2]

强化中国共产党的组织领导。中国共产党作为无产阶级的先进代表，始终代表最广大人民的根本利益，没有自己特殊的利益。根本利益的一致性决定了中国共产党同人民群众本源相通，也决定了二者共同的文明追求。在新征程上，必须坚持制度治党、依规治党，增强以习近平同志为核心的党中央关于推进物质文明和精神文明相协调的决策部署的权威性和执行力，同时把厚植党的人民情怀、夯实党的人民立场贯穿其中。在具体实践中，充分尊重人民群众的主体地位，充分发挥人民群众的创造活力，从而实现政党引领与人民参与的紧密联动，不断激活建设中华民族现代文明的主体力量。[3]

（二）发挥社会主义核心价值观的引领作用

核心价值观是一个民族赖以维系的精神纽带，是一个国家共同的思想道德基础，是最能反映主流意识形态根本性质的理念形式，因而是一个国家的重要稳定器。中国式现代化致力于弘扬富强、民主、文明、和谐、自由、平等、公正、法治、爱国、敬业、诚信、友善的社会主义核心价值观，把涉及国家、社会、公民的价值要求融为一体，既体现了社会主义本质要求，继承了中华优秀传统文化，又吸收了世界文明有益成果，体现了时代精神。党的二十大报告指出："社会主义核心价值观是凝聚人心、汇聚民力的强大力量。"[4]这一重要论断为我们广泛践行社会主义核心价值观，不断夯实全民族全社会休戚与共、团结奋进的思想道德基础指明了方向。

构筑中国价值，促进人的全面发展。促进人的全面发展，能够使个体与共同体以社会主义核心价值观为伦理纽带，实现利益互融、实践互动、精神互通，使社会主义意识形态渗透于家庭、职业、社会等生产生活的各个领域，提升社会主义意识形态的凝聚力和引领力，推进中国式现代化。因此，应大力开展社会公德、职业道德、家庭美德、个人品德建设，切实提升公民文明素养，促进人的全面发展。统筹推动文明培育、文明实践、文明创建，推进城乡精神文明建设融合发展，在全社会弘扬劳动精神、奋斗精神、奉献精神、创造精神、勤俭

---

[1] 中共中央文献研究室.习近平关于全面依法治国论述摘编[M].北京：中央文献出版社,2015: 23.
[2] 袁红英.在"两个文明"协调发展中推进中国式现代化[J].学习月刊,2023(11): 12-14.
[3] 孙柏璋，邓丹榕.物质文明和精神文明相协调的现代化：基本内涵、科学方法和治理图景[J].福州大学学报（哲学社会科学版）,2023, 37 (5): 9-16.
[4] 习近平.高举中国特色社会主义伟大旗帜　为全面建设社会主义现代化国家而团结奋斗：在中国共产党第二十次全国代表大会上的报告[N].人民日报,2022-10-26(1).

节约精神，培育时代新风新貌，是推进中国式现代化的必由之路和必然选择。

厚植人文情怀与职业理想，培养一批兼具专业和热忱的文化典籍守护人；加强文化遗产数字化保护工程建设，强化文物资源管理，建设国家文物资源数据库，健全文物安全长效机制；系统研究、深入挖掘和科学阐释历史文物与文化遗产的历史原貌和人文故事，把握历史演变和时代特征，凸显其对当代中国发展进步的意义和价值。

以社会主义核心价值观赋能文化创新与发展，让历史文物和文化遗产"活起来"。依托主题明确、内涵清晰、影响突出的系列文物资源，打造续存民族文化集体记忆的文明标识；以良好社会效益为目标，引导文物保护单位、博物馆等充分发挥公共教育、文化服务等作用；加强文物的人文价值阐释传播，整合多媒体资源，从内容建设、形式创新、渠道拓展等方面为公众呈现"看得见的历史"。[1]

坚持依法治国和以德治国相结合，把社会主义核心价值观贯穿到国家治理体系和治理能力现代化建设各领域，夯实全民族全社会休戚与共、团结奋进的思想道德基础。注重发挥道德的教化作用，弘扬中华传统美德，推动明大德、守公德、严私德，不断将他律性的外在道德规范体系内化为道德主体的自身意志约束和内在认知品格。筑牢社会文明进步、团结和谐的道德基石，构建真善美的道德常性和伦理秩序。

（三）以经济高质量发展促进"物的全面丰富"

发展是党执政兴国的第一要务，是解决一切问题的"总钥匙"，高质量发展是全面建设社会主义现代化国家的首要任务。没有发达的物质文明，一个国家和民族就会缺乏自立于世界的物质基础。时至今日，解决人民日益增长的美好生活需要和不平衡不充分的发展之间的矛盾，对物质文明建设提出了更高要求。全面建设社会主义现代化国家，也对物质文明建设提出了更高目标。只有牢牢把握高质量发展这个首要任务，大力解放和发展社会生产力、激发和增强社会活力，才能更好解决发展不平衡不充分问题，才能为强国建设、民族复兴奠定坚实的物质技术基础。[2]

经济高质量发展是物质文明发展的基础和表现。建设社会主义现代化强国，需要大力发展物质文明，归根到底要靠不断解放和发展生产力，创造出比资本主义现代化更高的物质财富。社会物质财富的积累，能够为精神生产力的发展提供更加强大的物质保障，奠定更为坚实的社会基础，从而使社会主义意识形态永葆生机活力。我们必须不断厚植现代化的物质基础，为实现民主更加健全、科教更加进步、文化更加繁荣、社会更加和谐、生态更加美好提供有力支撑。

必须坚持中国特色社会主义制度，坚持"两个毫不动摇"，规范和引导资本健康发展，努力实现先富带后富、帮后富，促进经济社会高质量发展，在做大"蛋糕"的同时把"蛋糕"分好。同时，坚持社会主义市场经济改革方向，坚持高水平对外开放，坚持把发展经济的着力点放在实体经济上，推进新型工业化，加快建设现代化经济体系，构建新发展格局。切实

---

[1] 柏路，乔庄.社会主义核心价值观融入社会发展：推进中国式现代化的实践自觉[J].思想理论教育，2023，(10)：18-25.

[2] 中共国家发展改革委党组.进一步全面深化经济体制改革 以高质量发展推进中国式现代化[EB/OL].(2024-05-16)[2024-08-20].https://www.ndrc.gov.cn/fzggw/wld/zsj/zyhd/202405/t20240516_1386272.html

改善民生，健全国家公共服务制度体系，优化收入分配结构，扩大中等收入群体，积极构建基层社会治理新格局。在物质生活共同富裕的基础上，不断推进中国式现代化。

（四）推进以人民为中心的文化事业与文化产业全面发展

坚持以人民为中心是社会主义精神文明建设的根本立场和动力所在，人民的需求和向往是文化事业和文化产业的最终目的和标准。进入新发展阶段，随着人民生活水平的不断提高，人民对优质精神文化食粮的期盼更加凸显，这对文化事业和文化产业的发展提出了新的更高要求。[1] 党的十八大以来，以习近平同志为核心的党中央高度重视繁荣和发展文化事业和文化产业。习近平总书记亲自谋划、指导、推动，多次发表重要讲话，创造性地回答了事关文艺繁荣发展的一系列重大问题，指引我国文艺事业呈现百花齐放、生机勃勃的繁荣景象。

人民群众是"两个文明"协调发展的根本动力。人是社会实践的主体，在劳动实践中创造"人化"的自然，实现人的本质性力量。物质文明建设和精神文明建设都要紧紧依靠广大人民群众。人民群众是人类文明的缔造者，每位公民都是"两个文明"的建设者。因此在新征程上，一方面要坚持以人民为中心的创作导向，大力繁荣文艺创作，倾情为时代和人民放歌，推出更多同新时代相匹配的文艺精品，实现从"高原"向"高峰"迈进，为广大人民群众提供更丰富、更有营养的精神食粮。把加强文艺队伍建设摆在更加突出的位置，汇聚起繁荣发展社会主义文艺的强大力量。把提高质量作为文艺作品的生命线，内容选材要严、思想开掘要深、艺术创造要精，不断提升作品的精神能量、文化内涵和艺术价值。

另一方面，必须调动广大人民群众的积极性和主动性，激发他们的聪明才智，发挥他们的创造才能。[2] 要加快构建中国特色的哲学社会科学，在中国自主的知识体系基础上建构起中国特色的学科体系、学术体系和话语体系，提高理论思维，普及科学知识，拓宽认识视野。把文化人才队伍建设摆在更加重要的位置，将其纳入文化事业和文化产业发展的总体布局中，以源源不断的人才供给为社会主义文化建设提供有力保障。[3]

（五）推动中华优秀传统文化的现代化转型

文化是民族的血脉，是人民的精神家园，交流互鉴是文明发展的本质要求。中国式现代化吸收借鉴和创造性地应用一切人类优秀文明成果，把马克思主义基本原理同中国具体实际相结合、同中华优秀传统文化相结合，以此避免西方现代化带来的物质文明和精神文明二元对立及其畸形发展，以及由此带来的暴力冲突、社会动荡、自然环境破坏等社会问题。坚持创造性转化、创新性发展，大力发展社会主义先进文化，以全方位的社会进步彰显现代化的系统性、协调性。

优秀传统文化是一个国家、一个民族传承和发展的根本。中华优秀传统文化中积淀着中华文明的文化精粹，不仅作为独特的精神标识及中华民族的根和魂表征着中华民族的主体性特征，还蕴含着适用于当代社会发展的优秀基因，为中华民族生生不息、发展壮大提供了丰厚滋养。在新的历史起点上，必须坚持固本培元，对中华五千多年文明宝库进行全面挖掘和

---

[1] 孙明增. 物质文明和精神文明相协调的内在逻辑、价值蕴涵和实践指向 [J]. 道德与文明, 2023(5): 13-21.
[2] 李辉, 韦莉莉. 以文化人："两个文明"协调发展的价值目标 [J]. 人民论坛·学术前沿, 2016(24): 92-94.
[3] 徐国宝. 扎实推进文化事业和文化产业繁荣发展 [N]. 人民日报, 2023-02-07(9).

系统梳理，有鉴别地加以对待，有扬弃地予以继承，推动中华优秀传统文化创造性转化、创新性发展，从而实现中华传统文明的时代赓续。

在新的历史起点上建设中华民族现代文明，必须坚持创新与发展。建设中华民族现代文明是中华优秀传统文化现代化转型的当代形式，内在地要求构建一种超越资本主义的社会主义新现代化、新现代性和新文明形态。党的二十大报告指出："我们必须坚定历史自信、文化自信，坚持古为今用、推陈出新，把马克思主义思想精髓同中华优秀传统文化精华贯通起来。"这一重要论断为实现中华优秀传统文化的创造性转化、创新性发展指明了前进方向。在现代化进程中，马克思主义基本原理同中华优秀传统文化彼此契合、相互成就，经由"结合"，推动中华优秀传统文化创造性转化、创新性发展。应坚持古为今用，根据时代发展和实践变化对中华优秀传统文化进行全新阐释与有效传播，完成从传统文化向现代文明的转变。深入挖掘和阐发中华优秀传统文化中天下为公、民为邦本、为政以德、革故鼎新、任人唯贤、天人合一、自强不息、厚德载物、讲信修睦、亲仁善邻等的时代价值，使中华优秀传统文化成为涵养社会主义核心价值观的重要源泉，不断把马克思主义思想精髓同中华优秀传统文化精华贯通起来。[1]

文明发展不仅蕴含着关乎本民族前途命运的特殊性价值，而且具有应对人类发展难题的普遍性意义。中国式现代化要想行稳致远，就必须在这一复杂的世界历史文化图景之下，从精神文化层面彰显出比资本主义意识形态更加深刻的时代先进性，适应中国在国际社会中经济与政治地位不断提升的现实需要，积极提升中华文化的国际话语权。[2]作为中华文明的精华，中华优秀传统文化蕴藏着关于物质文明和精神文明相协调的丰富思想、精神和理念，天下为公、天下大同的社会理想，德主刑辅、以德化人的政治主张，法不阿贵、绳不挠曲的正义追求，富民厚生、义利兼顾的经济伦理，周虽旧邦、其命维新的精神气质，以和为贵、好战必亡的和平理念……对于解决当代人类面临的难题具有重要的启示。[3]在新征程上，必须坚持洋为中用，深入挖掘和阐发中华优秀传统文化的时代价值和中华文明的精神特质，秉持平等、互鉴、对话、包容的文明观，以文明交流超越文明隔阂、以文明互鉴超越文明冲突、以文明包容超越文明优越，为世界文明朝着平衡、积极、向善的方向发展提供助力。在坚守中华文化立场的前提下充分汲取人类文明中的精华，为解决人类社会共同难题提供思想启示，为人类现代化发展提供精神指引，不断丰富中华文化思想的世界内涵，增强中华文明的世界传播力，以巩固我们在世界文化激荡与多元思潮盛行中立足的根基。

第二节 物质文明和精神文明相协调的指标体系

党的二十大报告指出，中国式现代化是物质文明和精神文明相协调的现代化。物质富足、精神富有是社会主义现代化的根本要求。物质贫困不是社会主义，精神贫乏也不是社会主义。

---

[1] 杨胜群，许先春.习近平新时代中国特色社会主义思想是中国精神的时代精华[J].机关党建研究，2023(9):33-36.
[2] 田书为.以物质文明和精神文明相协调推进中国式现代化[J].理论视野，2022(10):54-59.
[3] 孙明增.物质文明和精神文明相协调的内在逻辑、价值蕴涵和实践指向[J].道德与文明，2023(5):13-21.

我们不断厚植现代化的物质基础，不断夯实人民幸福生活的物质条件，同时大力发展社会主义先进文化，加强理想信念教育，传承中华文明，促进物的全面丰富和人的全面发展。只有物质文明和精神文明相协调，国家物质力量和精神力量都得到增强，人民物质生活和精神生活都得到改善，中国式现代化才能顺利向前推进。

将物质文明和精神文明相协调的现代化明确为中国式现代化的重要特征之一，充分体现了社会主义现代化以人民为中心，追求人的全面发展和社会全面进步的本质要求。物质文明和精神文明相协调与人的全面发展、社会进步，以及国家发展有密切关联。在这些领域，已有一些相关研究，例如，联合国人类发展指数将人的发展置于核心位置，重点关注人的生存与全面发展，其研究维度主要包括健康、教育和生活水平。[1] 美国宾夕法尼亚大学 Estes 教授提出社会进步指数，从教育、健康、经济、人口、环境、社会秩序、文化多样性、福利等 10 个维度对社会进步进行定量化评价（表 5-1）。[2] 我国学者梅松等在分析和谐社会的科学内涵和基本特征基础上，提出了由 7 类 37 个具体指标组成的和谐社会指标体系。[3]

表 5-1 社会进步指数的次级指数和具体指标

次级指数	具体指标
教育指数	① 教育方面公共支出占 GDP 的百分比；② 小学完成率；③ 中学净入学率；④ 成人识字率
健康状况指数	① 出生时的预期寿命；② 婴儿死亡率；③ 5 岁以下儿童死亡率；④ 每 10 万人拥有医生数；⑤ 营养不良人口比例；⑥ 卫生方面公共支出占 GDP 的百分比
妇女地位指数	① 女性成人识字与男性成人识字的比率；② 已婚妇女的避孕普及率；③ 孕产妇死亡风险；④ 女性中学入学与男性中学入学的比率；⑤ 女性在议会中的席位百分比
防御指数	军费支出占 GDP 的百分比
经济指数	① 人均 GDP（按购买力平价计算）；② GDP 增长率；③ 失业率；④ 外债总额占 GNI 的百分比；⑤ 基尼系数
人口指数	① 人口年平均增长率；② 14 岁及以下人口的百分比；③ 65 岁及以上人口的百分比
环境指数	① 国家保护区的面积百分比；② 灾害相关的年平均死亡人数；③ 二氧化碳排放量
社会秩序指数	① 政治权利；② 公民自由；③ 国内流离失所者人数（每 10 万人）；④ 外来流离失所者人数（每 10 万人）；⑤ 武装冲突死亡人数（低估计数）；⑥ 腐败指数
文化多样性指数	① 拥有相同或相似种族/民族起源的人口的最大百分比；② 拥有相同或相似宗教信仰的人口的最大百分比；③ 拥有同一母语的人口的最大百分比
福利指数	国家首次颁布相关法律的时间，包括老年、残疾人和死亡，疾病和产假，工伤，失业，家庭津贴

资料来源：Estes R J. The Index of Social Progress: Objective Approach[M]. Glatzer W, Camfield L et al. eds. Global Handbook of Quality of Life. New York: Springer, 2015.

在物质文明和精神文明相协调的指标体系与评价方面，我国学者开展了一些相关研究，我们从物质文明评价、精神文明评价以及物质文明和精神文明相协调评价 3 个方面进行简要分析。

1　UNDP. Human Development Report 2010[M]. New York: United Nations Development Programme, 2010.
2　Estes R J. The Index of Social Progress: Objective Approach[M]. Glatzer W, Camfield L et al. eds. Global Handbook of Quality of Life. New York: Springer, 2015.
3　梅松, 齐心. 和谐社会评价指标体系的构建 [J]. 北京社会科学, 2006(1): 62-66.

一、物质文明和精神文明相协调研究的历史回顾

（一）关于物质文明的相关评价

朱成全和邢银华认为物质文明的衡量应该包括经济发展水平、人民生活水平和社会基础设施建设3个维度，并以此为基础建立了包含14项具体指标的我国物质文明评价指标体系。[1] 朱思栋等聚焦经济实力、科技实力、国防实力、国际影响力4个维度，设置了包含20项指标的物质文明评价指标体系。[2] 袁闪闪等认为物质文明主要包括两方面内容：一方面是社会生产力的状况，如生产工具和技术的改进、生产规模的扩大、社会财富的积累等；另一方面是人们物质生活水平的改善，如衣食住行等水平的提高以及相应的设施、机构的发展规模等，并选择经济发展、生产进步、生活改善3个维度构建了物质文明评价指标体系。[3] 从已有研究来看，物质文明评价大多涉及经济发展或经济实力、生产情况、人民生活水平、基础设施、国防、区域发展等领域，其中，生产进步、人民物质生活水平提升可以被看作是物质文明发展水平的重要组成部分。

（二）关于精神文明的相关评价

精神文明的相关评价大致来源于两类研究：一类是关于中国式现代化的评价研究，另一类是关于精神生活共同富裕的评价研究。

关于中国式现代化的评价研究多基于政治、经济、社会、文化、生态"五位一体"的视角，涉及精神文明的评价多从文化的角度来进行。例如，朱思栋等聚焦文明实践、文化繁荣、文化传播3个维度构建精神文明评价指标体系。[4] 马晓河和周婉冰设置文化产业发展和综合素质提升2个维度来评价中国式现代化中的精神文明维度。[5] 王丰选取文化供给水平、文化消费能力、文化活动条件、文化设施效能4个维度来评价精神文明。[6]

在精神生活共同富裕的评价方面，相关评价的研究视角更加多元。例如，万华颖从客观与主观2个维度设计了社会条件、政治条件、文化条件、全面能力、自由平等、主观幸福6个一级指标，并衍生出社会参与、社会保障、公共服务、政局稳定、文化生产等21个二级指标。[7] 廖小琴在精神生活共同富裕的内涵分析基础上，从精神文明共同富裕的产生过程进行评价，将精神生活共同富裕的指标分为条件性指标、过程性指标和结果性指标，并从这3个维度提出构建评价指标体系的基本思路。[8] 傅才武和高为以"居民主动性与资源丰富程度"为横轴，"区域、城乡、人群三大差异"为纵轴，搭建了由文化获得、文化参与、文化享受、文化发

---

[1] 朱成全，邢银华. 我国物质文明指标体系构建、测量与提升对策[J]. 财经问题研究，2009(7): 22-30.
[2] 朱思栋，卞中阁，王艳玲. 社会主义现代化国家内涵和评价体系研究[J]. 山东宏观经济，2022(1): 14-20.
[3] 袁闪闪，岳梓坤，孙彤辉. 中国式现代化物质文明和精神文明协同发展统计测度：基于宏观与微观层面的实证分析[J]. 统计与管理，2023, 38 (11): 56-76.
[4] 朱思栋，卞中阁，王艳玲. 社会主义现代化国家内涵和评价体系研究[J]. 山东宏观经济，2022(1): 14-20.
[5] 马晓河，周婉冰. 中国式现代化：评价指标体系构建及统计测度[J]. 贵州社会科学，2023, 404(8): 105-115.
[6] 王丰. 精神生活共同富裕评价指标体系构建[J]. 西南大学学报（社会科学版），2023, 49 (6): 35-51.
[7] 万华颖. 促进人民精神生活共同富裕的时代价值、思想渊源与评价指标体系[J]. 重庆理工大学学报（社会科学），2022, 36(11): 22-33.
[8] 廖小琴. 精神生活共同富裕的价值意蕴、科学内涵与衡量指标[J]. 思想理论教育，2023(6):33-40

展4个一级指标，公共文体旅游设施、文化综合参与率、居民对公共文化服务满意度、人均受教育年数等17个二级指标组成的精神生活共同富裕评价坐标系。[1]

通过对已有研究进行维度分析可以发现，精神文明评价所涉及的领域大多包括两类：一类是文化领域，包括文化供给（文化产业）、文化传播、文化消费、文化活动条件（文化设施）、文化繁荣等；另一类是道德素养领域，包括人才储备、综合素质提升、文明程度、文明实践等。同时，也有一些研究加入了主观性指标，包括精神感受、主观幸福感、文化满意度等。

（三）关于物质文明和精神文明相协调的相关评价

关于物质文明和精神文明相协调的评价，相关研究工作仍然非常有限。这些研究大致可以分为两类：一类研究通过构建评价指标体系对物质文明和精神文明的协调水平进行综合评价；另一类研究在构建物质文明和精神文明综合评价指标体系的基础上，采用耦合协调度模型分析"两个文明"相协调的等级与类型（表5–2）。

刘波运用文献资料、访谈和比较分析等方法，构建了物质文明和精神文明相协调的评价指标体系。[2] 在该研究中，具体考核项目包括社会主义理想信念教育、培育和践行社会主义核心价值观、培育新时代文明道德风尚、廉洁高效的政务环境、公平正义的法治环境、诚信守法的社会环境、健康向上的人文环境、舒适便利的生活环境、有利于青少年健康成长的社会文化环境、安全稳定的治安环境、可持续发展的生态环境等。

邹一南和韩保江将文化发展指数、文化场所指数、图书馆藏指数、社会治安指数作为物质文明和精神文明协调指数的分指数，在此基础上对中国物质文明和精神文明相协调的状况进行了评价，并认为相对于物质财富的创造，中国社会在精神财富创造能力和成果上仍存在一定的滞后。[3]

此外，蒋永穆等从公共服务水平和精神文明创建两个维度构建了物质文明和精神文明相协调的指标体系。[4] 孙攀等认为物质文明和精神文明相协调的核心内容是硬件设施与软件设施的协调，消费也是重要影响因素，并将物质文明和精神文明相协调分解为消费水平、软件设施水平和硬件设施水平。[5] 叶阿忠等认为生产力作为人类实践活动的最终结果，其发展水平能极好地衡量物质文明发展，精神文明则需要挖掘中华优秀传统文化，构造中国气派的学科，并从生产力和文化共享两个方面刻画了物质文明和精神文明相协调的现代化，选取博物馆数量、人均图书馆藏书量等5个指标进行具体分析。[6] 袁闪闪等将物质文明和精神文明相协调确定为宏观文明、微观和谐、结构优化、总量共富，据此构建了中国式现代化物质文明和精神文明相协调综合评价指标体系，并采用耦合协调度模型分析了"两个文明"协调度的

---

1 傅才武, 高为. 精神生活共同富裕的基本内涵与指标体系 [J]. 山东大学学报（哲学社会科学版）, 2022(3): 11-24.
2 刘波, 等. 新时代物质文明与精神文明协调发展 [M]. 北京：社会科学文献出版社, 2019.
3 邹一南, 韩保江. 中国经济协调发展评价指数研究 [J]. 行政管理改革, 2021(10): 65-74.
4 蒋永穆, 李想, 唐永. 中国式现代化评价指标体系的构建 [J]. 改革, 2022(12): 22-35.
5 孙攀, 周予欣, 郑彭维, 等. 中国式现代化评价指标体系的构建和应用研究 [J]. 浙江树人大学学报（人文社会科学版）, 2023, 23 (6): 48-58.
6 叶阿忠, 朱灵群, 张源野, 等. 中国式现代化水平测度、区域差异及来源分解 [J]. 工业技术经济, 2024, 43 (3): 23-32.

等级与类型。[1]

表 5-2 关于物质文明和精神文明相协调的评价指标体系

来源	一级指标	二级指标	单位
邹一南，韩保江（2021）	文化发展指数	文化产业投资占全社会固定资产投资的比例	%
	文化场所指数	人均文化机构数量	个
	图书馆藏指数	人均图书馆藏书量	册
	社会治安指数	公安机关每万人受埋治安案件数	件
蒋永穆等（2022）	公共服务水平	本级财政一般公共服务支出	亿元
		技术成果指标完成率	%
	精神文明创建	精神文明创建经费支出	亿元
		人文发展指数	—
孙攀等（2023）	消费水平	农村居民消费水平	元
		城镇居民消费水平	元
		人均城市道路面积	米²
	硬件设施水平	每万人拥有公共交通车辆	标台
		城市道路照明灯	盏
		互联网普及率	%
	软件设施水平	每百人使用计算机数	台
		平均每百户居民年末移动电话拥有量	部
叶阿忠等（2024）	文化共享	博物馆数量	个
		人均图书馆藏书量	册
	生产力	R&D 经费支出占 GDP 比例	%
		人均 GDP	元
		人均固定资产投资	元

目前学界对于物质文明和精神文明相协调的评价研究正在不断深入，基于政治学、哲学等视角开展的相关理论研究取得了丰富的成果，但是定量化的研究仍然非常有限。与此同时，围绕物质文明或精神文明单独进行的研究相对较多，开展"两个文明"协调关系的研究相对较少。基于以上情况，本研究在理论分析基础上，构建了宏观层面物质文明和精神文明相协调的指标体系，搭建了"两个文明"相协调的评价体系与评价模型，探究了我国物质文明和精神文明相协调的区域差异，进而为全面推进中国式现代化提供了支撑。

二、物质文明和精神文明相协调的指标体系

（一）主要架构

坚持物质文明和精神文明的协调发展，要以社会主义核心价值观为引领，在实现国家富强、人民物质生活水平显著提升的同时，实现文化的繁荣、人民精神生活的极大丰富以及人文素养的显著提升。

物质文明是人类社会存在和发展的基础，是人类在认识和改造世界的过程中所创造的物

---

[1] 袁闪闪，岳梓坤，孙彤辉. 中国式现代化物质文明和精神文明协同发展统计测度：基于宏观与微观层面的实证分析 [J]. 统计与管理，2023, 38 (11): 56-76.

质成果的总和,主要表现为生产力水平的提高、财富的积累和物质生活的改善。[1]其中,生产力体现了生产过程中人与自然的关系,标志着人类改造自然的实际能力和水平,科技创新、生产方式的改进是生产力水平提升的重要推动力;财富的积累由多方面组成,既包括国民经济各部门的劳动资料、劳动对象和商品储备,也包括生产性的固定资产,参与生产过程的自然资源等;物质生活水平直接关系到人们的生活质量和幸福感,同时也影响着社会的稳定和繁荣,物质生活水平的提升主要体现在收入的增长、消费意愿的增强、生活方式的改善以及生活满意度的提高等方面。

精神文明是人类在认识和改造世界的过程中所创造的精神生活和精神生产成果的总和,表现为人们精神生活水平的提高和精神生产的进步。其中,精神生活涉及人们内心世界层面,是思想、情感、信仰、观念、文化等多种因素的组合,不仅包括以文化艺术体验为代表的文化生活,也包括通过思考、学习、探索等形式的自我认知提升和自我实现;精神生产则可以理解为人类在思想、文化、观念和知识领域的生产与创新,这些活动不仅是对物质世界的反映和表达,而且是人类精神追求、文化传承和创新的重要方式。在精神生产和精神生活水平提升的同时,社会安全也与精神文明发展有着密切关系,它既是精神文明发展水平的一种体现,也是精神文明发展的重要基石,只有在安全稳定的社会环境下,精神文明才能够得到全面发展。

本研究从物质文明、精神文明的内涵出发,构建了包含物质文明、精神文明和协调度3个维度的评价指标体系。其中,物质文明包括生产进步和生活改善2个子维度,物质财富的积累在生产进步和生活改善2个维度指标中均有体现;精神文明包括精神生产和精神生活2个子维度,精神生活维度同时也包含了社会安全的指标。在计算物质文明指数和精神文明指数的基础上,通过耦合协调度模型对物质文明和精神文明的协调度进行分析(图5-1)。

图 5-1 物质文明和精神文明相协调的分析框架

(二)指标体系的设计原则

物质文明和精神文明相协调的指标体系遵循现代化评价的一些基本原则,主要包括:

---

[1] 徐光春. 马克思主义大辞典:纪念版[M]. 武汉:崇文书局. 2018.

① 具有理论基础。符合物质文明和精神文明相协调的相关理论与原理，并借鉴发达国家的经验，构建我国物质文明和精神文明相协调的评价指标体系。② 具有可比性。现代化是一个世界现象，现代化的水平评价和绩效评价都要注重指标的国际可比性或者地区间的可比性。③ 有政策价值和社会意义。指标体系的构建与指标选择应与国家战略相结合，充分体现政策价值与社会意义。④ 目标有限，规模适度。指标的选择应兼顾合理性、平衡性、时效性等诸多方面。⑤ 体现前瞻性的发展趋势。评价指标的选择与指标体系的构建都充分考虑了我国的阶段特点与战略设计，强调物的全面丰富和人的全面发展的最终目标。

（三）指标体系的构建

在系统分析国际和国内相关研究的基础上，本研究从物质文明、精神文明以及物质文明和精神文明相协调 3 个维度构建了评价指标体系，指标体系共计 5 个子维度，13 个一级指标和 60 个二级指标（表 5-3）。

表 5-3 物质文明和精神文明相协调的指标体系

评价维度	子维度	一级指标	二级指标
物质文明	生产进步	生产与贸易	GDP
			人均 GDP
			人均制造业增加值
			劳动生产率
			商品出口额
			高技术产品出口额
			人均货物进出口总额
		基础设施	城镇化率
			人均货物周转量
			每千人高速公路长度
			铁路里程
			每千人铁路里程
			每 100 万人拥有的机场数量
			移动通信普及率
			互联网普及率
			宽带普及率
	生活改善	收入与消费	恩格尔系数
			居民人均可支配收入
			人均 GNI
			人均最终消费支出
		生活设施	人均住房建筑面积
			汽车普及率
			人工智能家庭普及率
			主要耐用消费品数量
			每万人医疗卫生机构床位数
		物质生活满意度	物质生活满意度

续表

评价维度	子维度	一级指标	二级指标
精神文明	精神生活	学习提升	高等学校入学率
			平均受教育年限
			政府教育支出比例
		休闲娱乐	每100万人出国旅游人次
			人均文化娱乐消费支出
			人均观影次数
			休闲和个人保健的时间
			人均文化艺术场馆参观次数
			人均体育场面积
			体育健身参与率
			人均公共图书馆藏书量
		道德修养	精神文明创建经费支出
			党的组织生活制度执行情况
			严明党的政治纪律情况
			廉洁教育情况
			注册志愿者数量占总人口比例
			社会捐赠占GDP的比例
			犯罪率（故意谋杀犯罪率、每万人刑事案件数、网络犯罪率等）
		精神生活满意度	精神生活满意度
	精神生产	文化供给	文化产业增加值占GDP比例
			人均文化产业增加值
			规模以上文化及相关产业企业从业人员比例
			全年制作广播电视节目时长
			人均文化类社会组织数量
		文化影响	世界文化遗产份额
			海外中国文化中心数量
			国际旅游收入
			创意服务出口额
			文化影响力指数
		科技创新	科研经费比例
			科研人员比例
			每10万人专利申请数
			人均知识产权出口
物质文明和精神文明相协调	协调度	协调度	协调度指数

三、物质文明和精神文明的指标分析

在物质文明和精神文明相协调的指标体系基础上，选取其中部分指标从生产进步、生活改善、精神生活和精神生产4个子维度，对我国物质文明和精神文明发展趋势与国际差异等进行分析。

（一）生产进步

生产进步是物质文明发展的重要推动力，生产进步既表现为生产规模的扩大、生产效率的提升、投资与贸易的活跃，同时还表现为基础设施的不断完善与提升等。本研究选取GDP、商品出口额和劳动生产率等指标对生产进步进行分析。

1960—1980年，我国GDP处于缓慢增长期；1980年以后开始显著提升，从1980年的0.42万亿美元提高到2023年的17.2万亿美元；在2010年，我国GDP超越日本，成为世界第二大经济体（图5-2）。生产的进步既得益于我国在农业、工业、外贸、投资以及科技等领域的一系列改革有效地解放了生产力，也得益于经济快速增长时期产业升级、城镇化和全球化的推动。目前，我国已经成为规模巨大的商品生产和出口国（图5-3），并在世界科技业、制造业和服务业等领域中占据重要地位，但在劳动生产率方面仍有待进一步提升。

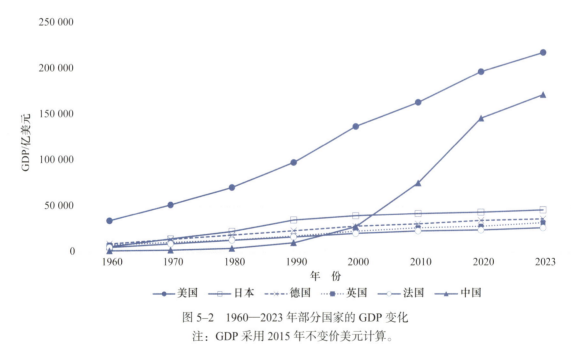

图 5-2　1960—2023年部分国家的GDP变化

注：GDP采用2015年不变价美元计算。

数据来源：World Bank.World Development Report 2024[R/OL].(2024-08-03)[2024-08-18]. https://www.worldbank.org/en/publication/wdr2024

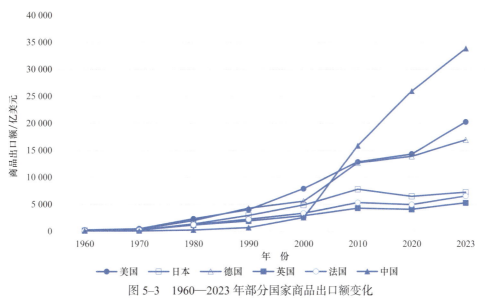

图 5–3　1960—2023 年部分国家商品出口额变化

数据来源：World Bank. World Development Report 2024[R/ OL].(2024-08-03)[2024-08-18]. https://www.worldbank.org/en/publication/wdr2024

我国在交通、能源、通信等基础设施领域也取得了显著成就，目前已拥有全球最大的铁路运输网络，覆盖广泛的公路、航空和水运网络，以及先进的电网和通信基础设施。2000 年，我国铁路总里程约为 6.8 万千米，2021 年突破 15 万千米，增长了约 1.2 倍（图 5–4）。1990 年，我国移动电话服务订阅用户数仅为每百人 0.002 个，到 2022 年这一指标迅速增长为每百人 125 个[1]，与德国基本持平（图 5–5）。这些成就都是我国物质文明发展的一个缩影，基础设施的发展有效提升了我国经济发展质量和人民生活水平。

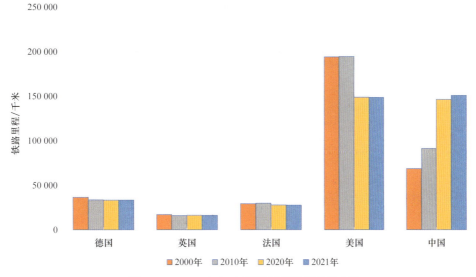

图 5–4　2000—2021 年部分国家铁路里程变化

数据来源：World Bank. World Development Report 2024[R/ OL].(2024-08-03)[2024-08-18]. https://www.worldbank.org/en/publication/wdr2024；国家统计局 . 中国统计年鉴 2023[EB/ OL].(2023-11-21)[2024-08-18]. https://www.stats.gov.cn/sj/ndsj/2023/indexch.htm

---

1　近年来，我国互联网基础设施建设不断优化升级，提速降费政策稳步实施，互联网更加普惠化。2022 年，我国每人拥有 1.25 部手机，已高于全球每人 1.06 部手机的平均值。

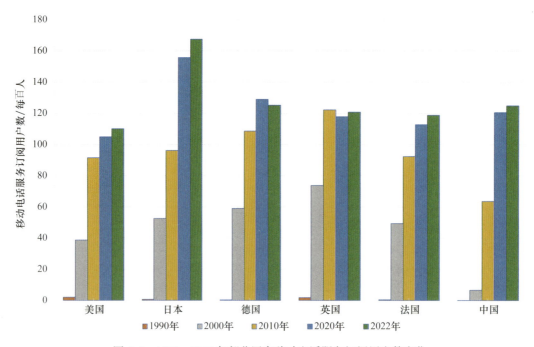

图 5-5　1990—2022 年部分国家移动电话服务订阅用户数变化

数据来源：World Bank. World Development Report 2024[R/ OL].(2024-08-03)[2024-08-18]. https://www.worldbank.org/en/publication/wdr2024

高科技产品的出口是衡量一个国家或地区国际竞争力的重要指标。高科技产品的出口可以带来先进的技术和知识，促进东道国的技术进步和创新能力发展。这种技术溢出效应不仅有助于东道国企业的发展，而且能推动整个国家的产业升级，提升该国在全球价值链中的地位。1990 年，美国（23.3%）、日本（17.5%）和德国（10.8%）在高科技出口全球份额上领跑。当时，中国高科技产品出口仅占全球份额的 0.6%。2005 年，我国首次取代美国成为高科技产品出口的第一大国，此后，无论从百分比还是绝对值来看，我国都在不断扩大与其他国家的差距（图 5-6）。

图 5-6　1990—2022 年部分国家高科技产品出口变化

（二）生活改善

2021年7月1日，习近平总书记在庆祝中国共产党成立100周年大会上庄严宣告，经过全党全国各族人民持续奋斗，我们实现了第一个百年奋斗目标，在中华大地上全面建成了小康社会。自1978年以来，我国国民生活水平不断提升，居民收入持续增加，全国居民人均可支配收入从1978年的171元增加到2023年的39 218元，恩格尔系数从1978年的63.9%下降到2023年的29.8%（图5-7）。其中，城镇居民恩格尔系数从1978年的57.5%下降到2023年的28.8%，农村居民恩格尔系数从1978年的67.7%下降到2023年的32.4%，城乡居民生活质量不断提升。

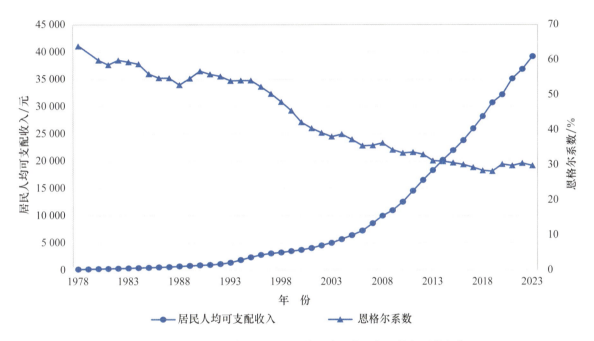

图 5-7　1978—2023年我国居民人均可支配收入与恩格尔系数变化
数据来源：国家统计局官网 https://data.stats.gov.cn/easyquery.htm?cn=C01

随着居民收入的持续增加，生活设施也发生了翻天覆地的变化。耐用消费品呈现爆发式增长，以北京市为例，1981年，北京市城镇居民家庭每百户彩色电视机、洗衣机、电冰箱、电风扇和照相机拥有量分别为1.7台、12.3台、1.7台、46.8台和13.3台，至2000年分别增长至145.5台、102.8台、107.4台、153.4台和95.7台，分别增长了84.6倍、7.4倍、62.2倍、2.3倍和6.2倍。[1] 耐用消费品在进入2000年以后逐渐趋于饱和，自2013年以来，我国家用汽车、空调拥有量仍有一定上升趋势，彩色电视机、洗衣机、电冰箱、计算机、移动电话的拥有量逐渐趋于平稳（图5-8）。

---

[1] 北京统计. 新中国成立70周年｜生活用品极大丰富北京百姓生活显著改善[EB/OL].(2019-09-29)[2024-08-18]. https://mp.weixin.qq.com/s?__biz=MzI1ODIwMDg1NQ==&mid=2650852892&idx=1&sn=55623b8f278262728218c8f4240d4986&chksm=f1ffaa64c6882372150233af53e26261f79998f08882c9856dfafcc8b5cbeb2140bd16594d6d&scene=27

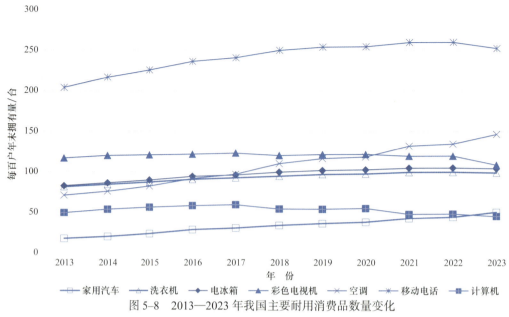

图 5-8 2013—2023 年我国主要耐用消费品数量变化

数据来源：国家统计局官网 https://data.stats.gov.cn/easyquery.htm?cn=C01

同时，城乡居民消费的差距也在逐步缩小。2000—2023 年，我国城镇居民人均生活用品及服务支出由 5027 元增长至 32 994 元，农村居民人均生活用品及服务支出由 1714 元增长至 18 175 元，城镇居民生活用品及服务支出在 2000 年是农村居民的 2.9 倍，到 2023 年下降为 1.8 倍。

选取人均 GNI 与人均最终消费支出两个指标进行国际比较。2000—2022 年，我国人均 GNI 与人均最终消费支出都有显著提升，人均 GNI 从 2000 多美元提升到 1 万美元以上，人均最终消费支出从 800 多美元提升到 4000 多美元，但与现代化先行国家仍有一定差距。以人均 GNI 为例，2022 年，美国人均 GNI 为 6.5 万美元，德国为 4.4 万美元，日本为 3.7 万美元（图 5-9）。未来，随着我国经济发展、产业结构调整，以及创新能力的不断提升，居民生活改善的指标也将有更大提升空间与潜力。

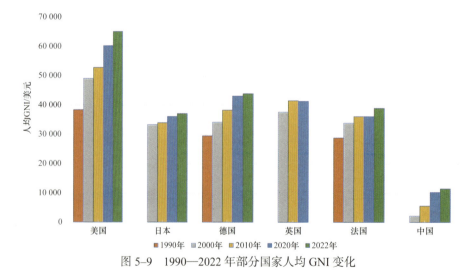

图 5-9 1990—2022 年部分国家人均 GNI 变化

数据来源：World Bank. World Development Report 2024[R/ OL].(2024-08-03)[2024-08-18]. https://www.worldbank.org/en/publication/wdr2024

注：人均 GNI 采用 2015 年不变价美元计算。

（三）精神生活

从精神生活的角度来看，受教育程度较高的群体往往能更好地享受丰富的文化活动和较高的生活质量。从心理健康的角度来看，较高的受教育程度通常对心理健康的积极影响是显著的。例如，教育通过提高人们对健康的认识和重视程度，间接促进了精神生活质量的提高。此外，教育还通过培养创新精神和思辨性思维来丰富人们的精神生活。这些能力不仅有助于个人的全面发展，还能增强其应对生活挑战的能力。

高等学校入学率是指不论年龄大小，大学在校生总数占中学之后 5 年学龄人口总数的百分比。该指标不仅反映了高等教育发展的规模和水平，而且关系到国家的人才培养、社会经济发展以及国际竞争力的提升。通过持续努力提高这一指标，可以为实现教育现代化和建设教育强国奠定坚实基础。党的十八大以来我国高等教育规模加速扩大，已建成世界上规模最大的高等教育体系，培育了一大批高素质专门人才，为民族振兴、经济建设、社会发展、科技进步作出了重要贡献，高等教育事业取得了历史性成就，发生了格局性变化。

我国高等学校入学率从 2012 年的 29.33%，提高至 2021 年的 67.39%（图 5-10），进入世界公认的普及化阶段。尽管我国高等学校入学率已经取得了显著提高，但与世界教育强国相比仍有一定差距。例如，美国、英国、德国、法国等发达国家的高等学校入学率分别达到了 84.86%、77.01%、75.67%、68.97%。

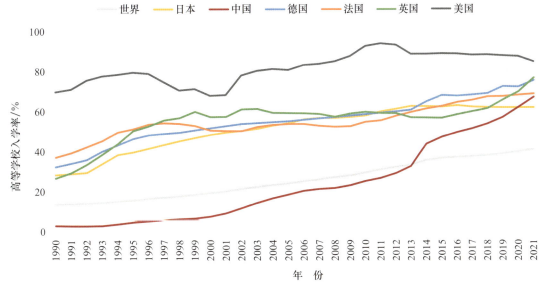

图 5-10　1990—2021 年部分国家高等学校入学率变化

旅游业作为幸福产业，是现代人们追求美好生活的必然组成部分。出国旅游人次的增加通常反映了国内经济的繁荣和居民可支配收入的提高。习近平总书记指出，旅游业日益成为新兴的战略性支柱产业和具有显著时代特征的民生产业、幸福产业。[1] 出国游客在了解不同

---

[1] 新华社记者. 坚定走好独具特色的中国旅游发展之路：习近平总书记重要指示引领旅游强国建设开创新局面 [EB/OL].(2024-05-18)[2024-08-18]. https://politics.gmw.cn/2024-05/18/content_37329461.htm

国家文化、历史、风俗习惯的同时，也在展示自身国家的形象，促进社会文化的进步，增强文化交流和传承。

1995—2019年间，中国出国旅游人次由每100万人3700人次增长至2019年的10.9万余人次（图5-11），年均增长率约为15%，2020年因疫情影响，出国旅游人数骤减。2019年的数据显示，发达国家每100万人出国旅游人次中，英国最多，其次为德国、法国、美国和日本。由此可见，我国在提升居民生活质量，拉动旅游消费方面仍具有很大潜力。

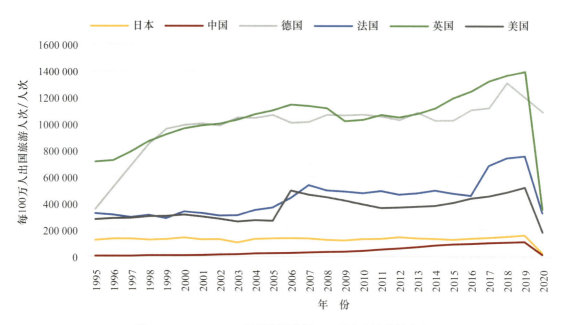

图5-11　1995—2020年部分国家每100万人出国旅游人次

从社会角度来看，高犯罪率对居民的安全感和生活质量会造成严重影响。犯罪的发生不仅威胁个人的人身和财产安全，而且会破坏社会的和谐与稳定。例如，在一些国家或地区，枪支和犯罪团伙的增加导致谋杀案和暴力事件频发，社区内部缺乏有意义的家庭关系和价值观体系，导致个体行为功能障碍。这些因素都可能导致社会信任度下降，公民对政府和执法机构的信任度降低。从政治角度来看，高犯罪率可能会影响国家治理的现代化进程。犯罪问题一直是国家与社会共同关注的重要事务，国家治理现代化不仅着力于政治安全与制度安全，而且着眼于如何有效应对和遏制犯罪。据统计，我国的故意谋杀犯罪率[1]在2002—2020年间持续下降，从2002年每10万人2.05人下降到2020年的0.5人，年均下降约7.5%，社会治安程度明显好于世界平均水平以及一些发达国家（图5-12）。

---

[1] 故意谋杀犯罪率是指对由于家庭纠纷、人际间暴力、为争夺土地资源的暴力冲突、黑帮团伙之间争抢地盘或控制权的暴力事件以及武装团伙的掠夺性暴力和杀戮而有意造成的非法谋杀犯罪的估计。

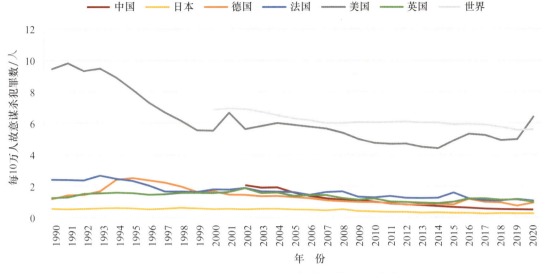

图 5-12 1990—2020 年部分国家故意谋杀犯罪率变化

（四）精神生产

习近平总书记在二十届中央政治局第五次集体学习时指出，当今时代，人才是第一资源，科技是第一生产力，创新是第一动力。研发人员在开发新技术、改进生产工艺和提高产品质量方面发挥着重要作用，是推动科学发现和技术创新的关键力量，研发人员数量通常与一个国家的创新能力成正比。研发人员数量的增加不仅可以提升国家的科学文化水平，增强国民的科学素养和创新意识，而且有助于显著提高一个国家在国际科学和技术领域的竞争力，并在全球范围内树立良好的国家形象。

中国的研发人员数量由 1996 年的每 100 万 448 人上升到 2021 年的 1687 人，总量已居世界首位。尤其是党的十八大以来，以习近平同志为核心的党中央把科技创新摆在国家发展全局的核心位置，推动我国科技事业取得历史性成就、发生历史性变革。我国全球创新指数排名从 2012 年的第 34 位上升至 2022 年的第 11 位，成功进入创新型国家行列，开启了实现高水平科技自立自强、建设科技强国的新阶段。2021 年的数据显示，发达国家中日本每 100 万人有 5638 人为研发人员，排名第一，其次为德国、法国，我国研发人员比例约为世界平均水平，与美国、英国、法国、德国、日本等发达国家仍有较大差距（图 5-13）。

专利申请数反映了一个国家或地区的居民在新技术、新产品、新工艺等方面的创新能力。专利申请数与经济发展水平密切相关，专利数量多通常意味着创新活动活跃，可以作为衡量科技成果转化效率的一个指标，同时也可以反映居民对知识产权保护的重视。一个鼓励创新、尊重知识产权的社会环境一定会促进更多的专利申请。1990—2021 年间，我国专利申请数显著增长，由 1990 年的 5832 件上升到 2021 年的 1 426 644 件，年均增长率为 19.41%。根据世界知识产权组织的数据，全球范围内的专利申请数在 2023 年达到了约 346 万件，连续第三年增长，创历史新高。2023 年，我国的专利申请数占到了全球总量的近半数，显示出我国在专利申请方面的活跃度。在每 10 万人专利申请数方面，2021 年日本有 177 件，排名第一，其次为中国（101）、美国（79）和德国（48）（图 5-14）。

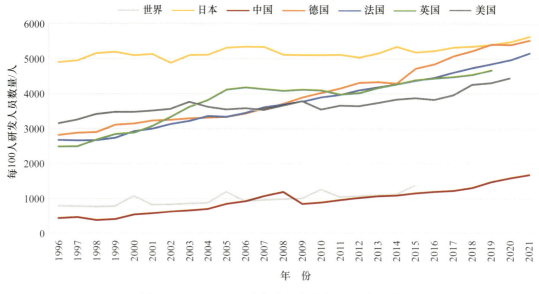

图 5-13 1996—2021 年部分国家研究人员比例变化

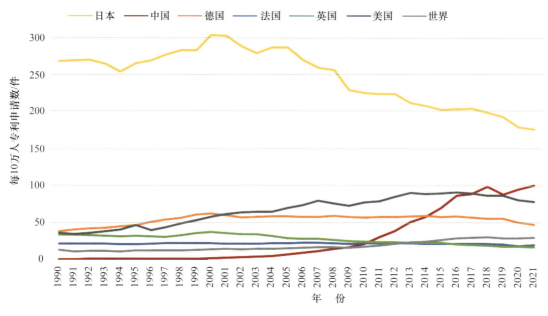

图 5-14 1990—2021 年部分国家专利申请数变化

第三节 物质文明和精神文明相协调的综合评价

目前，关于物质文明和精神文明相协调的综合评价研究尚处于起步阶段，相关研究方法与评价模型仍需不断探索与深入。本研究尝试采用综合指数法和耦合协调度模型对 2022 年我国 34 个省级行政区的物质文明和精神文明相协调情况进行定量化分析，以期反映我国物质文明和精神文明相协调的特征与现状。相关数据主要来源于《中国统计年鉴 2023》《中国文化及相关产业统计年鉴 2023》和各地区统计年鉴等面板数据。

一、综合评价指标体系构建

在已构建的物质文明和精神文明相协调的指标体系基础上，按照政策含义明显、统计数据齐全等标准进行筛选和优化，选取物质文明和精神文明领域的16个指标作为评价指标，对我国物质文明和精神文明相协调的情况开展综合评价。综合评价指标体系同样分为3个层次，分别是物质文明、精神文明、物质文明和精神文明相协调，其中，物质文明包含生产进步和生活改善2个维度，精神文明包含精神生活和精神生产2个维度（表5-4）。

表5-4 物质文明和精神文明相协调的综合评价指标体系

评价维度	子维度	二级指标	单位
物质文明	生产进步	劳动生产率	元
		人均货物进出口总额	元
		城镇化率	%
		互联网普及率	%
	生活改善	居民人均可支配收入	元
		人均住房建筑面积	米^2
		汽车普及率	辆/百户
		医疗卫生机构床位数	张/万人
精神文明	精神生活	平均受教育年限	年
		人均文化娱乐消费支出	元
		人均文化艺术场馆参观次数	次
		每万人刑事案件数量	件
	精神生产	规模以上文化及相关产业企业从业人员比例	%
		文化产业增加值占GDP比例	%
		全年制作广播电视节目时长	小时/人
		每10万人专利申请数	件
物质文明和精神文明相协调	协调度	协调度指数	—

（一）生产进步

生产进步是物质文明发展的重要基础和动力，主要表现在经济的活跃度、效率的提升、基础设施的不断完善等众多方面。在生产进步维度，本研究选取了劳动生产率、人均货物进出口总额、城镇化率、互联网普及率4项指标。

1. 劳动生产率

劳动生产率是指单位劳动投入所创造的价值或产品数量，是衡量生产效率的重要指标之一。劳动生产率的提高通常与技术进步密切相关，当劳动生产率提高时，说明采用了更为先进的技术和方法，从而也间接反映了技术水平的提高。在本研究中，劳动生产率等于GDP与全国就业人数的比值。

2. 人均货物进出口总额

人均货物进出口总额可以体现一个国家或地区的生产进步程度和对外贸易的发达程度。

在全球化竞争日益激烈的背景下，国家或地区的对外贸易在很大程度上体现了一个国家或地区的生产进步程度和经济竞争力。我国自改革开放以来，随着国家对外开放程度的加大，对外贸易迅猛发展，已经成为经济发展的一大动力。

3. 城镇化率

城镇化率通常用来衡量一个地区的城镇化水平。城镇化带来的规模经济效应和技术创新促进了生产方式的进步，从而推动整体生产效率的提升。随着城镇化率的提升，城市经济的产业结构也有可能实现多元化和复杂化，不同产业相互交叉融合，新兴产业得到发展，旧产业得到更新，产业结构的优化也将进一步推动生产方式的进步。此外，城镇化率提升带来的市场规模扩大和人力资本集中也会对生产进步起到促进作用。

4. 互联网普及率

互联网作为一种信息基础设施在加快数字化转型和生产效率提升中发挥着重要作用。一方面，互联网的普及使企业加快数字化转型的步伐，促使生产流程更加高效、灵活，并改变了企业内部和企业之间的合作方式，为提升生产效率，加快创新速度，推动生产方式的更新和升级提供了必要基础；另一方面，互联网的普及也为企业提供了全球范围内的市场和机会，拓展了市场边界，促进了产品创新和生产方式的进步。

（二）生活改善

居民生活改善是物质文明提高的结果，主要表现在收入水平的提高、物质生活质量的提升、医疗条件的改善等。在生活改善维度，本研究选取了居民人均可支配收入、人均住房建筑面积、汽车普及率、医疗卫生机构床位数4项指标。

1. 居民人均可支配收入

居民人均可支配收入是衡量一个地区居民经济生活水平和购买力的重要指标，反映了经济增长对广大居民的实际影响。较高的人均可支配收入意味着居民有更多的经济资源用于基本生活需求，如食品、住房、教育、医疗等，以确保基本福利得到满足。同时，随着人均可支配收入的增加，居民可以购买更多的商品和享受更多的服务，提升消费水平，进而使生活更加舒适和便利。

2. 人均住房建筑面积

人均住房建筑面积反映了居民在居住环境和条件上的实际享受程度。人均住房建筑面积的提升意味着居民有更多的空间用于居住，可以提高居住舒适度，改善生活体验。同时，人均住房建筑面积也是社会尊严、家庭关系和幸福感的重要影响因素。人均住房建筑面积的改善不仅反映了人们居住环境的改善，而且也在一定程度上反映了物质文明的发达程度。

3. 汽车普及率

汽车普及率是居民生活质量的重要体现，较高的汽车普及率意味着更多人拥有方便快捷的交通工具，能够自由选择出行方式，提高出行效率和便利度。同时，值得注意的是，高汽车普及率也会带来环境污染和交通拥堵等问题。因此，在评价生活改善中，需要结合国家和地区实际，在一定的地理环境和科技发展条件下，汽车普及率指标并非越高越好，可能存在最优值或合理值。在本研究中，汽车普及率用每百户年末家用汽车拥有量来表示。

4. 医疗卫生机构床位数

医疗卫生机构床位数不仅是居民卫生资源占有情况的指标，而且是居民生活质量和健康水平的重要指标。充足的医疗卫生机构床位数可以确保患者得到及时有效的治疗和护理，提高治愈率和生存率，改善居民的健康水平，该项指标直接关系到居民的健康保障、医疗服务质量和应急能力等。

（三）精神生活

精神生活是精神文明的重要组成部分，高质量的精神生活可以表现在受教育水平的提升、文化娱乐活动的丰富以及和谐安全的生活环境所带来的满足感等。在精神生活维度，本研究选取平均受教育年限、人均文化娱乐消费支出、人均文化艺术场馆参观次数、每万人刑事案件数量4项指标。

1. 平均受教育年限

平均受教育年限通常与个人综合素质的提升有关，它关系到个人的心理健康、思维能力、社会参与度和文化艺术素养等。一般而言，受过良好教育的人更具有批判性思维、创造力、解决问题的能力和适应能力，更有可能参与艺术、文学、音乐等文化活动，丰富精神生活，提升个人精神生活质量。

2. 人均文化娱乐消费支出

人均文化娱乐消费支出涵盖了人们参与文化艺术活动、社交互动、知识获取等多方面的活动，对提升个人幸福感、促进社会和谐、培养创造力等都有积极的影响。人均文化娱乐消费支出的增加通常会带动精神生活品质的提升，人们在文化娱乐活动中可以获得愉悦、放松和启发，丰富精神体验，提升生活的幸福感和满足感。

3. 文化艺术场馆参观人次

参观博物馆和观看艺术演出等文化活动是精神生活的重要组成部分，不仅反映了文化艺术的普及和受众群体的广泛参与，而且可以促进文化艺术事业的繁荣和人们精神生活的提升。在本研究中，人均文化艺术场馆参观次数是博物馆参观人次与艺术演出场馆观众人次加和后与当地总人口的比值。

4. 每万人刑事案件数量

刑事案件数量反映了社会的治安状况，虽然与精神生活并没有直接的关联，但该指标作为精神生活的环境要素，是社会精神风尚、道德修养的重要体现。高刑事案件数量的社会，可能会降低人们对社会的信任度，使人们缺乏对他人和社会的信任感，进而缺乏安全感，从而影响人际关系和精神生活。

（四）精神生产

精神生产是人类精神追求、文化传承和创新的重要方式。在精神生产维度，本研究选取规模以上文化及相关产业企业从业人员比例、文化产业增加值占GDP比例、全年制作广播电视节目时长、每10万人专利申请数4项指标。

1. 规模以上文化及相关产业企业从业人员比例

规模以上文化及相关产业企业是精神生产的中坚力量，其从业人员往往具有较高的专业素养和较强的创造能力，在促进文化产业的发展、推动经济增长、塑造社会文化风貌、提升国家软实力等方面发挥着重要作用。

2. 文化产业增加值占GDP比例

文化产业增加值是以价值形式表示的一个国家或地区的文化产业所有产品与劳务的最终成果。文化产业增加值占GDP比例反映了一个国家或地区在文化软实力和创意经济方面的发展水平。

3. 全年制作广播电视节目时长

广播电视机构是文化产业的重要领域，它既是文化产品的生产者，同时也是文化产品的传播者。广播电视节目的制作与文化生产具有密切的联系，既是文化生产规模和活跃度的体现，也是衡量文化生产品质、经济效益和国际影响力的指标。由于不同地区人口受众规模存在一定差异，因此这里采用广播电视节目时长与当地总人口的比值进行计算。

4. 每10万人专利申请数

在精神生产中，科技创新是重要的组成部分。其中，发明专利的技术含量高、创新价值大、核心竞争力强，是衡量一个国家或地区科技产出能力和自主创新能力的综合性指标。本研究采用每10万人专利申请数来代表科技创新能力。

二、评价模型与方法

本研究采用的模型主要包括综合指数模型、标准化模型以及耦合协调度模型等。

（一）物质文明指数

物质文明指数（MCI）由生产进步指数（PPI）、生活改善指数（LII）两个分指数组成。分指数等于该领域所包含指标的算术平均值，综合指数为分指数的算术平均值。评价模型如下：

$$MCI = (PPI + LII)/2 \quad \text{公式 5-1}$$

$$PPI = (PPI_1 + \cdots + PPI_n)/n \ (n = 1,2,\cdots,N_{PPI}) \quad \text{公式 5-2}$$

$$LII = (LII_1 + \cdots + LII_n)/n \ (n = 1,2,\cdots,N_{LII}) \quad \text{公式 5-3}$$

其中，PPI_n为生产进步维度的第n项指标，N_{PPI}为生产进步维度评价指标的总个数；LII_n为生活改善维度的第n项指标，N_{LII}为生活改善维度评价指标的总个数。

（二）精神文明指数

精神文明指数（SCI）由精神生活指数（MLI）和精神生产指数（SPI）两个分指数组成。分指数等于该领域所包含指标的算术平均值，综合指数为分指数的算术平均值。评价模型如下：

$$SCI = (SPI + MLI)/2 \quad \text{公式 5-4}$$

$$MLI = (MLI_1 + \cdots + MLI_n)/n \ (n = 1,2,\cdots,N_{MLI}) \quad \text{公式 5-5}$$

$$SPI = (SPI_1 + \cdots + SPI_n)/n \ (n = 1,2,\cdots,N_{SPI}) \quad \text{公式 5-6}$$

其中，MLI_n为精神生活维度的第n项指标，N_{MLI}为精神生活维度评价指标的总个数；SPI_n为精神生产维度的第n项指标，N_{SPI}为精神生产维度评价指标的总个数。

（三）极差标准化

由于选取的指标性质不同，本研究采用极差标准化方法来处理指标的原始数据。计算公式为：

$$正指标：X_i = \frac{x_i - x_{\min}}{x_{\max} - x_{\min}} \times 100\% \qquad 公式5\text{-}7$$

$$逆指标：X_i = \frac{x_{\max} - x_i}{x_{\max} - x_{\min}} \times 100\% \qquad 公式5\text{-}8$$

其中，X_i 为标准化值，x_i 为原始值，$x_{\max}$ 为最大值，$x_{\min}$ 为最小值。

标准化后，各指标取值在 0～1 之间，各指数取值也在 0～1 之间。

（四）耦合协调度模型

物质文明和精神文明相协调不仅要求"两个文明"的水平要尽量高，而且要求"两个文明"之间有良好的耦合协调状态。因此，本研究通过计算耦合协调度来分析"两个文明"的耦合协调状态。

耦合度的概念来源于物理学领域，后被广泛用于社会科学、地理学等多个领域。通过耦合度的计算可以对两个或两个以上的社会经济系统间的相互作用和影响进行评价，并在此基础上形成有关耦合协调的计算方法，来评价多个系统间的密切程度和发展程度。耦合度主要体现系统间相互作用程度的强弱，协调度是在耦合度模型基础上，进一步刻画相互作用中良性耦合程度的大小，体现了发展水平的高低。耦合度计算方法为[1]：

$$C = 2 \times \left[\frac{(U_1 \times U_2)^{\frac{1}{2}}}{(U_1 \times U_2)^2} \right] \qquad 公式5\text{-}9$$

在公式 5-9 中，C 表示耦合度，取值在 0～1 之间，U_1 表示物质文明指数，U_2 表示精神文明指数。C 值越大，耦合度越好，说明系统之间有序配合，紧密相关。

耦合度计算方法的不足之处在于仅能够描述系统之间相协调的程度，但是无法确定系统是在较高的水平上相互促进，还是在较低的水平上紧密联系。基于此，本研究进一步引入耦合协调度函数，该函数不仅能够反映系统之间的耦合程度，而且能够体现协调发展水平的阶段性。计算方法如下[2]：

$$D = \sqrt{C \times T} \qquad 公式5\text{-}10$$

在公式 5-10 中，D 表示耦合协调度，$T = \alpha U_1 + \beta U_2$，$\alpha$、$\beta$ 分别表示物质文明和精神文明的权重。α 和 β 的和为 1，鉴于使用权重可能不会对总得分和排名产生重大影响，所以本研究中 α、β 均是 1/2。具体的耦合协调度标准见表 5-5。

表5-5 耦合协调度划分

耦合协调度	等级	耦合协调度	等级
[0～0.4]	较弱协调	(0.7～0.8]	较好协调
(0.4～0.6]	初等协调	(0.8～0.9]	良好协调
(0.6～0.7]	中等协调	(0.9～1]	优质协调

---

1 丛晓男.耦合度模型的形式、性质及在地理学中的若干误用[J].经济地理,2019,39(4):18-25.
2 舒小林,高应蓓,张元霞,等.旅游产业与生态文明城市耦合关系及协调发展研究[J].中国人口·资源与环境,2015,25(3):82-90.

三、中国物质文明和精神文明相协调的实证分析

根据以上模型计算所得评价结果主要包括物质文明指数、精神文明指数以及物质文明和精神文明相协调的现代化指数。

（一）物质文明指数分析

我国物质文明发展存在显著的地区差异，具体表现为物质文明发展的地理分布不均衡、发展进程不同步、物质文明指标表现差异较大等。

2022年，我国34个省级行政区物质文明指数的均值约为37.31（表5-6），等于和高于该均值的省级行政区有13个，低于均值的有21个。其中，香港、台湾、澳门、北京、上海处于物质文明指数的前5位。

表 5-6 我国2022年物质文明指数与精神文明指数的数据分布特征

指数名称	样本量	平均值	中位数	标准差	最大值	最小值
物质文明指数	34	37.31	33.68	11.98	72.12	22.49
精神文明指数	34	36.57	33.38	11.09	74.33	22.31

如果按八大区域[1]划分，可以看出我国物质文明发展水平存在显著的区域不平衡性，港澳台地区是物质文明发展水平最高的区域，其次是以北京和上海为引领的华北和华东地区，之后是华中、东北、华南、西北和西南地区（图5-15）。

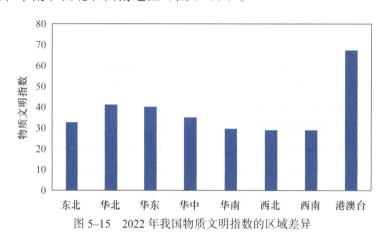

图 5-15 2022年我国物质文明指数的区域差异

从物质文明的分指数来看，生产进步指数与生活改善指数也表现出明显的区域差异，同一地区内生产进步与生活改善的指标水平也存在差异。上海、香港、澳门的生产指标总体好于生活指标。以上海为例，劳动生产率、人均货物进出口总额、城镇化率、互联网普及率指标均位于34个省级行政区中的前5位，但在生活指标中，除了人均可支配收入较高外，人均住房建筑面积、每百户年末家用汽车拥有量以及每万人医疗卫生机构床位数指标均未进入前10位。

---

1 八大区域划分：华东地区（包括山东、江苏、安徽、浙江、福建、上海），华南地区（包括广东、广西、海南），华中地区（包括湖北、湖南、河南、江西），华北地区（包括北京、天津、河北、山西、内蒙古），西北地区（包括宁夏、新疆、青海、陕西、甘肃），西南地区（包括四川、云南、贵州、西藏、重庆），东北地区（包括辽宁、吉林、黑龙江），港澳台地区（包括香港、澳门、台湾）。

（二）精神文明指数分析

我国精神文明指数也存在一定的区域差异。2022年，34个省级行政区精神文明指数的均值约为36.57，等于和高于该均值的有14个，低于均值的有20个。北京、上海、香港、浙江、江苏处于精神文明指数前5位。

如果按八大区域划分，精神文明发展水平也存在一定的区域差异。华东、华北以及港澳台地区是精神文明指数较高的区域，其次是华中、华南、东北、西北和西南地区（图5-16）。

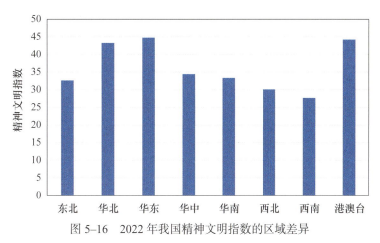

图5-16　2022年我国精神文明指数的区域差异

从分指数来看，精神生活指数的地区差异整体小于精神生产指数。34个省级行政区精神生活指数最大值与最小值的比值为3.01，而精神生产指数最大值与最小值的比值为13.02。精神生活需求通常被认为是人类的基本需求之一，随着全球化和信息技术的快速发展，地区间的文化交流更加频繁，同时地区间的文化交融也在加速，这可能是精神生活指数地区差异相对较小的原因之一。在精神生产方面，由于地区的发展水平、资源分配等因素的差异，一些地区可能具有更加发达的科技创新机制和产业结构，从而在文化生产、知识创造和技术创新等方面更具优势，因此精神生产更加表现为与经济发展水平相关联的特性。

（三）物质文明和精神文明相协调的现代化指数分析

基于物质文明发展指数和精神文明发展指数，通过公式5-9和5-10计算得出物质文明发展指数和精神文明发展指数的耦合度和耦合协调度，再根据表5-5确定耦合协调等级。

结果显示，我国总体及各省级行政区物质文明和精神文明的耦合度均较高，大多数省级行政区的耦合度大于0.8，处于高水平耦合。在耦合协调度方面，北京、香港、上海、台湾、浙江、澳门、江苏、天津8个省级行政区的耦合协调度相对较高（图5-17），它们不仅经济基础雄厚，文化、科技、教育等事业发展水平也较高，二者相互影响、相互促进的程度较好。与此同时，这8个省级行政区的物质文明和精神文明的发展水平也并不完全同步，有5个省级行政区的物质文明指数和精神文明指数差值的绝对值大于10，分别为北京、上海、香港、台湾和澳门。其中，北京和上海的物质文明指数低于精神文明指数，香港、台湾和澳门的物质文明指数高于精神文明指数（表5-7）。我国其他省级行政区的耦合协调度还有待进一步提升，其中处于初等协调的有15个，处于较弱协调的有11个。

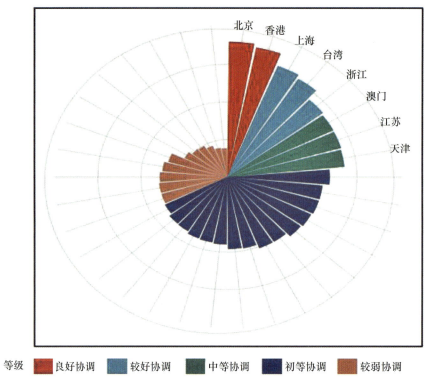

图 5-17 我国省级行政区物质文明和精神文明耦合协调度分布

未来，我国应充分发挥京津冀、长三角、粤港澳大湾区等大都市圈高质量发展动力源和增长极作用，这些地区率先实现物质文明和精神文明的优质协调，可以不断促进大都市圈周边省市的协同发展。同时，应不断深化与中西部和东北地区的交流合作，构建和完善优势互补的区域协调发展格局。在促进经济高质量发展的同时，不断优化区域教育资源配置，促进人才合理布局，培育形成大规模的优秀文化人才队伍，不断健全文化产业体系和市场体系，加快发展新型文化业态，激发全民文化创新与创造活力。

表 5-7 我国先行地区耦合协调度及耦合协调类型

类别	地区	MCI 与 SCI 的对比关系	基本类型
物质文明和精神文明相协调的先行区	北京	|MCI-SCI|>10，MCI<SCI	良好协调——物质文明指数低于精神文明指数
	香港	|MCI-SCI|>10，MCI>SCI	良好协调——物质文明指数高于精神文明指数
	上海	|MCI-SCI|>10，MCI<SCI	较好协调——物质文明指数低于精神文明指数
	台湾	|MCI-SCI|>10，MCI>SCI	较好协调——物质文明指数高于精神文明指数
	浙江	|MCI-SCI|<10	较好协调——物质文明指数与精神文明指数接近
	澳门	|MCI-SCI|>10，MCI>SCI	中等协调——物质文明指数高于精神文明指数
	江苏	|MCI-SCI|<10	中等协调——物质文明指数与精神文明指数接近
	天津	|MCI-SCI|<10	中等协调——物质文明指数与精神文明指数接近
全国均值		|MCI-SCI|<10	初等协调——物质文明指数与精神文明指数接近

物质文明和精神文明相协调的研究是一项重要的课题，本研究在这个方面进行了初步尝试。基于综合指数法，通过一些有代表性的指标，分析了我国34个省级行政区的物质文明和精神文明发展水平，并通过耦合协调度模型，分析了物质文明和精神文明的协调程度，为中国式现代化研究提供了一种定量化的视角。同时需要指出的是，在综合评价指标体系构建的过程中，一些指标虽然能够较好地代表物质文明或精神文明的发展水平，但由于数据可获取性的限制而未能入选；在数据收集过程中由于一些指标数据存在统计口径差异以及缺失情况等，也可能对分析结果产生影响，相关研究工作仍有待进一步完善。

本章小结

物质文明和精神文明相协调的现代化，是中国特色社会主义现代化的重要特征和核心要求。习近平总书记多次强调，实现中华民族伟大复兴，必须坚持物质文明和精神文明均衡发展、相互促进。这一理念不仅在理论上具有深刻的辩证意义，而且在实践中也得到了广泛验证。研究表明我国物质文明和精神文明的耦合度较高，二者相互影响、相互作用程度较好，但与此同时，我国物质文明和精神文明的区域差异仍然较大，发展进程并不同步。

在全球化背景下，许多国家面临着经济发展与文化保护之间的矛盾。党的二十届三中全会指出，必须增强文化自信，发展社会主义先进文化，弘扬革命文化，传承中华优秀传统文化，加快适应信息技术迅猛发展新形势，培育形成规模宏大的优秀文化人才队伍，激发全民族文化创新创造活力。要完善意识形态工作责任制，优化文化服务和文化产品供给机制，健全网络综合治理体系，构建更有效力的国际传播体系。这进一步为我国物质文明和精神文明相协调的现代化发展提供了重要的体制机制保障。

第六章

人与自然和谐共生的现代化

党的二十大报告指出，中国式现代化是人与自然和谐共生的现代化。将人与自然和谐共生作为中国式现代化的重要特征和本质要求之一，反映了党对现代化的认识达到了新的高度，对推动形成人与自然和谐共生的现代化建设新格局、以中国式现代化全面推进中华民族伟大复兴具有非常重要的意义。在2023年的全国生态环境保护大会上，习近平总书记强调，今后5年是美丽中国建设的重要时期，要深入贯彻新时代中国特色社会主义生态文明思想，坚持以人民为中心，牢固树立和践行绿水青山就是金山银山的理念，把建设美丽中国摆在强国建设、民族复兴的突出位置，推动城乡人居环境明显改善，美丽中国建设取得显著成效，以高品质生态环境支撑高质量发展，加快推进人与自然和谐共生的现代化。[1]

第一节 人与自然和谐共生的现代化的理论内涵

人与自然和谐共生是现代化的一种发展模式，强调在经济保持增长、社会持续进步并满足人类需求的同时，保护生态环境，实现人类活动与自然环境的平衡，且不损害未来世代满足其自身需求的能力。这种现代化模式认为，自然环境并不是无限制的开发对象，而是需要被尊重和维护的生命共同体。

自马克思、恩格斯时代开始，人们对自然界的认识随着现代化程度的加深而不断变化和发展。马克思的自在自然与人化自然等理论拓展了人们关于自然界的认知，中国的儒、道、佛三大家的传统生态思想也对人与自然的关系有各自的阐述，当代的可持续发展、绿色发展、低碳经济等理论均有代表性观点，生态文明理论的提出更是将生态保护推到了保护国家和民族命运的新高度。本节将首先对相关理论予以梳理，并重点分析生态文明思想提出的重大意义，随后对人与自然和谐共生的现代化的理论内涵进行阐释。

一、人与自然和谐共生的现代化的理论背景

（一）马克思主义生态观是基石保障

马克思主义生态文明理论将生态问题与政治制度、现实情况和政治路线紧密联系，从唯

---

[1] 习近平在全国生态环境保护大会上强调：全面推进美丽中国建设加快推进人与自然和谐共生的现代化[EB/OL]. (2023-07-18)[2024-08-18]. https://www.gov.cn/yaowen/liebiao/202307/content_6892793.htm?type=10

物史观的高度出发，通过生态政治意识和方法论来探讨人与自然关系紧张的本质和根源。该理论从生态政治的视角，分析生态矛盾和社会矛盾交织与互动的趋势，揭示了人类与自然和解以及人类自身和解的主要途径和基本规律。它指出，资本主义的生态问题主要源于政治制度和政治路线，因此，解决生态问题必须与政治问题的解决紧密结合。自然解放、政治解放、社会解放和人的解放是相互影响和作用的有机整体。人类迈向生态文明时代的重要标志，正是全面整体解放时代的到来。[1]

马克思主义生态观的核心是对人与自然关系的看法。[2]马克思主义认为，人是自然的一部分，自然界是"我们人类（本身就是自然界的产物）赖以生长的基础"。[3]人的解放面临两大基本问题，即如何处理人与自然以及人与人之间的矛盾。[4]马克思的自然概念由两部分组成，分别是自在自然和人化自然。自在自然不仅包括在人类历史之前存在的自然，而且涵盖了存在于人类认知和实践之外的自然。而人化自然则指与人类认知和实践活动紧密相连的自然，即作为人类认识和实践对象的自然。[5]在人化自然的范畴中，人类担任了主体的角色，自然则被视为客体。

在马克思看来，人与自然在实践基础上的辩证统一关系包括四方面：一是在劳动实践的基础上，人从自然中分离出来并与自然相对立。二是以实践为媒介，人与自然紧密联系。三是实践活动使自然界分化为人化自然和自在自然，并推动自在自然向人化自然转化。四是以实践活动为中介，人与自然相互作用。[6]在《1844年经济学哲学手稿》一书中，马克思对人与动物之间的本质差异进行了更为深入的阐释，他指出："动物只生产自身，而人再生产整个自然界。"[7]马克思的自然观念着重强调自然的首要地位，不仅涵盖自在自然的原始优先性，而且还包含人化自然所依赖的物质基础。此外，马克思的自然观念明确地表达了人类中心主义对生态中心主义的反对立场，并指出人类应当保护的是人化自然，而非自在自然。若脱离了以人类劳动作为中介的实践关系，任何自然的存在都将失去其相对于人类生活的存在价值和意义。

尽管马克思强调人类对自然的主体性和自然对人类的有用性，但他的人化自然观并不支持对自然的征服或破坏，而是追求人类与自然的和谐统一。一方面，人类本身是自然界的产物，具有自然属性；另一方面，自然是人类的无机身体，人类依赖其生存。[8]

既然人类与自然具有内在联系及统一性，那么人类是如何有意或无意地破坏自然环境的呢？马克思通过物质代谢（或新陈代谢）这一生物学概念，创造性地分析了人类与自然间以及人类社会内部的物质代谢断裂情况，这一分析揭示了生态环境危机产生的微观机理及根本

---

1 方世南.论习近平生态文明思想对马克思主义生态文明理论的继承和发展[J]，南京工业大学学报（社会科学版），2019, 18(3): 1-9.
2 康沛竹，段蕾.论习近平的绿色发展观[J]，新疆师范大学学报（哲学社会科学版），2016, 37(6): 18-24.
3 马克思恩格斯文集：第4卷[M].北京：人民出版社，2009: 275.
4 马克思恩格斯文集：第1卷[M].北京：人民出版社，2009: 63.
5 刘仁胜.马克思关于人与自然和谐发展的生态学论述[J]，教学与研究，2006 (6): 62-68.
6 蒋笃运.试论马克思人化自然观的生态文明意蕴[J]，自然辩证法研究，2000, 16(10): 1-3.
7 马克思恩格斯文集[M]：第41卷.北京：人民出版社，2009: 162.
8 刘仁胜.马克思关于人与自然和谐发展的生态学论述[J]，教学与研究，2006(6): 62-68.

原因。经过数代学者的研究，物质代谢的概念逐步明确，可概括为：① 为了维持生命活动，生命体必须进行的体内或体外的物质代谢、交换、结合及分离等活动。② 在自然生态系统中，包括人类在内的所有动植物和微生物都相互依存、相互联系，它们共同构建了由自然要素组成的生命循环体系。

若将劳动过程比作物质代谢，那么劳动过程便应模拟生命体的运作机理，既涵盖对外部物质的同化吸收，也包含将已获取物质的异化排出。自然资源在进入人类社会并被赋予人类特有的形式后，便转变为具有使用价值的物品。然而这些资源并未被人类社会彻底消化，它们将穿越社会界限，最终回归其原始的自然状态。自然资源始终保持着自身的独立性，展现出一种难以被人类社会左右或消解的坚韧特质。若将物质代谢进一步分解为物质的转换与人类对物质形式的赋予，那么在马克思的理论框架内，人与自然间的物质转换无疑承载着更为深远的意义。马克思将其概括为自然质料对形式的"漠不关心性"，他不仅认可人利用自然的必然性，而且进一步主张对人与自然间的物质代谢进行合理调控。尽管马克思的观点并非建立在对现代环境问题的基础上，但是其理念却契合了现代的非自然中心主义环保思想。

马克思借鉴生物学中的物质代谢理念，探讨工业废弃物与人体排泄物的循环利用潜力。他认为，科学技术的进步是实现资源循环利用的关键。[1] 他特别强调了化学等科学的进步在发现废物有用性质方面的重要性。通过科学技术的改进，生产工艺可以得到提高，从而减少废弃物的排放，减轻对生态环境的压力。同时，科技的进步还能使原本不能利用的废物在新的生产工艺中获得再利用的可能，进一步提高资源的利用率。马克思指出，化学领域的进步不仅有助于增加有益物质的种类及其应用场景，进而随资本积累拓宽投资，它还引导人们将生产和消费环节中的废弃物重新引入再生产的循环中，这样在无须额外资本投入的前提下，便能创造出新的资本资料。[2] 马克思的循环再利用思想间接表达了对资源循环利用和可持续发展的关注，对现代生态思想和循环经济理论产生了深远影响，对于理解和解决当代资源环境问题具有重要的启示意义。

（二）中国传统生态思想是丰富资源

中国传统思想中的儒家、道家和佛家在生态观念方面各有见解，从不同的哲学和宗教视角阐述了人与自然的关系，为理解和阐释生态伦理提供了丰富的资源。不管是儒家思想，还是道家、佛家思想，人与自然和谐相处的观念都贯穿始终。

天人合一理念在现代学者眼中是中国传统哲学与文化的核心精神，这一思想在儒家哲学中得到了充分的体现，成为其生态哲学的基本原则。儒家生态观涉及人与动物、植物、土地、山川四种对象的生态互动，强调人在生态系统中处于中和的地位。[3] 儒家学者在寻求自然与人性之间的动态均衡方面，一方面强调"唯天为大"[4]，彰显自然的神圣不可侵犯特质；另一方面认为"人者，天地之心也"[5]，即人类是实现天人实质合一的关键。在此过程中，

---

1 马克思恩格斯全集：第25卷[M]. 北京：人民出版社，1974: 116.
2 马克思. 资本论：第1卷[M]. 北京：人民出版社，2004: 698-699.
3 陈多闻. 中国古代生态哲学的技术思想探析[J]. 自然辩证法研究，2017, 33(9): 119-124.
4 孔子. 论语[M]. 昆明：云南人民出版社，2011: 164.
5 戴圣. 礼记[M]. 北京：北京联合出版公司，2015: 59.

技术扮演了重要角色，"工欲善其事，必先利其器"[1]，技术的运用应遵循时令节气的规律，否则生态平衡将被破坏。人类担负着监管万物、调和天地的重任，使"万物皆得其宜，六畜皆得其长，群生皆得其命"[2]。儒家以积极入世的态度，运用人道理念塑造和解释天道，又以伦理化的天道作为人道的论证。这种仁爱型的人类中心主义生态伦理观源自华夏农业文明，保留了人与自然和谐共生的原始生态伦理思想。这一思想为现代生态伦理学的健康发展和理论构建提供了宝贵的传统资源。[3]

"道法自然"理念揭示了道家思想的两个基础核心："道"与"自然"。"道"代表宇宙间的基本规律，"自然"强调顺应自然法则的态度，二者共同构成了道家思想框架。[4]老子将道划分为三个层次：人道、地道和天道[5]，由低至高依次排列，不论是何种道，其核心原则均为"法自然"。在老子的理念中，"夫物芸芸，各复归其根"[6]，万物的本性即自然，道作为世间万物的根源，并不控制或主宰它们。若将道视作生态系统及其过程的整体，将万物看作是由多种生命体组成的集合，那么可以推导出非人类中心主义的生态伦理观点：生态系统的总体价值是通过众多动植物及微生物等生命体在生态演变中的共同作用来实现的。这些生命体在生态系统中扮演着诸如生产者、消费者及分解者的多重角色，共同构建了一个复杂的生态网络，这一网络是生态系统价值存在的基础。在此框架内，各生命体的内在价值转化为实现生态系统整体价值的工具性价值，且在整体价值体系中，并无大小高低之分。[7]这些思想体现了道家对自然规律的尊重和对生态系统整体性的认识，对可持续发展、节制欲望、减少对自然的破坏等生态文明理念具有启发作用。

中国佛教的生态思想实现了对外来佛教理念的创新性演绎。在佛教的观念里，无论是宇宙演变还是生命起伏，都可通过"十二因缘"理论进行阐释，即所谓的"轮回"，并构建了"三界六道轮回"理论。佛教坚持万物由因缘聚合而生，主张众生平等。尽管人类因其思维和推理能力成为生命界的主导者，但这并不赋予人类伤害其他生命的权利。这种深厚的慈悲情怀，不仅有效补充了儒家"爱有差等"的仁爱理念，丰富了中国传统的生态伦理思想，而且推动了中国传统生态伦理理论的演变，并对现代生态伦理的构筑、生态文明的建设以及生态环境的保护，都具有深远而积极的影响。[8]

（三）当代全球生态理念是融合要素

1962年，美国海洋生物学家蕾切尔·卡逊的著作《寂静的春天》激起了世界各国对环境保护的认识。1972年，联合国在瑞典斯德哥尔摩召开了首次人类环境会议，标志着全球环境治理的启动。自此，基于国际公约的全球环境合作日益加强。1992年，联合国举办了环境与

1　孔子. 论语 [M]. 昆明：云南人民出版社，2011: 313.
2　荀子. 荀子 [M]. 北京：北京联合出版公司，2015: 59.
3　任俊华. 论儒道佛生态伦理思想 [J]. 湖南社会科学，2008(6): 27-32.
4　陈多闻. 中国古代生态哲学的技术思想探析 [J]. 自然辩证法研究，2017, 33(9): 119-124.
5　余培林. 生命的大智慧：老子 [M]. 北京：中国友谊出版公司，2013: 112.
6　余培林. 生命的大智慧：老子 [M]. 北京：中国友谊出版公司，2013: 87.
7　任俊华. 论儒道佛生态伦理思想 [J]. 湖南社会科学，2008(6): 27-32.
8　洪修平. 论儒佛道三教的生态思想及其异辙同归 [J]. 世界宗教研究，2021(3): 1-10.

发展会议，首次提出了可持续发展战略。过去的 30 多年里，各国秉持"共同但有区别的责任"原则，联手应对环境保护及全球气候变化等挑战。2002 年的可持续发展问题世界首脑会议进一步将可持续发展理念转化为切实可行的计划和方案。近年，各国在应对全球气候变化和生态危机等问题上展开谈判与协商，提出了发展低碳经济、循环经济、绿色经济等创新理念，不仅推动了环境保护理论的进步与创新，而且使人与自然的问题超越国界，成为全人类共同关注的首要议题。[1]

可持续发展理论对"自然－社会－经济"这一系统的运作进行剖析，呼吁人们以高度的智慧和责任感约束行为，建设公平、理智、和谐的世界。[2] 相较传统发展观念，可持续发展更重视人力资本的投资和贫困的减少，强调在推动经济发展的同时充分尊重自然承载能力。虽然这一理念较传统观点更为先进，但仍旧以人类为中心，重点在于改进人类对自然的控制方式，并对传统的发展模式进行一种被动的、修正性的调整。即便这一理念在全球范围内得到了广泛认同，但在实际操作层面尚未形成足以改变旧有发展模式的全球性行动。[3] 可持续发展的目标可从四个视角进行阐述：① 不断满足当代及后代人类在生产和生活方面对物质、能量及信息的需求，涵盖从物质和能量等实质性支持，到信息和文化等软性服务的全方面满足。② 在代际交替中应秉持公平合理的原则，对全人类的资源和环境进行使用与管理，每代人都应按照公正和合理的标准来肩负起自身责任。③ 构建"自然－社会－经济"相协调的支撑体系，创造更有序、稳定、健康及愉悦的人类生活环境，并推动该体系的组织结构和运行机制持续优化。④ 将人口、资源、环境、发展的综合协调视为制定政策的基准，所有目标的实现都与人类的需求、感知、行为及发展紧密相连。[4] 要实现可持续发展，必须确保人类对自然的索取通过相应的回馈来平衡，当这种平衡达成时，才可以认为达成了既定目标。[5] 可持续发展是在公平基础上追求持续进步的一种理念，具有开放性和包容性。随着社会的不断演变和新问题的涌现，这一理念也面临着新的挑战。[6]

当全球气候变化日益受到国际社会的重视，绿色发展逐渐成为新的发展共识。绿色发展更具包容性，不仅关注传统可持续发展所涉及的人口、经济增长与资源供给间的矛盾，而且强调气候变化给人类社会带来的整体性危机。有学者将绿色发展观视为第二代可持续发展观，认为绿色发展着重于经济、社会、自然三大系统的和谐共生与发展目标多样化，体现了系统性、整体性和协调性，与中国传统生态思想的天人合一观点相契合。绿色发展重点在于绿色经济增长模式，依托绿色科技、绿色能源及绿色资本推动能耗低且对人类健康有益的产业发展，使其在 GDP 中的比例上升。经济、自然和社会的共生关系会导致系统间复杂的交互作用，

---

1 黄茂兴，叶琪. 马克思主义绿色发展观与当代中国的绿色发展：兼评环境与发展不相容论 [J]. 经济研究，2021(16): 110-127.
2 鲁丰先，王喜，秦耀辰，等. 低碳发展研究的理论基础 [J]. 中国人口·资源与环境，2012, 22(9): 8-15.
3 胡鞍钢，周绍杰. 绿色发展：功能界定、机制分析与发展战略 [J]. 中国人口·资源与环境，2014, 24 (1): 14-21.
4 牛文元. 中国可持续发展总论 [M]. 北京：科学出版社，2007: 4.
5 Niu W Y, Lu J J, Khan A A. Spatial system approach to sustainable development: A conceptual framework[J]. Environmental Management, 1993, 17: 179-186.
6 鲁丰先，王喜，秦耀辰，等. 低碳发展研究的理论基础 [J]. 中国人口·资源与环境，2012, 22(9): 8-15.

包括正向交互和负向交互。从经济与自然系统看，正向交互表现为自然系统为经济系统提供物质基石，经济增长保障自然系统功能的持续与生产力的稳定[1]；负向交互表现为若经济系统过度开采自然资源，自然系统将无法继续支持经济系统，甚至可能产生破坏作用。

除了可持续发展理念和绿色发展理念，低碳经济理念也为不少专家学者所推崇。英国政府2003年发布的白皮书《我们的未来能源——构建低碳经济》阐释了低碳经济的核心，即通过减少自然资源的消耗和减轻对环境的污染，实现更高效的经济产出。进一步讲，低碳经济不仅为人们提供了提升生活水平和质量的新路径，而且为先进技术的研发、应用与推广铺设了道路。此外，低碳经济也为商业创新和就业增长开辟了新的空间。[2] 低碳经济与循环经济、生态经济及绿色经济有着共同的发展目标，即推动与环境相和谐的经济增长模式，旨在实现物质资源的有效利用及经济与生态的协同发展，特点包括资源消耗低、排放少、效率高等。这一经济模式要求构建一个"资源转化为产品，再转化为再生资源"的闭环反馈系统，所有的物质与能源均得到合理且持久的利用，将经济活动对自然环境的影响降至最低。低碳经济的核心理念在于推动低碳技术的革新与制度的创新，着重强调节能减排、降低二氧化碳排放，以及资源的节约与环境的保护。正因如此，低碳经济理论被视为应对全球气候变化的关键成果。[3]

此外，与当代生态环境相关的理论还包括碳代谢、碳循环与碳足迹理论，碳排放脱钩理论，技术创新理论，隧道效应理论等。[4] 生态理论的百花齐放促进了学科间的交流合作，各种理论思想相互借鉴、融合，有助于形成更加全面、深刻的生态学研究体系。随着全球生态环境的变化，未来人类可能会面临更多未知的挑战，多样化的理论观点提供了丰富的知识储备和应对策略，有助于人类更加从容地应对这些挑战。

（四）生态文明思想是科学解答和理论升华

近年来，中国生态环境质量持续改善，然而资源短缺和环境污染的形势依旧严峻。党的十八大报告明确提出："树立尊重自然、顺应自然、保护自然的生态文明理念，要把生态文明建设放在突出地位。"[5] 习近平生态文明思想对一系列重大理论和实践问题给出了科学的解答，诸如生态文明的内涵、建设生态文明的必要性和目标以及实施路径等。不仅融合了生态世界观、价值观、实践论和方法论，而且构建了一个系统、全面的思想框架，深刻地揭示了自然界、人类社会的演进规律，同时也反映了中国特色社会主义及生态文明建设的规律，是马克思主义生态文明理论的重要发展和补充。习近平生态文明思想进一步发扬了马克思主义的核心理念，强调人与自然的和谐共存，倡导生态与政治的深度融合，致力于满足人民对高品质生活的向往。习近平生态文明思想主张绿色生产力推动可持续的经济增长，并视生态安全为社会稳定的重要基石。同时，还主张采用系统化的思维方式来综合治理环境问题，这

---

1 胡鞍钢，周绍杰. 绿色发展：功能界定、机制分析与发展战略[J]. 中国人口·资源与环境, 2014, 24 (1): 14-21.
2 付允，马永欢，刘怡君，等. 低碳经济的发展模式研究[J]. 中国人口·资源与环境, 2008, 18(3): 14-20.
3 鲁丰先，王喜，秦耀辰，等. 低碳发展研究的理论基础[J]. 中国人口·资源与环境, 2012, 22(9): 8-15.
4 同上。
5 十八大报告辅导读本[M]. 北京：人民出版社，2012: 39.

充分体现了新时代中国共产党人在生态文明领域的创新思考和时代进步性。[1]

习近平生态文明思想着重全面推进"五位一体"的总体布局，以实现我国物质、政治、精神、社会和生态五大文明的协调共进。这一理念不仅构成了习近平新时代中国特色社会主义思想的重要支柱，也是习近平生态文明思想的核心所在。它深刻反映了"五位一体"的生态社会观，强调人类与自然的和谐共生。在"五位一体"的生态社会观指导下，我国不仅在传统社会领域实现了各领域间的有机融合，而且将自然环境与社会发展紧密结合，从而对马克思主义的社会历史理论进行了全面丰富与发展。[2]

在长期的自然与人类发展关系中，我国积累了丰富的环境保护理念。新中国成立后，伴随工业化进程，环境问题逐渐凸显，推动了我国环保理念的革新。在实践中，我们不断摸索环境发展规律，开创了独具中国特色的生态保护路径。1972年，我国代表出席了联合国人类环境会议，随后在1973年召开了国内首次环境保护会议。1987年，我国提出了可持续发展理念，强调在满足当代需求的同时，不损害后代满足需求的能力。1992年，可持续发展正式上升为国家战略。进入21世纪后，工业化带来的环境问题愈发严重，加速了我国环保工作的进程，并提升了我国对生态保护的认知。从2003年的科学发展观，到后来的资源节约型、环境友好型社会建设，再到生态文明写入党的全国代表大会报告，以及绿色、低碳发展理念和美丽中国构想，都体现了我国对生态文明的深刻理解和实践，形成了具有中国特色的系统性理论体系。这一系列理论创新，不仅是对中国千年来的传统生态伦理观的继承和发展，而且彰显了我国在环保实践中的高效与速度。[3]

在2013年中央政治局第六次集体学习中，习近平总书记指出，生态兴则文明兴，生态衰则文明衰。他引述恩格斯在《自然辩证法》中的观点，指出美索不达米亚等地居民通过破坏森林以获得耕地，却未料到这些地区会因此沦为荒芜，这一论述不仅科学阐释了生态与人类文明间的紧密联系，而且是对马克思主义生态观的深化与发展，揭示了生态在文明兴衰中的作用。习近平总书记在2013年7月给生态文明贵阳国际论坛的贺词中强调，走向生态文明新时代，建设美丽中国，是实现中华民族伟大复兴的中国梦的重要组成部分。坚持绿色发展，即是推崇生态、绿色、低碳、循环的理念，以期达到"生产发展、生活富裕、生态良好"的美丽中国愿景，最终实现中华民族的持久繁荣与发展。[4]

在2013年4月25日十八届中央政治局常委会会议上，习近平总书记指出，生态环境保护是一项既造福当代又惠及后世的崇高事业，必须清醒地认识到保护生态环境和治理环境污染的紧迫性与艰巨性，同时也要深刻理解加强生态文明建设的重要性和必要性。应以对人民群众及其后代高度负责的态度，下定决心彻底治理环境污染，全力建设优质生态环境，努力迈向社会主义生态文明建设的新时代，为人民群众创造出更加宜居的生产与生活环境。生态

---

1 方世南. 论习近平生态文明思想对马克思主义生态文明理论的继承和发展[J]. 南京工业大学学报（社会科学版），2019, 18(3): 1-9.
2 姚修杰. 习近平生态文明思想的理论内涵与时代价值[J]. 理论探讨，2020(2): 33-40.
3 黄茂兴，叶琪. 马克思主义绿色发展观与当代中国的绿色发展：兼评环境与发展不相容论[J]. 经济研究，2017(6): 17-31.
4 康沛竹，段蕾. 论习近平的绿色发展观[J]. 新疆师范大学学报（哲学社会科学版），2016, 37(6): 18-24.

文明的绿色福利观不仅关乎当代人的生活环境质量，而且着眼于代际间的公平与可持续性，从而深刻反映了生态文明的民生内涵。[1]习近平总书记在2013年4月10日海南考察工作结束时的讲话中明确指出，良好的生态环境不仅是最公平的公共产品，而且是最普惠的民众福祉。尽管物质财富极为重要，但清澈的水源与翠绿的山林对于人民的幸福生活而言，具有不可替代的价值。即便经济繁荣，若空气与水源质量不达标，则难以谈及真正的幸福。[2]习近平生态文明思想不仅汲取了马克思主义生态政治理论的精髓，而且在此基础上进行了深化与发展。在习近平总书记的视野中，新时代的政治议题并非脱离实际的抽象概念，而是与人们的日常生活紧密相连的，尤其与生态环境问题息息相关。习近平生态文明思想将生态与政治议题相关联，揭示出生态问题不仅关乎党的核心使命，而且是影响民生的重大社会问题。习近平总书记进一步强调，当生态问题上升为民众普遍关注且忧虑的突出问题时，它便转化为执政党亟待解决的重大政治问题。因此，加强生态文明建设、推动环境保护以及倡导绿色低碳生活，这些举措远非单纯的经济议题，而是蕴含着深远的政治内涵。[3]

习近平生态文明思想代表了崭新的、可持续的文明观，融入了新一届中共中央领导人对人类几千年发展历史与我国发展路径的深思熟虑，反映了马克思主义生态思想的核心以及中国共产党对历史和生态的深刻自觉，不仅是马克思主义中国化的最新理论结晶，而且标志着中国共产党对于人类社会发展规律、社会主义建设规律以及执政规律的理解已经提升到了一个新的层次。[4]

二、人与自然和谐共生的现代化的价值内涵

在西方现代化的历史演进中，社会与生态问题日益凸显，促使人们开始对"资本主义利益至上"的发展观念进行理性审视。"先污染后治理"的模式埋下了环境恶化的种子，资本主义生产方式侵蚀了工人的生活环境，资本家的掠夺性开发也打破了人与自然的和谐平衡。实质上，西方现代化是植根于资本主义私有制之上的，其核心在于对剩余价值的无度追求。随着自然对人类的反噬日益超过人类对自然的破坏，西方现代化转而通过对外扩张来转移生态风险，这对全球生态安全构成了严重威胁。[5]相较于西方现代化，人与自然和谐共生的中国式现代化植根于生产资料公有制的基础之上，秉持人民至上的核心价值观，致力于实现社会主义现代化。在此框架下，良好的生态环境被视为全体人民共享的公共资源，是人民共有的宝贵财富。

在国家发展的征途中，中国始终致力于探索守正创新的"中国模式"，坚持理论与实践相结合的原则，凭借战略上的清醒与定力，根据中国实际国情制定方针政策。在此背景下，选择一条人与自然和谐共生的现代化道路，既是中国特色的体现，也是符合中国国情的必然

---

1 康沛竹,段蕾.论习近平的绿色发展观[J].新疆师范大学学报（哲学社会科学版），2016,37(6): 18-24.
2 习近平关于社会主义生态文明建设论述摘编[M].北京：中央文献出版社，2017: 4.
3 方世南.论习近平生态文明思想对马克思主义生态文明理论的继承和发展[J].南京工业大学学报（社会科学版），2019,18(3):1-9.
4 康沛竹,段蕾.论习近平的绿色发展观[J].新疆师范大学学报（哲学社会科学版），2016,37(6): 18-24.
5 王桂艳，王纯.人与自然和谐共生现代化的生成逻辑[J].河南社会科学，2024,32(5):58-65.

抉择；既是对中华优秀传统文化的继承和发扬，也是对马克思主义生态思想的遵循和发展，更是对中国共产党理论与实践经验的凝练和总结。人与自然和谐共生的现代化的价值内涵体现在：它标志着生产方式向绿色生产力的关键转型，代表着我们对人的自由全面发展的积极探索，传达着生命共同体造就和谐共生的生态理念，实现了世界现代化的中国式价值表达。

（一）标志着生产方式的关键转型

在担任浙江省委书记期间，习近平就提出应当摒弃先污染后治理或边污染边治理的发展模式，推动从"环境换取增长"转变为"环境优化增长"，实现经济发展与环境保护的"两难"困境转变为"双赢"局面。[1] 为了实践这一"双赢"理念，后来习近平总书记进一步阐释了"保护生态环境就是保护生产力，改善生态环境就是发展生产力"的观点。他提出，构建现代化经济体系的核心在于打造一个资源高效利用、环境和谐友好的绿色发展体系，以推动绿色循环低碳发展。[2]

人与自然和谐共生所依托的生态文明思想继承并发展了马克思的自然生产力观点，将马克思主义的生产力理论与我国具体国情相融合，剖析绿水青山与金山银山之间的辩证关系，揭示了社会、经济与生态文明之间的内在联系，强调保护生态环境等同于保护生产力，而改善生态环境则意味着发展生产力，应尊重自然、顺应自然、保护自然。"两山"理论阐明了生态环境与生产力之间相辅相成、和谐发展的关系，凸显了绿色发展的核心理念。在习近平早年于浙江省工作期间，他就已对"两山论"进行了系统的阶段性解读。他认为，第一阶段人们为了金山银山牺牲绿水青山，忽视环境承载力而过度开采自然资源；第二阶段人们追求在保持金山银山的同时也要维护绿水青山，经济发展与资源紧张之间的矛盾逐渐显现，人们认识到环境对于生存发展的重要性；第三阶段人们意识到绿水青山本身就是财富，将生态优势转化为经济优势，实现生态与经济和谐共生，彰显循环经济、资源节约型社会和环境友好型社会的理念。这三个阶段反映了从传统的工业化发展观念向将环境视为内在生产力的绿色发展理念的转变，显示了发展理念的持续进步。[3]

（二）践行人的自由全面发展的积极探索

人的自由全面发展被视为马克思主义的核心目标和终极追求，而良好的自然环境则是实现这一目标不可或缺的基石。中国式现代化的发展坚持人与自然和谐共生的理念，以人民至上为根本立足点，持续致力于满足人民日益增长的对优美生态环境的需求。

第一，人与自然和谐共生的中国式现代化强调尊重自然、顺应自然、保护自然的原则，这是全面建设社会主义现代化国家的内在要求，也是实现人的自由而全面发展的重要环节。以高品质生态环境支撑高质量发展，通过保护环境提升生态质量，在建设望得见山、看得见水、记得住乡愁的美丽中国的同时，为人的自由全面发展提供优质的自然环境基础。

第二，人与自然和谐共生的中国式现代化坚持绿色发展理念，走生态优先、绿色发展之路。

---

[1] 习近平. 之江新语[M]. 杭州：浙江人民出版社, 2007: 223.
[2] 习近平在中共中央政治局第三次集体学习时强调深刻认识建设现代化经济体系重要性推动我国经济发展焕发新活力迈上新台阶[N]. 人民日报, 2018-02-01(1).
[3] 康沛竹, 段蕾. 论习近平的绿色发展观[J]. 新疆师范大学学报（哲学社会科学版）, 2016, 37(6): 18-24.

在实现经济发展的同时，注重生态环境保护，统筹好经济发展和生态环境保护建设的关系。这种发展模式有助于实现人与自然的和谐共生，为人的自由全面发展创造更好的条件。

第三，人与自然和谐共生的中国式现代化体现在对人民生活的关注上，符合全体人民共同富裕的目标要求。追求全体人民共同富裕是中国式现代化的重要特征，人与自然和谐共生坚持以人民为中心的发展思想，将生态环保与人民生活紧密结合起来，突出现代化方向的人民性。通过保护好绿水青山，让人民拥有良好的生产、生活环境，切实增强人民群众的获得感、幸福感、安全感，是对人的自由全面发展的积极探索和实践。

人与自然和谐共生的中国式现代化在人的自由全面发展的探索上，注重环境保护、绿色发展、人民生活质量提升等多个方面，致力于实现人与自然的和谐共生和人的全面发展。携手世界各国共同构筑生态文明的基石，共走绿色发展之路，不仅符合中国的国情，也为全球生态文明可持续发展提供了有益借鉴。

（三）秉承生命共同体造就和谐共生的生态理念

和谐与共生相辅相成，唯有和谐，方能实现共生。中国共产党在对待人与自然的关系上，经历了从试图征服自然到尊重自然、顺应自然、保护自然的重大转变，凸显了人与自然应当和谐统一的理念，明确了对绿色发展所蕴含的自然生态内在价值的认同。此举不仅深化了我们对人、自然、社会三者交织关系的理解，而且是对中国发展模式的明确调整与改进。[1]

"山水林田湖草是生命共同体"的观点，是2018年全国生态环境保护大会上由习近平总书记首次系统阐述的六大核心原则之一，这一理念对于推动我国生态文明建设向更高层次发展具有深远意义。习近平总书记强调："人与自然是生命共同体，人类必须尊重自然、顺应自然、保护自然。人类只有遵循自然规律才能有效防止在开发利用自然上走弯路。"[2] 这句论述集中体现了习近平总书记关于"人与自然是生命共同体"的核心理念。它不仅高度概括了习近平生态文明思想，而且进一步丰富和发展了马克思主义关于人与自然辩证关系的理论，展现了习近平总书记结合中国实际情况为新时代国家发展所贡献的智慧与谋略。"人与自然是生命共同体"的重要论述，是将人与自然看作一个相互依赖、互相促进、共荣共生的和谐整体。这一观点不仅创造性地转化和发展了中华优秀传统文化，而且是对马克思主义关于人与自然关系的理论以及历史上众多思想家治国理政智慧的继承与发扬。在谈及中华传统文化时，习近平总书记提道："中华文明历来强调天人合一、尊重自然"[3]，这体现了他对我国古代道家和儒家思想的深刻理解和创新性发展。在论及马克思主义自然观时，他主张："像对待生命一样对待生态环境，统筹山水林田湖草系统治理"[4]，这反映了他对马克思主义自然观的现代诠释与推进。

习近平总书记关于"人与自然是生命共同体"的深刻论述，蕴含着丰富的科学内涵，具

---

1 康沛竹，段蕾.论习近平的绿色发展观[J].新疆师范大学学报（哲学社会科学版），2016, 37(6): 18-24.
2 习近平.决胜全面建成小康社会 夺取新时代中国特色社会主义伟大胜利：在中国共产党第十九次全国代表大会上的报告[M].北京：人民出版社，2017: 50.
3 习近平.携手构建合作共赢、公平合理的气候变化治理机制：在气候变化巴黎大会开幕式上的讲话[N].人民日报，2015-12-01(1).
4 党的十九大报告辅导读本[M].北京：人民出版社，2017: 23.

体来说体现在以下几个方面：

第一，这一论述充分肯定了人类对自然的依赖关系。尽管人类在进化过程中逐渐展现出相较于其他物种的高级特性，但不可否认的是，人类的起源、发展及其创造过程都根植于自然界，这一事实不会因时间推移或发展程度而改变。人类属于自然，其生产活动和发展均建立在自然资源之上。作为自然界长期演化的产物，人类必须认识到自然界的先在性和自身对其的依存性，这是我们处理人与自然关系的基本出发点。

第二，该论述正确揭示了人类应对自然的态度。与其他自然界物种一样，人类也是自然的一部分，归属于自然。自然界在人类出现之前就已存在，即便没有人类，自然依旧会存续。如果我们能够正确对待自然并妥善处理好与自然的互动关系，那么人类的繁荣与进步在某种程度上也能促进自然界的繁荣与稳定。习近平总书记曾指出："你善待环境，环境是友好的；你污染环境，环境总有一天会翻脸，会毫不留情地报复你。这是自然界的客观规律，不以人的意志为转移。"[1] 因此，人类对自然的态度在很大程度上决定了自然对人类的态度。

第三，这一论述科学地阐释了人与自然的辩证关系。人与自然的关系是人类诞生后所面临的重要问题，也是当今全球性的挑战之一。习近平总书记的论述科学地揭示了人与自然的辩证关系：在存在论层面，人与自然呈现为部分与整体的关系；在实践论层面，表现为主体与客体的关系；在价值论层面，则体现为需要与满足的关系。这为我们正确认识人与自然的关系指明了方向。正如习近平总书记所言，我们必须坚持人与自然和谐共生，树立并践行绿水青山就是金山银山的理念，走一条"保护生态环境就是保护生产力，改善生态环境就是发展生产力"[2]的生态生产力发展之路。[3]

（四）实现世界现代化的中国式价值表达

有学者认为，现代化进程的本质是全球市场以资本与科技为基石，推动世界历史发展的必然趋势。[4] 这一进程历经从资本主义现代化向社会主义现代化的转变，涵盖了苏联模式的工业化、中国模式的工业化，以及由传统工业向新型工业的转变、从生态现代化模式到追求人与自然和谐共生的现代化等多个历史阶段。西方现代化模式以资本为核心，以"物本"凌驾于"人本"之上，偏离了实现人的本质化发展的初衷。历史经验表明，西方现代化模式不具备普遍适用性。相比之下，中国式现代化在实践层面上达成了从"物本"到"人本"的跨越，开创了人与自然和谐共生的现代化路径。此路径要求在推进中国式现代化的过程中，实现人与自然之间的和谐共生，达成人与自然真正的和解，进而促进人的解放与自然的解放。

在中国特色社会主义的建设与发展过程中，人与自然和谐共生的现代化的提出标志着中国共产党在治国理政中对现代化认知与实践探索的深度自觉，体现了马克思主义执政党对此理念的把握及政治引领作用。该理念以马克思主义唯物史观为基础，在全球现代化的广阔背

---

[1] 习近平. 之江新语[M]. 杭州：浙江人民出版社，2007: 141.
[2] 中共中央宣传部. 习近平总书记系列重要讲话读本[M]. 北京：学习出版社，2016: 234.
[3] 于天宇，李桂花. 习近平关于"人与自然是生命共同体"的重要论述研究：渊源、内涵及实践价值[J]. 南京社会科学，2019(5): 1-9.
[4] 王雪源，王增福. 人与自然和谐共生的现代化：科学内涵、本质要求与实现路径[J]. 福建论坛（人文社会科学版），2023(1):19-31.

景下，展现了中国在实现民族复兴的现代化道路上对生态文明领域的深刻认识与自觉实践。中国式现代化在世界现代化进程中的独特价值表达，可从多个维度进行解析。在组织领导层面，坚持党的领导是实现人与自然和谐共生的现代化的根本保障；在价值理念层面，牢固树立绿水青山就是金山银山的观念，确保生态理性对经济理性的规范与引导；在发展路径层面，中国式现代化强调生态化贯穿于整个现代化进程，协同推进新型工业化、信息化、城镇化、农业现代化与绿色化的"新四化加一化"发展战略。从构成领域来看，构建人与自然和谐共生的现代化将生态原则融入经济建设、政治建设、文化建设、社会建设和生态文明建设的"五位一体"总体布局中，促进"五个文明"层面的全面提升；从动力系统来看，实现这一目标还需将和谐共生的原则渗透至现代科技、教育、市场等关键领域；在价值取向与最终目标定位上，人与自然和谐共生的中国式现代化坚持以人为本，满足人民日益增长的美好生活需要，最终实现人的自由而全面的发展。

第二节　人与自然和谐共生的现代化指标体系

党的二十大报告明确提出，新时代新征程中国共产党的使命任务，要团结带领全国各族人民全面建成社会主义现代化强国、实现第二个百年奋斗目标，以中国式现代化全面推进中华民族伟大复兴。其中，特别提出中国式现代化是人与自然和谐共生的现代化，中国式现代化的本质要求之一是促进人与自然和谐共生。

一、国内外关于人与自然发展的评估研究

（一）国际评估研究

国际上主要的评估研究包括经济合作与发展组织提出的"驱动力–状态–响应"（DSR）指标体系、联合国可持续发展委员会提出的可持续发展指标体系、联合国统计司提出的可持续发展指标体系框架、联合国开发计划署提出的人文发展指标、世界银行提出的新国家财富指标体系、加拿大国际可持续发展研究所提出的环境经济持续发展模型等。以下对两项代表性评估体系进行介绍：

1. 联合国可持续发展指标体系

联合国可持续发展委员会于1996年提出的初步指标体系包括134个指标，2001年开始发布《可持续发展指标：框架和方法学》报告，随后基于"驱动力–状态–响应"模式构建了可持续发展指标体系。2007年发布的第3版《可持续发展指标：指南和方法学》报告，按照社会、经济、环境3个维度，确定了14个主题、44个子主题、96项指标，包括50个核心指标和46个非核心指标。

2. 经济合作与发展组织绿色增长监测指标系统

依据经济合作与发展组织的定义，绿色增长是指在促进经济增长与发展的同时，能够兼顾自然资源的质与量，提供人类生活福利的环境质量。绿色增长监测指标系统用来衡量绿色增长绩效，包括经济增长的社会经济背景和特点、经济的环境和资源生产力、自然资产基础、生活质量的环境维度、经济机会和政策对策5个维度共计60个指标。

(二) 国内评估研究

1996年中国将可持续发展上升为国家战略并全面推进实施，是世界上最早提出并实施可持续发展战略的国家之一。进入21世纪，我国政府将可持续发展理论与中国具体实际相结合，推动生态文明理念的发展。党的十八大以来，我国制定生态文明建设、美丽中国建设评估指标体系并开展评估工作，成为推进社会主义现代化建设的重要组成部分。我国政府先后制定了生态文明建设考核目标体系、绿色发展指标体系和美丽中国建设评估指标体系等，并积极推动开展目标评价考核工作。

1.《绿色发展指标体系》和《生态文明建设考核目标体系》

2016年国家发展改革委、国家统计局、环境保护部、中央组织部共同制定了《绿色发展指标体系》和《生态文明建设考核目标体系》，作为生态文明建设评价考核的依据。《绿色发展指标体系》包括7个维度和56个指标。7个维度分别为资源利用、环境治理、环境质量、生态保护、增长质量、绿色生活和公众满意度，其中前6个维度的55个指标通过加权平均和综合指数法合成绿色发展指数。《生态文明建设考核目标体系》包括5个维度和23个指标，5个维度分别为资源利用、生态环境保护、年度评价结果、公众满意程度、生态环境事件。该考核体系的评价采用打分制，生态文明建设年度评价考核结果成为党政领导综合考核评价、干部奖惩任免的重要依据。

2.《美丽中国建设评估指标体系及实施方案》

2020年国家发展改革委发布《美丽中国建设评估指标体系及实施方案》，美丽中国建设评估指标体系包括空气清新、水体洁净、土壤安全、生态良好、人居整洁5类22项指标。由中国科学院组建专门工作团队对美丽中国建设进程进行结果性评估，计算美丽中国建设综合指数，衡量美丽中国目标的实现程度。该评估结果不进行地区排名，不作为政府政绩考核内容。

3.《生态文明建设示范区(市)建设指标》和《生态文明建设示范区(县)建设指标》

2024年生态环境部修订《生态文明建设示范区(市)建设指标》和《生态文明建设示范区(县)建设指标》。《生态文明建设示范区(市)建设指标》包括目标责任、生态安全、生态经济、生态文化、生态文明制度5个维度40个指标，其中7个为地方性指标，还有5个为参考性指标。《生态文明建设示范区(县)建设指标》的5个维度与《生态文明建设示范区(市)建设指标》相同，但只包含31个指标，其中6个为地方性指标，6个为参考性指标。

4.《区域生态质量评价办法(试行)》

2021年生态环境部制定了《区域生态质量评价办法(试行)》，推进山水林田湖草沙冰一体化保护和系统修复，加强生态建设和生物多样性保护，提升生态系统质量和稳定性，开展生态系统保护成效监测评估。区域生态质量评价的指标体系包括生态格局、生态功能、生物多样性和生态胁迫4个一级指标，以及11个二级指标和18个三级指标。

根据文献计量分析，有关生态文明建设相关评估的论文已经超过300万篇，其中高度相关的论文有 200 篇，主要集中在 2018 年、2021 年和 2022 年发表。这些论文围绕生态文明建设评估的不同方面进行了深入研究。一部分论文侧重于理论研究，探讨了生态文明构建的理论依据和评价模型。例如，2020 年有研究利用五边形模型、面板阈值回归模型和空间分析工具探索生态文明建设的空间－时间差异性和区域协调性。[1] 还有研究基于习近平生态文明思想，使用耦合发展模型进行综合评价。[2] 另一部分论文关注特定地区（如沈阳、南京、武汉等）的生态文明建设评估，通过实地调研和数据分析，对该地区的建设情况进行全面评估。例如，有研究根据生态文明的内涵和成渝双城经济圈的建设目标，构建了灰色关联度－距离协调耦合模型来评估成都和重庆的生态文明建设协调发展水平。[3] 还有研究基于社会、经济、自然多系统，构建评价指标体系，并用偏离系数耦合协调度模型评估 83 个城市从 2000 年到 2020 年的生态文明构建情况。[4] 此外，还有一部分研究关注特定领域（如水生态、海洋生态等），如徐军等在海洋生态文明示范区建设指标体系的基础上，设计并开发了海洋生态文明建设的评估系统。[5] 还有研究者使用来自岷江周边城市的数据，建立了岷江流域水生态文明构建的评价指标体系。[6] 同时，还有大量研究关注生态文明效率评估，如结合主成分分析法和数据包络分析方法，构建生态文明建设效率评估指标体系，对江苏省生态文明建设效率进行分析。[7]

（三）对现有评估的比较

人与自然和谐共生，既涉及自然生态系统的保护，也涉及人类社会系统的发展。不同的指标体系通常根据各自的概念模型和逻辑体系来构建指标维度。例如，联合国可持续发展委员会以及经济合作与发展组织的相关指标体系，主要基于"压力－状态－响应"模式（后来将"压力"扩展为更广义的"驱动力"，表征造成发展不可持续的人类活动和消费模式或经济系统因素），根据社会、环境、经济三大模块进行指标构建。而加拿大国际可持续发展研究所则根据自然系统、支持系统和人类系统三大模块进行指标构建。

表 6-1 和表 6-2 分别对主要指标体系的维度和指标进行了综合比较。在相关评价中，采用较多的维度涉及资源或自然资产、环境质量或环境管理、生态经济、绿色生活、满意度等。现有研究中采用较多的指标涉及能耗强度、二氧化碳排放强度、用水强度、非化石能源占比、固废利用率、污水处理利用率、空气优良天数、$PM_{2.5}$ 浓度、水体优良率、受污染耕地安全

---

[1] Gai M, Wang X Q, Qi C L. Spatiotemporal evolution and influencing factors of ecological civilization construction in China[J]. Complexity, 2020(10): 1-14.

[2] Cui D D, Zhou Y. Study on ecological civilization construction from the perspective of public governance[J]. Fresenius Environmental Bulletin, 2021, 30 (9): 10551-10558.

[3] Yue S W. Evaluation of the coordinated development of Chengdu-Chongqing ecological civilization construction based on the gray correlation-distance coordinated coupling model[J]. Journal of Environmental Protection and Ecology. 2021, 22 (3): 1358-1365.

[4] Zhou X, Wang J P. Evaluation and differentiation analysis of China's construction of ecological civilization from the perspective of collaboration: Using China's representative region as an example[J]. Sustainability, 2023, 15 (18): 13403.

[5] 徐军，胡毅佳，蒋江丽．海洋生态文明建设评估系统的设计与实现 [J]．海洋开发与管理，2016, 11: 32-36.

[6] Wen Y Y, You T G, Xu Y H et al. Comprehensive evaluation of the level of water ecological civilization construction in the Min River Basin, China[J]. Sustainability, 2022, 14(23): 15753.

[7] Lai X Y, Liu G, Wang H M. Evaluation and analysis of DEA efficiency in construction of ecological civilization of Jiangsu province[J]. Disaster Advances, 2013, 6: 102-108.

利用率、森林覆盖率、草原覆盖度、绿色建筑占比、公众满意度等。

表 6-1 国内外主要指标体系的维度比较

绿色发展指标体系	生态文明建设考核目标体系	美丽中国建设评估指标体系	生态文明建设示范区（市）建设指标	经济合作与发展组织绿色增长监测指标	中国可持续发展指标体系	加拿大国际可持续发展研究所环境经济持续发展模型
资源利用	资源利用	空气清新	目标责任	经济增长的社会经济背景和特点	经济发展	规范和伦理
环境治理	生态环境保护	水体洁净	生态安全	经济的环境和资源生产力	社会福利和生计	心理需求
环境质量	公众满意程度	土壤安全	生态经济	自然资产基础	资源环境	能力素质
生态保护	年度评价结果	生态良好	生态文化	生活质量的环境维度	消耗和排放	生活条件
增长质量	生态环境事件	人居整洁	生态文明制度	经济机会和政策对策	环境管理	福利和社会条件
绿色生活						物质资源
公众满意程度						金融和经济
						依存度
						组织层面

表 6-2 有关人与自然和谐共生的指标比较

领域	指标	绿色发展指标体系	生态文明建设考核目标体系	美丽中国建设评估指标体系	生态文明建设示范区（市）建设指标	生态文明建设示范区（县）建设指标
资源能源效率	能源消费总量	√	√			
	单位 GDP 能源消耗降低	√	√		√	
	单位 GDP 二氧化碳排放降低	√	√		√	
	非化石能源占一次能源消费比例	√	√		√	
	全国碳排放权交易市场履约完成率				√	
	主要污染物排放重点工程减排量				√	
	用水总量	√	√			
	万元 GDP 用水量下降	√	√		√	
	单位工业增加值用水量降低率	√				√
	农田灌溉水有效利用系数	√				√
	耕地保有量	√	√			
	新增建设用地规模	√				
	单位 GDP 建设用地面积降低率	√			√	
	资源产出率	√				
	一般工业固体废物综合利用率	√			√	√
	农作物秸秆综合利用率	√				
	规模以下畜禽粪污集中收运利用体系					√
	耕地土壤有机质含量					√

续表

领域	指标	绿色发展指标体系	生态文明建设考核目标体系	美丽中国建设评估指标体系	生态文明建设示范区（市）建设指标	生态文明建设示范区（县）建设指标
污染防控治理	化学需氧量排放总量减少	√	√			
	氨氮排放总量减少	√	√			
	二氧化硫排放总量减少	√	√			
	氮氧化物排放总量减少	√	√			
	危险废物处置利用率	√			√	
	生活垃圾无害化处理率	√		√		
	城市生活垃圾回收利用率				√	
	污水集中处理率	√		√	√	√
	建成区黑臭水体消除率				√	√
	农村生活污水处理和综合利用率			√	√	√
	较大面积农村黑臭水体整治率				√	√
	农村生活垃圾无害化处理率			√		
	声环境功能区夜间达标率				√	√
	环境污染治理投资占GDP比例	√				
	空气质量优良天数比例	√	√	√	√	
	PM$_{2.5}$未达标地级及以上城市浓度下降	√	√			
	PM$_{2.5}$浓度			√	√	√
	PM$_{10}$浓度			√		
	地表水达到或好于Ⅲ类水体比例	√	√	√	√	√
	地表水劣Ⅴ类水体比例	√	√	√	√	
	重要江河湖泊水功能区水质达标率	√				
	地级及以上城市集中式饮用水水源水质达到或优于Ⅲ类比例	√		√	√	
	近岸海域水质优良（一、二类）比例	√	√		√	
	受污染耕地安全利用率	√		√	√	√
	污染地块安全利用率			√		
	重点建设用地安全利用				√	√
	突发环境事件应急管理机制				√	√
	农膜回收率			√		√
	单位耕地面积化肥使用量					
	单位耕地面积农药使用量	√				
	化肥利用率			√		
	农药利用率			√		

续表

领域	指标	绿色发展指标体系	生态文明建设考核目标体系	美丽中国建设评估指标体系	生态文明建设示范区（市）建设指标	生态文明建设示范区（县）建设指标
自然生态系统	森林覆盖率	√	√	√	√	√
	森林蓄积量	√	√			
	草原综合植被	√	√		√	√
	自然岸线保有率	√			√	
	河湖岸线保护率				√	√
	湿地保护率	√		√		
	自然保护地面积占陆域国土面积比例	√		√		
	海洋保护区面积	√				
	重点生物物种种数保护率			√		
	外来物种入侵防控				√	√
	新增水土流失治理面积	√				
	水土保持率			√		
	可治理沙化土地治理率	√				
	新增矿山恢复治理面积	√				
	生态质量指数（EQI）				√	√
	生态保护红线				√	
	自然保护地和生态保护红线生态环境重点问题整改率				√	√
	生物多样性调查				√	√
绿色发展	人均GDP增长率	√				
	居民人均可支配收入	√				
	第三产业增加值占GDP比例	√				
	战略性新兴产业增加值占GDP比例	√				
	研究与试验发展经费支出占GDP比例	√				
	公共机构人均能耗降低率	√				
	绿色产品市场占有率（高效节能产品市场占有率）	√				
	绿色食品、有机农产品种植面积				√	
	新能源汽车保有量增长率	√				
	新增和更新公共汽电车中新能源和清洁能源车辆比例					√
	绿色出行比例	√			√	
	城镇绿色建筑占新建建筑比例	√			√	√
	城市建成区绿地率	√				
	城市公园绿地500米服务半径覆盖率			√		
	人均公园绿地面积				√	
	农村自来水普及率	√				
	农村卫生厕所普及率	√		√		

续表

领域	指标	绿色发展指标体系	生态文明建设考核目标体系	美丽中国建设评估指标体系	生态文明建设示范区（市）建设指标	生态文明建设示范区（县）建设指标
生态文明制度	各地区生态文明建设年度评价的综合情况		√			
	地区重特大突发环境事件、造成恶劣社会影响的其他环境污染责任事件、严重生态破坏责任事件的发生情况		√			
	生态环境信息公开率				√	√
	生态环境分区管控体系				√	
	生态环境损害赔偿				√	
	生态保护补偿制度				√	
	生态文明建设工作占党政实绩考核的比例				√	√
	党政领导干部生态环境损害责任追究制度				√	√
	领导干部自然资源资产离任审计				√	√
满意度	**公众对生态环境满意度**	√	√	√	√	√

注：蓝色粗体字为采用频次较高的指标。

二、基于人与自然和谐共生的现代化评估

（一）从"绿水青山"到"人民满意"的现代化

要实现绿水青山就是金山银山，必须在现代化发展中实现人与自然和谐共生，既要维持自然生态系统的合理结构和功能，满足自然生态系统正常的自然更替、种群维系、生物多样性以及生态系统服务功能，也要合理利用自然资本和生态环境容量，为人类的美好生活提供优良的生活环境、坚实的物质基础和丰富的情感满足。这就要求我们抛弃只求发展、不计代价，以及一味保护、罔顾发展的片面做法，在保护中发展，在发展中保护。

本研究提出的人与自然和谐共生的现代化评价模型综合考虑自然生态系统和人工生态系统，其中人工生态系统由人居环境、生产消费和生态文明制度 3 个领域（子系统）构成（图 6-1）。对于自然生态系统，在现代化进程中希望能够保持绿水青山。以此为目标，应保护重要的生态系统类型和数量，维持生态系统的基本服务功能，减少生态系统受到的干扰和胁迫。对于人工生态系统，在现代化进程中希望能够达到宜居安康、低碳高效和共建共享。以此为目的，应重点加强环境基础设施建设，提高资源能源利用效率，加快生产生活方式的转变，提高生态治理水平和执行力度。完善生态文明制度建设，减少污染对生产系统的干扰和抵消以及对人民健康和生活质量的侵扰，提高人民的生态优良获得感、美好生活幸福感和生态治理满意度。

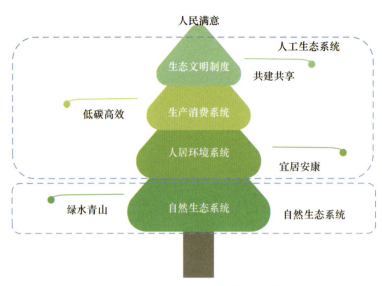

图 6-1 人与自然和谐共生的现代化评价模型

（二）多模态多层次融合的评价指标体系

本研究在指标构建过程中，以习近平生态文明思想、《中共中央关于进一步全面深化改革、推进中国式现代化的决定》为指引，充分汲取现有与生态文明、生态现代化、可持续发展等相关的评价指标体系和分析指标体系成果，兼顾生态环境保护的国际通用做法、通用指标以及中国在生态文明建设过程中的特色做法和特色指标。

在指标构建过程中，遵循以下原则：一是以目标为导向。重点抓住影响人与自然和谐共生的现代化实现的关键生态环境问题，包括降碳、减污、扩绿、增长。二是充分体现前瞻性和预见性。根据已有研究分析成果，剔除已经不能反映当下生态环境问题和未来发展趋势的指标，加入更能反映中国未来生态环境变化趋势的指标。例如，当前中国城市生活垃圾填埋等无害化处理已经趋于饱和，而生活垃圾焚烧无害化处理将是未来的发展方向，因此以城市生活垃圾焚烧无害化处理率来替代传统的城市生活垃圾无害化处理率指标更能反映未来的发展趋势和发展目标。又如，当前中国 $PM_{2.5}$ 排放仍然较大，与此同时，与光化学烟雾密切相关的臭氧污染在一些城市开始凸显，因此采用综合性的环境空气质量指数和基于此的空气质量优良比率比单纯的 $PM_{2.5}$ 浓度指标更能反映未来复合污染物的发展趋势和协同治理的要求。三是实现综合性概括和指导。从单一指标开发向集群式综合指标开发转换，实现指标体系设计的范式转变，全面反映现代化建设中的生态环境问题，以及解决生态环境问题、实现人与自然和谐共生的顶层设计和整体思路。四是加强政策性引导和布局。遴选的指标具有明确的政策含义，或者针对亟须解决的痛点和难点问题，通过数据分析和指标评价，能够为未来发展提供改进思路和政策建议，加快完善落实绿水青山就是金山银山的体制机制。五是提高数据可获得性。为了解决数据的可获得性问题，从根本上解决生态环境指标受制于统计滞后和数据缺乏的问题，在指标构建过程中，除了考虑已有统计数据外，还充分挖掘各种生态环境大数据平台、政策文件数据库和各类生态环境相关登记、交易平台数据等。

本研究系统考察的大数据平台和数据库包括自然资源统一确权登记平台、全国排污许可证管理信息平台、财政部中央对地方转移支付管理平台、各省环境资源交易中心、各地碳排放交易平台、国家地表水水质自动监测实时数据发布系统、国家地表水水质数据发布系统、各级生态环境主管空气质量预报信息发布系统、中国电力企业联合会数据平台、各级机关政府部门政务信息公开等。综合运用各种大数据技术，利用数据挖掘、清洗、文本分析等，在传统上难以进行定量化评价的领域进行了新的指标设计和量化分析研究。比如，在传统的政策执行上，难以辨识不同地区的执行力度和落实程度差异，但是通过大数据分析，能够对具体政策的落实程度进行量化，如自然资源的确权登记完成率、排污权登记等。又如，在进行传统指标设计时，空间尺度和时间粒度都比较刚性，但是通过大数据技术，可以更加快速地实现数据更新和更多层次的数据跟踪与分析，及时发现生态环境风险，实现即时预警。因此，本研究在指标体系设计的初期，就考虑到现代化指标体系的延展性，在创新现代化指标的同时，预留了向不同空间尺度和时间粒度延展指标的可能性，把静态的统计数据和动态的实时数据相结合，形成了多模态多层次的现代化指标体系。在后续的专题研究中，可以根据数据收集的情况，不断扩展和深化这方面的研究，以适应不同层次的人与自然和谐共生的现代化评估和政策研究需求。

在具体构建过程中，基于图6-1人与自然和谐共生的现代化评价模型，首先提出每个领域的旗舰性指标，以总体反映某一领域（子系统）人与自然和谐共生的程度。然后在重点领域增加表征性指标，以更全面地反映某一领域的生态环境状况或面临的挑战。由此，形成了领域－旗舰指标－表征性指标的完整指标体系。

整个指标体系分为5个领域，由5个旗舰指标和10个表征性指标共同构成（表6-3）。其中，5个旗舰指标包括引领自然生态系统保护绿水青山的生态质量指数，引领人居环境系统创建宜居安康的环境基础设施覆盖率指标，引领生产消费系统低碳高效发展的单位GDP能耗指标，引领生态文明制度实现共建共享的生态文明体制落实指数，以及引领以人民为中心的公众对生态环境质量满意程度指标。这5个旗舰指标大部分属于复合型综合指标，涉及生态系统结构－功能、基础设施建设、体制机制落实等生态环境领域重大问题，通过这些旗舰指标来牵住生态文明建设的"牛鼻子"，为实现人与自然和谐共生的现代化打下更加扎实的基础。这些指标指数有由多个层级分指标通过逐级聚合形成的，如生态质量指数，由生态格局、生态功能、生物多样性和生态胁迫4个一级指标，以及11个二级指标、18个三级指标合成；有通过不同结构部分的基础元数据进行总体整合而成的，如环境基础设施覆盖率，就综合考虑了不同层次地区的人口分布和设施建设分布结构，分级计算城市中心（城区）、县城、乡镇建成区和乡村各自的环境基础设施覆盖率，并且以各级地区的人口比例为权重，加权平均计算得出地区总体的环境基础设施覆盖率；还有通过不同政策领域的文本挖掘进行量化分析集合而成的，如生态文明体制落实指数，根据生态文明体制八大制度的主要目标和基本要求，结合已有的研究成果，遴选可能的指标，结合专家咨询和对现有政府工作报告的文本分析，遴选出表征每项生态文明制度落实程度的代表性指标，最后集合成综合性的生态文明体制落实指数。

本研究探索开发的环境基础设施覆盖率指标和生态文明体制落实指数，从指标概念模型的开发、指标计算模型和计算公式的设计到最后的数据源确定都体现了上述5个原则和指标构建整体思路（详见专栏6-1和6-2）。

表 6-3　人与自然和谐共生的现代化多模态多层次指标体系

领域	指标	指标解释	参考的指标体系/设计依据	空间尺度	时间粒度	国内数据来源	国际数据来源
自然生态系统	生态质量指数*	由生态格局、生态功能、生物多样性和生态胁迫4个一级指标，以及11个二级指标、18个三级指标合成的综合评价结果。EQI值≥70为一级，55≤EQI值<70为二级，40≤EQI值<55为三级，30≤EQI值<40为四级	区域生态质量评价办法、"十四五"生态环境保护主要指标、生态文明建设示范区（市）建设指标、生态文明建设示范区（县）建设指标	国家、省、市、县	年	中国生态环境状况公报、地区生态环境状况公报	
	森林覆盖率	中国森林覆盖率指郁闭度0.2以上的乔木林、竹林、国家特别规定的灌木林地面积的总和占土地面积的百分比。世界银行把森林定义为原地至少5米的天然或人工林分下的土地，无论其是否具有生产力，但不包括农业生产系统中的林分以及城市公园和花园中的树木	绿色发展指标体系、美丽中国建设评估指标体系、中国可持续发展指标体系	国家、省、市、县	年	国家统计局数据	世界银行数据库
	自然保护区占陆域国土比例	陆地保护区是指由国家政府指定为公众进入有限的科学保护区、国家公园、自然遗迹、自然保护区、野生动物保护区、受保护景观和主要为可持续使用而管理的区域的全部或部分保护区，面积至少1000公顷	绿色发展指标体系、美丽中国建设评估指标体系	国家、省、市、县	年	国家统计局数据	世界银行数据库
	水土保持率	行政区域内非水土流失面积与行政区域面积的比值，反映水土保持状况	美丽中国建设评估指标体系	国家、省、市、县	年	中国水土保持公报、各地区水土保持公报	
	地表水水质优良率	地表水水质优良（达到或好于Ⅲ类）比例	绿色发展指标体系、生态文明建设考核目标体系、美丽中国建设评估指标体系、生态文明建设示范区（市）建设指标、生态文明建设示范区（县）建设指标	国家、省、市、县	年、季度、月、日	年度数据来自中国生态环境状况公报、地区生态环境状况公报	
人居环境系统	环境基础设施覆盖率*	反映主要环境基础设施服务覆盖率的综合性合成指标	美丽中国建设评估指标体系	国家、省	年	详见专栏6-1	世界银行数据库①
	建成区绿化率	指城市绿地覆盖率或城市公园绿地500米服务半径覆盖率	绿色发展指标体系、美丽中国建设评估指标体系	国家、省	年	国家统计局数据	
	空气质量优良比率	指环境空气质量指数（AQI）达到或优于国家质量二级标准（即AQI<100）的天数占总天数比例，环境空气质量指数监测的对象包括$PM_{2.5}$、PM_{10}、臭氧、一氧化碳、氮氧化物、硫氧化物等	绿色发展指标体系、生态文明建设考核目标体系、美丽中国建设评估指标体系、生态文明建设示范区（市）建设指标	国家、省、市、县	年、季度、月	年度数据来自中国生态环境状况公报、地区生态环境状况公报	世界银行数据库②

续表

领域	指标	指标解释	参考的指标体系/设计依据	空间尺度	时间粒度	国内数据来源	国际数据来源
生产消费系统	单位GDP能耗*	指单位GDP的能源使用量，能源使用指在转化为其他最终用途燃料之前对一次能源的使用	绿色发展指标体系、生态文明建设考核目标体系、生态文明建设示范区（市）建设指标	国家、省	年	国家统计局数据	世界银行数据库
	单位GDP二氧化碳排放量	包括固体、液体和气体燃料的消耗以及天然气燃烧过程中产生的二氧化碳	绿色发展指标体系、中国可持续发展指标体系	国家、省、市	年	中国碳核算数据库碳排放账户和数据集[3]	世界银行数据库
	一次电力及其他能源占能源消费总量的比例[4]	一次电力及其他能源的消费占能源消费总量的比例		国家、省、市	年	中国能源统计年鉴、地区统计年鉴	世界银行数据库[5]
	可再生能源发电占比	指可再生能源发电量占总发电量的比例。可再生能源发电包括风力、太阳能、水力、生物质能、地热能、海洋能发电		国家、省、市	年	中国能源统计年鉴	世界银行数据库
	单位农作物播种面积化肥使用量	单位为吨/公顷，根据农用化肥施用折纯量和总的农作物播种面积[6]计算而得	在绿色发展指标体系中为单位耕地面积化肥使用量	国家、省	年	国家统计局数据	世界银行数据库
生态文明制度	生态文明体制落实指数*	反映生态文明制度的规范性和各级政府对生态文明制度的执行度	生态文明体制改革总体方案	国家、省、市	年	详见专栏6-2	
以人民为中心	公众对生态环境质量满意程度*	基于美丽中国建设公众满意度调查得出	绿色发展指标体系、生态文明建设考核目标体系、美丽中国建设评估指标体系、生态文明建设示范区（市）建设指标、生态文明建设示范区（县）建设指标	国家、省、市	年	《美丽中国建设理论与评估方法》[7]	

注：* 为旗舰指标。

① 各国环境基础设施覆盖率根据各国城市安全饮用水覆盖率、农村安全饮用水覆盖率、废水处理率、生活垃圾焚烧无害化处理、农村卫生厕所覆盖率、农村清洁燃料覆盖率综合而成。

② 空气质量优良比率的国际比较指标为$PM_{2.5}$年均浓度。

③ CEADs. Emission and energy inventories of China and 30 provinces over 2014—2019[EB/OL]. (2021-11-21)[2024-08 18]. https://www.ceads.net/news/20211262.html

④ 绿色发展指标体系、应对气候变化国家自主贡献目标等首推指标为非化石能源消费占能源消费总量的百分比，由于当前公开数据不齐全，后续在统计工作完善的基础上应将该指标更换为非化石能源消费占能源消费总量的百分比。

⑤ 一次电力及其他能源占能源消费总量的比例指标的国际比较指标为可再生能源消耗量，即可再生能源占最终能源消耗总量的百分比。

⑥ 农作物播种面积是指全年实际播种的谷物、豆类和薯类等粮食作物，以及棉花、油料、糖料等经济作物的面积，是对农作物播种实际发生情况的统计，无论其是播种在耕地还是非耕地上。各地因气候不同，农作物可以播种1～3次，播种一次统计一次，因此农作物播种面积是流量指标、时期指标。如果耕地空闲了，没有播种任何农作物，则不算入当期农作物播种面积中。

⑦ 方创琳，王振波，鲍超，等. 美丽中国建设理论与评估方法[M]. 北京：科学出版社，2023.

在数据采集完备的情况下，可以根据实际需求，选择部分指标进行不同的时间尺度和空间尺度定量评价。对一些存在实时数据的指标，可以开展实时的预警研究，在保持指标体系稳定性的同时提供更多的灵活性。

专栏 6-1 环境基础设施覆盖率

广义的环境基础设施包括为环境保护、生态建设、防灾减灾和绿色可持续发展而建设的基础设施。狭义的环境基础设施指为解决环境污染问题、提升环境质量而建设的基础设施，包括处理处置各种污水污泥、大气污染、固体废物、危险废物、粉尘、噪声的设施设备，公共厕所及其他市容与环境卫生设施。此外，还可以包括各种监测环境污染和环境质量的设施及网络。总体而言，环境基础设施的目的是实现污染物的排放、转移和治理。

本研究中的环境基础设施覆盖率采用狭义的环境基础设施概念范畴，是反映影响人居环境质量的主要环境基础设施服务覆盖率的综合性合成指标，包括供水设施、水重复利用设施、污水收集处理设施、垃圾处理设施、燃气设施、卫生厕所等。

在中国，32%的人住在城市市区，10%的人住在县城，14%的人住在乡镇建成区，还有44%的人住在农村，因此难以用一个平均值来度量不同层级区域的环境基础设施覆盖率。与地区行政区划和治理体系呈同心圆的结构特征不同，地区人口和环境基础设施的分布呈现分散形态，在一个市域范围内，市区、县城和乡镇建成区形成多个规模不等的中心，而村庄散布其间（专图6-1）。

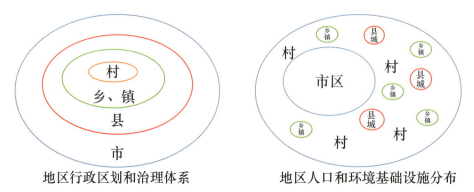

专图6-1 地区行政区划和环境基础设施分布结构示意图

因此在设计环境基础设施覆盖率计算模型时，我们综合考虑了城市中心（市区）、县城、乡镇建成区和农村的特点，分级计算各自的环境基础设施覆盖率，主要覆盖不同地区的供水、用水、排水、垃圾处理、卫生厕所和清洁能源设施。

第一，根据不同地区的发展阶段、发展特征、地理条件、空间布局等找出其面临的主要环境问题和环境基础设施短板，设置合理的环境基础设施覆盖维度。例如，当前在中国市、县、乡层面卫生厕所已经达到很高的覆盖比例，而广大农村地区卫生厕所的普及率还不是很高，特别是在中西部地区，因此在农村环境基础设施层面应加上卫生厕所普及率。又如，在城市、县城中有大片建成区，雨污分流能够极大地降低城市面源污染和洪水对城市污水厂的冲击，因此在这两类区域应增加雨污分流管道比例。此外，在乡镇和农村，还有很多地区通过烧煤、秸秆等方式提供生活用能，这种方式对这些地区的室内外空气环境造成严重的威胁，因此在这两类地区应特别考虑清洁用能设施，如燃气的普及率。

第二，根据不同类型区域在环境技术适宜性、可获得性、社会经济成本等方面的差异，选择适宜的指标。例如，当前中国城市的生活垃圾无害化处理率已经较高，有些城市已经达到100%，但是处理方式还是以填埋方式为主，对资源环境的影响仍然较大。从国际和国内技术发展趋势来看，生活垃圾焚烧无害化处理是未来的发展方向，在保证处理设施安全和环保的前提下，能够有效地实现垃圾减量化和能源回收利用，因此本研究在城市和县城层面的垃圾处理选择焚烧无害化处理率作为表征环境基础设施覆盖率的指标。但是因为垃圾焚烧处理对设施的投入和管理技术的要求很高，对广大的乡村地区并不现实，而且很多乡镇地区仍然处于垃圾收集率低、处理效果差的初步发展阶段，需要一步一步进行升级优化，因此在乡镇层面选择乡镇生活垃圾无害化处理率作为表征指标。对于农村地区而言，垃圾收集则更为困难，并且没有统一的数据收集，因此这一部分暂时空缺，未来在模型完善阶段应把这方面的覆盖率加进来。

以各级地区的人口比例为权重，对所有指标元数据进行加权平均，计算地区总体的环境基础设施覆盖率（专图6-2）。

专图6-2 环境基础设施覆盖率分级计算模型

根据环境基础设施覆盖率计算的概念模型，其计算公式如下：

$$I_j = \sum_{i=1}^{4} w_i I_{ij} \qquad \text{公式6-1}$$

其中，I_j为第j个评价区域的环境基础设施覆盖率，I_{ij}为第j个评价区域内不同层级的环境基础设施覆盖率，$i=1,2,3,4$，分别代表城市环境基础设施覆盖率、县城环境基础设施覆盖率、乡镇环境基础设施覆盖率、农村环境基础设施覆盖率，w_i为不同层级的权重，分别为城市人口比例、县城人口比例、乡镇人口比例和农村人口比例，根据每类人群在总人口中的比例进行计算。

$$I_{1j} = \frac{\sum_{r=1}^{5} R_{r1j}}{5} \qquad \text{公式 6-2}$$

I_{1j} 为第 j 个评价区域的城市环境基础设施覆盖率，R_{r1j} 为具体的元数据，分别代表城区公共供水普及率、城区用水重复利用率、城区生活垃圾焚烧无害化处理率、城区生活污水集中收集率、城区雨污分流管道比例。

$$I_{2j} = \frac{\sum_{r=1}^{5} R_{r2j}}{5} \qquad \text{公式 6-3}$$

I_{2j} 为第 j 个评价区域的县城环境基础设施覆盖率，R_{r2j} 为具体的元数据，分别代表县城公共供水普及率、县城用水重复利用率、县城生活垃圾焚烧无害化处理率、县城生活污水处理率、县城雨污分流管道比例。

其中，生活垃圾焚烧无害化处理率 =（生活垃圾焚烧无害化处理量/生活垃圾清运量）×100%；雨污分流管道比例 = [1 − 雨污合流管道长度/（污水管道长度 + 雨污合流管道长度）]×100%。

$$I_{3j} = \frac{\sum_{r=1}^{4} R_{r3j}}{4} \qquad \text{公式 6-4}$$

I_{3j} 为第 j 个评价区域的乡镇环境基础设施覆盖率，R_{r3j} 为具体的元数据，分别代表乡镇供水普及率、乡镇燃气普及率、乡镇生活垃圾无害化处理率、乡镇污水处理率。

$$I_{4j} = \frac{\sum_{r=1}^{3} R_{r4j}}{3} \qquad \text{公式 6-5}$$

I_{4j} 为第 j 个评价区域的农村环境基础设施覆盖率，R_{r4j} 为具体的元数据，分别代表农村供水普及率、农村燃气普及率、农村生活垃圾收集处理率、农村污水处理率、农村卫生厕所普及率。由于没有农村生活垃圾收集处理率和农村污水处理率的相关数据，所以在计算过程中只涉及其余 3 项。

通过公式 6-1 ～ 6-5 计算评价区域的环境基础设施覆盖率，所需数据主要来源于住房和城乡建设部发布的《中国城乡建设统计年鉴》以及国家统计局农村社会经济调查司发布的《中国农村统计年鉴》（专表 6-1）。

专表 6-1　环境基础设施覆盖率指标元数据及来源

分指标	元数据	数据来源
城市环境基础设施覆盖率	城区公共供水普及	《中国城乡建设统计年鉴》、国家统计局数据
	城区用水重复利用	
	城区生活垃圾焚烧无害化处理	
	城区生活污水集中收集	
	城区雨污分流管道	
县城环境基础设施覆盖率	县城公共供水普及	
	县城用水重复利用	
	县城生活垃圾焚烧无害化处理	
	县城生活污水处理	
	县城雨污分流管道	

续表

分指标	元数据	数据来源
乡镇环境基础设施覆盖率	乡镇供水普及	
	乡镇燃气普及	
	乡镇生活垃圾无害化处理	
	乡镇污水处理	
农村环境基础设施覆盖率	农村供水普及	《中国农村统计年鉴》
	农村燃气普及	
	农村卫生厕所普及	

专栏 6-2　生态文明体制落实指数

党的十八大首次提出经济建设、政治建设、文化建设、社会建设、生态文明建设"五位一体"总体布局，2013年党的十八届三中全会提出加快建立系统完整的生态文明制度体系，2015年中共中央政治局审议通过《生态文明体制改革总体方案》，提出建立健全生态文明八项制度，2024年党的二十届三中全会提出深化生态文明体制改革。本研究基于以上战略布局，构建生态文明体制落实指数，综合反映生态文明制度建设和执行力度，评估中国式现代化下人与自然和谐共生的制度因素和政策环境，全面反映中国式现代化语境下中国生态文明治理的体制和机制。并对不同地区生态文明制度的执行过程、执行严格性和执行效果进行比较评价，以反映不同地区生态文明制度存在的问题和面临的挑战。

完善生态文明制度体系包括完善生态文明基础体制、健全生态环境治理体系和健全绿色低碳发展机制。我国生态文明制度主要包括自然资源资产产权制度、国土空间开发保护制度、空间规划体系、资源总量管理和全面节约制度、资源有偿使用和生态补偿制度、环境治理体系、环境治理和生态保护市场体系、生态文明绩效评价考核和责任追究制度等。本研究根据每项政策的目标和要求，结合已有的研究成果，遴选出可能的指标。

结合深化生态文明体制改革的主要目标和生态文明基本制度，遵循科学性、全面性、可比性、可获得性、可解释性原则，结合专家咨询和对现有政府工作报告的文本分析，遴选出表征生态文明体制落实指数的代表性指标（专表6-2）。

专表6-2　生态文明体制落实指数代表性指标

改革目标	生态文明基本制度	代表性指标	指标解释	数据来源
完善生态文明基础体制	自然资源资产产权制度	自然资源确权登记比例	水流、森林、山岭、草原、荒地、滩涂等自然资源确权登记面积占生态用地面积的比例	自然资源确权登记成果公开展示服务系统、国土调查成果共享应用服务平台[①]
	国土空间开发保护制度	生态用地占比变化	与上一年度相比，生态用地占总国土面积比例的变化	国土调查成果共享应用服务平台

续表

改革目标	生态文明基本制度	代表性指标	指标解释	数据来源
健全生态环境治理体系	环境治理体系	排污许可登记率	平均每个污染源的累计排污登记次数（包括首次、延续、变更）	生态环境部全国排污许可证管理信息平台、第二次全国污染源普查公报②
	资源有偿使用和生态补偿制度	人均重点生态功能区转移支付资金	中央财政对重点生态功能区转移支付资金与地区常住人口的比值	财政部中央对地方转移支付管理平台③
	生态文明绩效评价考核和责任追究制度	每100万人环境突发事件	各地区的突发环境事件数量与常住人口的比值	国家统计局数据
健全绿色低碳发展机制	资源总量管理和全面节约制度	建设用地开发强度	人均建设用地面积	国土调查成果共享应用服务平台④
	环境治理和生态保护市场体系	碳排放交易比例	各地区碳排放交易成交量占GDP的比例	各地区环境资源交易平台⑤

注：① 根据自然资源确权登记成果公开展示服务系统（https://zrzy.rerc.com.cn/info）统计各地区自然资源确权登记面积，根据国土调查成果共享应用服务平台（https://gtdc.mnr.gov.cn/Share#/）统计各地区生态用地。其中，生态用地计算参考相关研究方法中基于生态系统服务主体功能的分类方法[喻锋，李晓波，张丽君，等. 中国生态用地研究：内涵、分类与时空格局[J]. 生态学报，2015, 35(14): 4931–4943.]，包括湿地、森林、草地和其他生态用地（包含冰川及永久积雪），不包括以经济产出为核心目标的农业生产用地，如耕地、果园，但耕地中的水田作为重要的人工湿地系统纳入生态用地计算中。

② 根据生态环境部全国排污许可证管理信息平台（https://permit.mee.gov.cn/perxxgkinfo/defaults/index!getXxgkDefault.action）统计各地区排污许可登记情况，根据各省第二次全国污染源普查公报统计各地区固定污染源数量。

③ 根据财政部中央对地方转移支付管理平台（https://www.mof.gov.cn/zhuantihuigu/cczqzyzfglbf/ybxzyzf_7774/zdstgnqyzyzf_7776）统计中央对各地区重点生态功能区转移支付分配情况。

④ 根据国土调查成果共享应用服务平台统计各地区建设用地，包括城镇、农村及工矿用地，以及交通运输用地。

⑤ 由于各地区的碳排放交易市场还处于建设阶段，没有统一的全国交易平台，因此交易数据不完整，可待后续补充相关指标后再进行评价比较。

根据生态文明体制落实指数的设计体系，其计算公式如下：

$$E_j = \sum_{i=1}^{6} w_i E_{ij} \qquad 公式6\text{-}6$$

其中，E_j 为第 j 个评价区域的生态文明体制落实指数，E_{ij} 为第 j 个评价区域内第 i 项制度的落实程度，$i=1,2,\cdots,6$，分别代表自然资源确权登记比例、生态用地占比、排污许可登记情况、重点生态功能区人均转移支付资金、每100万人环境突发事件、单位GDP建设用地，w_i 为不同制度的权重，按等比例进行计算。

为消除原始数据不同单位以及数量级差异造成的影响，利用极值法对各制度落实程度数据进行极差标准化处理。

$$正指标：E_{ij} = \frac{x_{ij} - x_{\min}}{x_{\max} - x_{\min}} \qquad 公式6\text{-}7$$

$$逆指标：E_{ij} = \frac{x_{\max} - x_{ij}}{x_{\max} - x_{\min}} \qquad 公式6\text{-}8$$

其中，$x_{\max}$ 和 $x_{\min}$ 分别表示指标 i 在各评价区域中的最大值和最小值，x_{ij} 为第 i 个制度第 j 个评价区域的初始值，E_{ij} 为第 i 个制度第 j 个评价区域的标准化值，$0 \leq x_{ij} \leq 1$，$i=1,2,\cdots,m$，m 为评价制度数，在本研究中 $m=6$；$j=1,2,\cdots,n$，n 为评价区域数。在本研究中，我们对中国整体及 31 个省级行政区（除港澳台地区）进行了评价，评价数共为 32，即 $n = 32$。

第三节　人与自然和谐共生的现代化的比较评价

一、国际层面的比较

自 20 世纪 70 年代以来，世界现代化向绿色方向转型发展。本研究结合国际数据的可获得性，从表 6–3 中选择代表性变量，以中国、阿根廷、澳大利亚、巴西、加拿大、法国、德国、印度、印度尼西亚、意大利、日本、韩国、墨西哥、俄罗斯、沙特阿拉伯、南非、土耳其、英国、美国这些 G20 国家为样本，分别从自然生态系统、人居环境系统、生产消费系统对世界现代化进程中各国的表现进行了比较研究。研究数据主要来源于世界银行和经济合作与发展组织数据库。

1. 自然生态系统

从自然生态系统来看，不同国家自然生态系统的差异很大，对自然生态系统的保护力度也不一样。总体来说，发达国家的森林覆盖率低于发展中国家（图 6–2），但发达国家的自然保护区比例高于发展中国家（图 6–3）。中国的森林覆盖率从 1990 年的 16.74% 上升到 2020 年的 23.43%，30 年来增幅达到 40%，为 G20 国家中增幅最大的国家，其次为意大利（增长 25%）和法国（增长 20%）。2020 年，森林覆盖率较高的国家有日本（68%）、韩国（64%）、俄罗斯（50%）。此外，加拿大、德国、法国、意大利、美国的森林覆盖率均超过了 30%。与发达国家平均接近 30% 的森林覆盖率相比，中国仍然有一定差距。一些国家的自然生态系统 30 年间受到较大破坏，如巴西、印度尼西亚的森林覆盖率持续下降，分别下降了 25% 和 16%。在自然保护区方面，2022 年中国的自然保护区占陆域国土面积的比例达到了 15%，超过了世界平均水平，接近发达国家平均水平（18%）。此外，自然保护区占比较大的国家包括英国（40%）、德国（39%）、法国（37%）、澳大利亚（32%）。

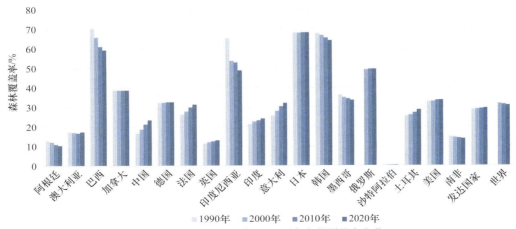

图 6–2　1990—2020 年 G20 国家森林覆盖率变化
数据来源：世界银行数据库。

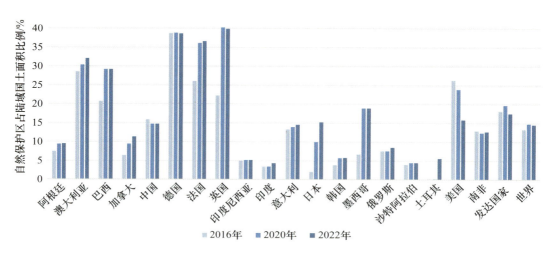

图 6-3　2016—2022 年 G20 国家自然保护区占陆域国土面积比例变化
数据来源：世界银行数据库。

2. 人居环境系统

从人居环境系统来看，世界环境基础设施覆盖率[1]在不断提高，发达国家在达到一个较高水平后覆盖率出现停滞，而发展中国家的环境基础设施覆盖率仍在不断提升（图 6-4）。中国的环境基础设施覆盖率从 2000 年的 38% 提升到 2020 年的 57%[2]，增幅达到 50%，超过世界平均水平，但是与发达国家相比，仍有差距（发达国家的环境基础设施平均覆盖率为 74%）。2020 年，环境基础设施覆盖率较高的国家包括德国、法国、澳大利亚、美国，均超过 70%，增长较快的国家包括印度和印度尼西亚。在人居环境质量方面，中国的 $PM_{2.5}$ 年均浓度经历了先升后降的过程，2019 年比峰值时下降超过 30%，排放浓度也低于世界平均水平，但与发达国家仍有较大差距（图 6-5）。

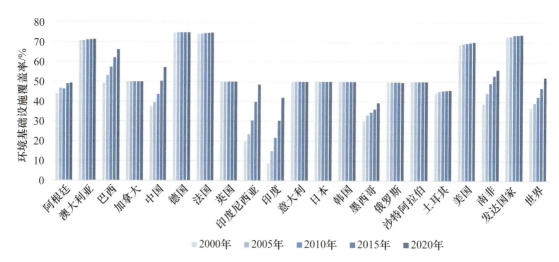

图 6-4　2000—2020 年 G20 国家环境基础设施覆盖率变化
数据来源：世界银行数据库、经济合作与发展组织数据库。

1　综合考虑各国数据的可获得性，在国际比较中，国家的环境基础设施覆盖率由城市安全饮用水覆盖率、农村安全饮用水覆盖率、废水处理率、生活垃圾焚烧无害化处理率、农村卫生厕所覆盖率、农村清洁燃料覆盖率综合集成。
2　按照国际比较的计算口径进行统一计算，以便于国际比较，但与后续国内地区间比较的计算模型有区别。

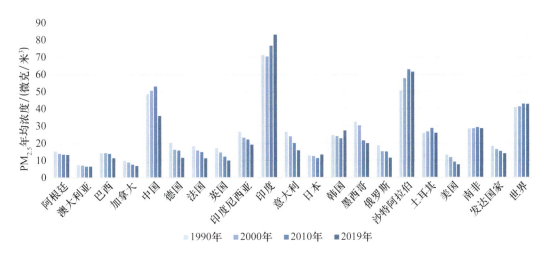

图 6–5　1990—2019 年 G20 国家 PM$_{2.5}$ 年均浓度

数据来源：世界银行数据库。其中 2019 年中国 PM$_{2.5}$ 浓度以中国实际监测为准，数据来自生态环境部.生态环境部公布 2019 年全国生态环境质量简况 [EB/OL]. (2020-05-07) [2024-08-20]. https://www.mee.gov.cn/xxgk2018/xxgk/xxgk15/202005/t20200507_777895.html

3. 生产消费系统

从生产消费系统来看，随着发展程度的提高，人均能源消耗会更大，但由于技术革新，单位 GDP 的能耗有可能更小（图 6–6）。自 1990 年以来，中国人均能源消耗在攀升，而单位 GDP 能耗却在持续下降。2020 年中国的单位 GDP 能耗已经降到 6.4 兆焦耳/美元，比 1990 年下降 67%，为 G20 国家中降幅最大的国家，与发达国家的差距在不断缩小。需要特别注意的是，随着中国人民生活水平的不断提高，人均能源消耗增长迅猛，30 年间增长近 2 倍。1990 年中国的人均能源消耗仅为发达国家平均水平的 16%，美国的 10%，到 2014 年中国的人均能源消耗已经达到发达国家的 47%，美国的 32%。二氧化碳排放量与能源消耗的发展趋势基本一致（图 6–7）。2020 年中国的单位 GDP 二氧化碳排放量已经降到 0.43 千克/美元，比 1990 年下降了 78%，但与发达国家相比仍有较大差距。30 年来，中国的人均二氧化碳排放量增加了 3 倍，人均排放强度从不抵发达国家平均值的 20%、美国的 10%，上升到了接近发达国家平均水平、美国的 60%。因此，中国的节能减排仍然任重道远，这既与中国的发展阶段、产业结构息息相关，也与中国的技术创新能力、生活方式转变密切相关。

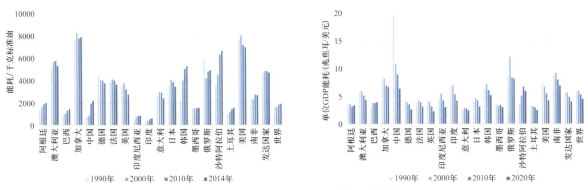

图 6–6　1990—2020 年 G20 国家能耗差异

数据来源：世界银行数据库。

第六章　人与自然和谐共生的现代化

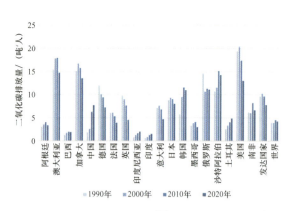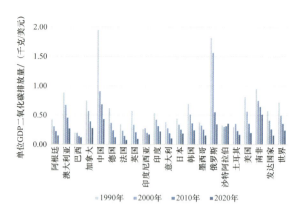

图 6-7 1990—2020 年 G20 国家二氧化碳排放量差异
数据来源：世界银行数据库。

为应对能源危机，实现能源的可持续发展，各国纷纷加大可再生能源发电的力度，世界可再生能源发电占发电总量的比值从 1990 年的 19% 上升到 2020 年的 29%（图 6-8）。当前可再生能源发电占比较高的国家仍然是巴西和加拿大，其水力发电分别占可再生能源发电量的 75% 和 88%。此外，一些国家加大了对太阳能光伏和风能的利用，以此来提升可再生能源发电的比例，实现电力的清洁化发展。例如，英国的可再生能源发电占比从 1990 年的 2.6% 上升到 2020 年的 49.6%，其中增加最多的是风力发电和生物燃料发电，两者分别占可再生能源发电量增量的 51.9% 和 23.7%。德国的可再生能源发电占比从 1990 年的 5% 上升到 2020 年的 49%，其中增加最多的是风力发电和太阳能光伏发电，两者分别占可再生能源发电量增量的 51.7% 和 19.4%。法国的可再生能源发电占比从 1990 年的 14% 上升到 2020 年的 26%，增加最多的也是风力发电和太阳能光伏发电，两者分别占可再生能源发电量增量的 50.5% 和 17%。

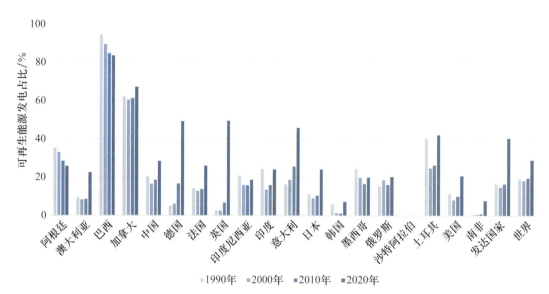

图 6-8 1990—2020 年 G20 国家可再生能源发电占比
数据来源：世界银行数据库、国际能源署数据库。

从总体来看，1990年以来G20国家在化肥使用强度方面呈现明显的两极分化，德国、法国、英国、意大利、日本、韩国等发达国家呈下降趋势，阿根廷、印度尼西亚、印度、土耳其等发展中国家以及加拿大呈上升趋势（图6-9），其中阿根廷、印度、加拿大的增幅最大。2020年，韩国、中国、日本的化肥使用强度仍然位居前列，超过200千克/公顷。高强度化肥使用是面源污染的主要来源之一，中国的化肥使用强度已经达到峰值，正在逐步下降，但要达到发达国家的平均水平，仍然任重道远。

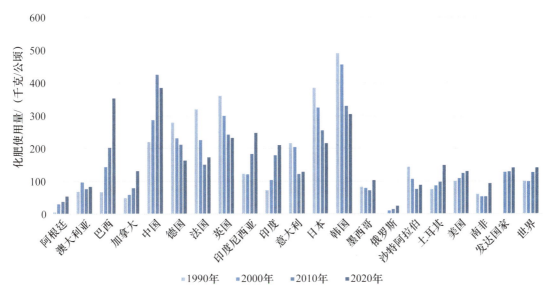

图6-9　1990—2020年G20国家单位耕地面积化肥使用量
数据来源：世界银行数据库。

二、中国地区层面的评价

选择中国省级行政区开展人与自然和谐共生的现代化评价（港澳台地区由于部分指标统计口径不一致，没有纳入总体评价中），以2023年为评价基准年，采集2023年或最近几年的数据。部分数据采集运用了大数据挖掘及分析技术，数据主要来源包括国家统计局数据、生态环境质量公报、水土保持公报以及各类生态环境数据平台。

1. 自然生态系统

从近20年数据来看，我国自然生态环境整体向好，基础性生态系统和生态用地明显增加。例如，全国森林覆盖率从2005年20.4%提升到2022年的23%，特别是贵州、北京、湖北和重庆，森林覆盖率分别从31.6%、31.7%、31.1%和34.9%，上升到43.8%、43.8%、39.6%和43.1%（图6-10）。此外，2022年福建、江西、广西、浙江、海南、云南、广东的森林覆盖率均超过了50%。但是需要特别注意的是，除了西北地区、青藏高原地区受制于降水、海拔等自然条件，森林覆盖率较低外，部分东部地区森林覆盖率仍处在较低水平，包括天津、上海、江苏、山东，覆盖率均低于20%。

部分地区森林覆盖率的降低与经济社会快速发展密切相关。以自然保护区占陆域国土面积比例看，比例降低最快的地区恰恰是东部经济发展较快的地区，如上海自然保护区占比从 2004 年的 14.8% 迅速下降到 2010 年的 5.3%，天津从 2004 年的 14.5% 下降到 2017 年的 7.6%（图 6-11）。此外，云南的自然保护区占比也从 2004 年的 10.4% 迅速下降到 2017 年的 7.3%，作为高原脆弱生态系统的典型代表，这一下降应该引起高度重视。也有一些地区在经济发展的同时兼顾了自然生态系统的保护，如同期的广东，自然保护区占比从 4.5% 上升到了 7.1%，这一现象表明人与自然、经济社会和生态环境是可以共存的。

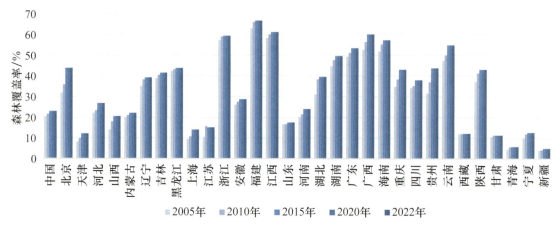

图 6-10　2005—2022 年我国森林覆盖率变化
数据来源：国家统计局数据。

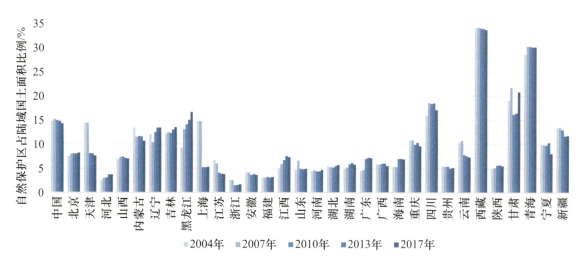

图 6-11　2004—2017 年我国自然保护区占陆域国土面积比例变化
数据来源：国家统计局数据。

以上生态环境保护成果为中国保有较高的水土保持率奠定了坚实的基础。2023 年中国的水土保持率在 70% 以上，中东部地区、东北地区的水土流失趋势得到根本扭转，西北、西南地区的水土流失趋势也得到了有效遏制，而新疆、内蒙古和甘肃仍然需要重点解决水土流失问题（图 6-12）。

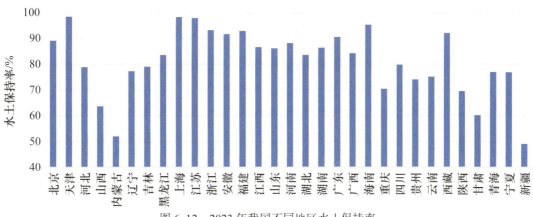

图 6-12　2023 年我国不同地区水土保持率
数据来源：2023 年中国水土保持公报以及各地区水土保持公报。

随着经济社会的发展，人类对自然生态系统的影响日益显著，其中一个表现就是水体污染。曾经，中国的主要水系，如海河、辽河、淮河都出现了严重的水污染，七大水系的劣Ⅴ类水质达到了 20% 以上，总体呈中度污染。

为缓解水污染问题，解除水资源、水环境的制约，实现中国经济社会又好又快发展，根据《国家中长期科学和技术发展规划纲要（2006—2020 年）》，2007 年中国设立了水体污染治理与控制重大科技专项（简称"水专项"），2015 年国务院又印发了《水污染防治行动计划》（简称"水十条"），制定落实目标责任书，将任务分解落实到各省（自治区、直辖市）1940 个考核断面。此外，我国还建立了全国及重点区域水污染防治协作机制，推进流域水生态环境功能分区管理；出台了水污染防治专项资金管理办法，以加快城市黑臭水体整治；实施化肥农药零增长行动，提高污水处理收费标准；编制高耗水工艺、技术和装备淘汰目录，全面推进船舶与港口污染防治等。通过以上种种举措，中国的地表水水质得到了极大改善。2023 年中国地表水水质优良率（即地表水国控断面优良水质Ⅰ~Ⅲ断面占比）接近 90%（图 6-13），劣Ⅴ类水质断面占比从 2016 年的 8.6% 下降到了 0.7%。但是与此同时，我们也应看到部分流域的水污染治理仍然不能松懈，特别是海河流域的京津冀地区。

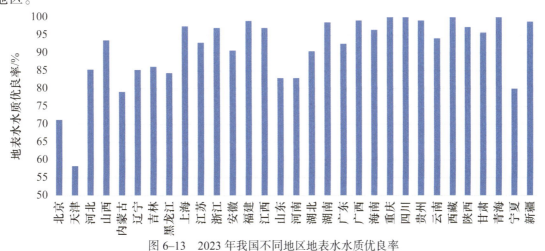

图 6-13　2023 年我国不同地区地表水水质优良率
数据来源：2023 年中国生态环境状况公报以及各省级行政区生态环境公报。

第六章　人与自然和谐共生的现代化

2. 人居环境系统

良好的人居环境不仅有利于身心健康，而且有助于提高生活质量，提升人民的幸福感和对生态环境的满意度。而良好的人居环境不仅依赖于自然生态环境的保护，而且有赖于各种环境基础设施、人工生态环境建设及相关生态服务供给。

不同层级区域，从城市到乡村，有不同的地理状况和人口聚集情况，而且资金、技术和相应人才的发展状况也大相径庭，环境基础设施覆盖率差异很大，因此对环境基础设施的需求也有所不同（图6-14）。比如，大部分城市和县城已经具备生活垃圾无害化处理设施，包括填埋、焚烧等，但是随着城市和县城建设用地的日益紧张，并且城市和县城生活垃圾的热值比较高，通过焚烧能够实现能量回收，所以生活垃圾焚烧无害化处理将成为未来重要的发展方向。目前我国城市的生活垃圾焚烧无害化处理率已经接近80%，但县城的生活垃圾焚烧无害化处理率仅为55%，两者之间仍有很大的发展差距。2022年，海南、江苏、山东在生活垃圾焚烧无害化处理方面走在了全国前列（图6-15）。

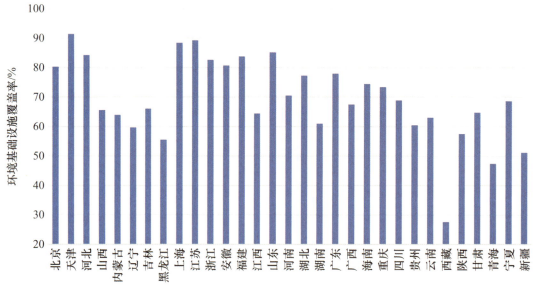

图6-14　2022年我国不同地区环境基础设施覆盖率
数据来源：住房和城乡建设部《中国城乡建设统计年鉴2022》。

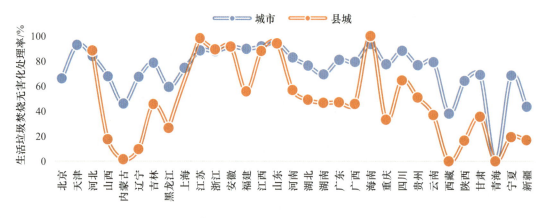

图6-15　2022年我国不同地区生活垃圾焚烧无害化处理率
数据来源：住房和城乡建设部《中国城乡建设统计年鉴2022》。

在城市和县城建成区，铺装路面比例较高，雨污分流系统能够有效地降低区域面源污染。目前我国城市（城区）雨污分流管道比例为83.04%，县城为75.70%（表6-4）。在乡镇和农村，燃气普及率仍较低，传统燃料和煤炭仍是重要的用能来源，成为乡村生活空气污染的重要来源，提高燃气普及率将有助于改善村镇的人居环境。目前，由于数据的缺乏，暂无法把农村生活垃圾处理、污水处理囊括在评价比较分析中，但这些都是影响农村人居生活环境质量的非常重要的因素，如果以后数据可以获取，应将其考虑在内（表6-5）。

表6-4 2022年我国市县区域不同环境基础设施覆盖率

区域	人口比例/%	公共供水普及率/%	用水重复利用率/%	生活垃圾焚烧无害化处理率/%	生活污水集中收集率/%	生活污水处理率/%	雨污分流管道比例/%	环境基础设施覆盖率/%
城市	32.42	94.22	80.66	79.78	70.06[①]	98.11	83.04	81.55
县城	9.54	92.09	50.82	55.07	—	96.94[②]	75.70	74.12

数据来源：住房和城乡建设部《中国城乡建设统计年鉴2022》。

① 中国城市各地区的生活污水处理率已经达到95%以上，指标临近饱和状态。为了更进一步比较总体差距和地区差异，在城市排水设施覆盖率计算上选择生活污水集中收集率进行分析。

② 因为当前县城生活污水集中收集率指标数据缺乏，因此在排水设施覆盖率计算上选择生活污水处理率进行分析，后续研究可以根据数据收集情况进行完善。

表6-5 2022年我国乡村区域不同环境基础设施覆盖率

区域	人口比例/%	供水普及率/%	燃气普及率/%	生活垃圾无害化处理率/%	生活污水处理率/%	农村卫生厕所普及率/%	环境基础设施覆盖率/%
乡镇	12.77	90.76	59.16	92.34	64.86	—	76.78
农村	43.85	86.02	39.93	—	—	81.7[①]	74.41

数据来源：住房和城乡建设部《中国城乡建设统计年鉴2022》。

① 农村卫生厕所普及率为2017年数据，来自《中国农村统计年鉴2021》，此后统计年鉴再无对该指标数据的统计。

各类环境基础设施的建设和投入运行，可以极大改善城乡居民的生活环境和生活品质，对城乡环境质量的改善起到重要作用。以空气质量为例，从20世纪中叶到21世纪初，中国城市空气质量呈现恶化趋势，尤其是在21世纪的头10年，空气污染特别是重点城市$PM_{2.5}$浓度的严重超标引起了国内外的高度关注。2013年国务院印发《大气污染防治行动计划》（即"大气十条"）。经过10多年的治理，当前中国空气质量优良比率已经达到85.5%，西藏、海南、福建、贵州的空气质量优良比率超过98%，曾经污染严重的京津冀和长三角地区空气质量也得到了极大改善，北京的空气质量优良比率达到74.2%，上海达到了87.7%（图6-16）。需要特别关注的是，随着城市产业结构和污染源的变化，许多城市主要的大气污染问题已经由以$PM_{2.5}$、PM_{10}为代表的颗粒物转变为以臭氧为代表的光化学污染。许多城市开始频频出现臭氧超标问题，特别是在温度较高的夏季。

第六章 人与自然和谐共生的现代化

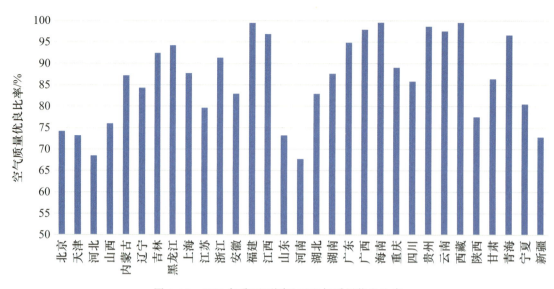

图 6-16　2023 年我国不同地区空气质量优良比率
数据来源：2023 年中国生态环境状况公报以及各地区生态环境状况公报。

3. 生产消费系统

改进生产技术和消费模式、减少能源消耗、降低污染排放，不仅是保护环境、维护生态平衡的重要举措，而且是推动经济可持续发展、提高人民生活质量的必要途径。当前我国正在实施碳达峰与碳中和政策，力争在 2030 年前实现碳达峰，在 2060 年前实现碳中和。为了达到这个目标，我国采取了一系列措施，包括积极推进能源结构调整，大力发展可再生能源，在沙漠、戈壁、荒漠、近海地区规划建设大型风电光伏基地；加强科技创新，提高能效，推动绿色技术创新和产业升级；建立碳市场，以市场化的方式推动碳排放权的交易和减排行动。其中，可再生能源的发展在中国如火如荼，2023 年中国的可再生能源发电占总发电量的比例已经超过 1/3，西藏超过 97% 的电力来自可再生能源，云南、青海、四川的这一比例也已超过 80%（图 6-17）。

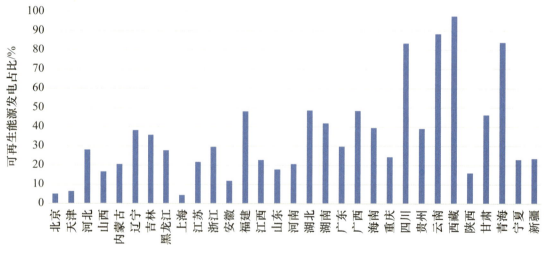

图 6-17　2023 年我国不同地区可再生能源发电占比
数据来源：中国能源统计年鉴 2023。

在上述举措的落实下，2022年中国单位GDP二氧化碳排放量为1.11吨/万元，一些地区的二氧化碳排放系数已经达到国际先进水平，如北京为0.25吨/万元，上海为0.51吨/万元（图6-18）。但是我国还有很多地区碳排放系数仍居高不下，如宁夏达到5.67吨/万元，内蒙古达到4.61吨/万元。这些地区需要采取更加有力的措施进行节能减排，贯彻落实"双碳"发展理念。从能耗强度来看，各地区的差距也很大，且单位GDP能耗的变化与单位GDP二氧化碳排放量的变化趋势相仿（图6-19）。

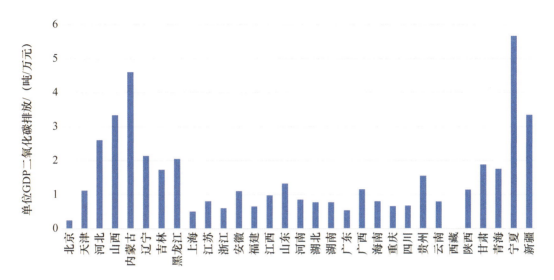

图6-18　2022年我国不同地区单位GDP二氧化碳排放量
数据来源：中国碳核算数据库碳排放账户和数据。

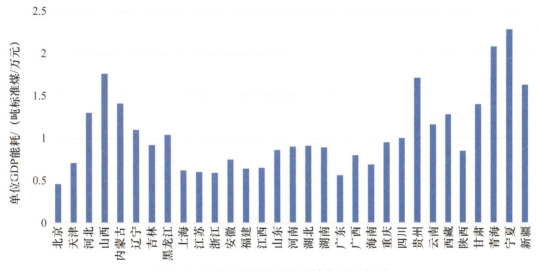

图6-19　2022年我国不同地区单位GDP能耗
数据来源：中国碳核算数据库碳排放账户和数据。

化肥是农业生产的重要污染源，通过控制化肥使用量，能够有效地控制农业面源污染。当前中国每公顷耕地面积的平均化肥使用量为300千克，青海、西藏、贵州、黑龙江、江西、甘肃的化肥使用量较低，均低于200千克/公顷，而海南、福建、陕西、广东、北京、河南、广西的化肥使用强度较大，均超过了400千克/公顷（图6-20）。

第六章　人与自然和谐共生的现代化　179

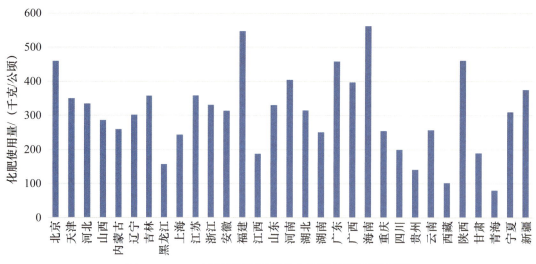

图 6-20 2023 年我国不同地区单位耕地面积化肥使用量
数据来源：根据国家统计局数据计算所得。

4. 生态文明制度

在生态文明体制改革推动下，中国的生态文明政策得到不断落实。以自然资源的确权登记为例，这项举措相当于为自然资源"上户口"，能够清晰界定自然资源的所有权主体，建立归属清晰、权责明确、保护严格、流转顺畅、监管有效的自然资源资产产权制度。自然资源确权登记有助于明确自然资源的所有权归属和管理责任，促进资源的高效利用和合理保护。同时，该项制度有助于加强监管和执法力度，打击非法开采和破坏自然资源的行为。此外，自然资源确权登记还可以为自然资源交易和流转提供法律依据和保障，推动资源市场的健康发展。因此，自然资源的确权登记是生态文明建设的基础体制之一。

自 2022 年以来，截至 2024 年 6 月，已经有 16 个省（自治区、直辖市）为 166 个自然资源地进行了确权登记。短短两年时间，中国已经为 0.82% 的生态用地进行了自然资源确权登记，其中海南省已经完成 23.9% 的生态用地确权登记，山东、上海、四川、江西在自然资源确权登记方面也走在了前列（图 6-21）

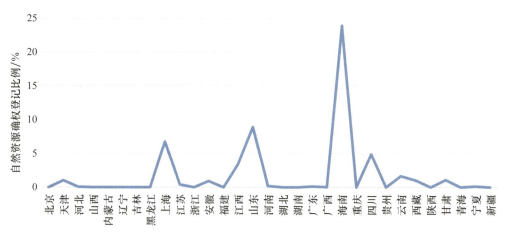

图 6-21 2024 年 6 月前我国不同地区自然资源确权登记比例
数据来源：根据自然资源统一确权登记平台整理而得。

随着经济社会的不断发展，生态用地与建设用地的关系日趋紧张。中国生态文明体制中涉及生态用地保护的制度除了建立统一的自然资源确权登记系统外，还包括完善主体功能区制度、健全国土空间用途管制制度、建立国家公园体制、推进市县"多规合一"、建立天然林草原湿地保护制度、实施海洋主体功能区制度、完善生态补偿机制、建立耕地草原河湖休养生息制度等，通过这些举措共同促进生态用地的扩张。2022年中国生态用地占比达到66.5%，其中西藏接近90%，福建、江西、湖南、四川、浙江也超过了80%，生态用地占比较少的是山东、河南、新疆、天津、河北，均低于50%（图6-22）。从年度变化来看，2022年我国的生态用地比2021年减少了21万多公顷，仅有9个省级行政区的生态用地占比高于2021年。与2021年比，生态用地占比增加较多的是上海、云南，占比减少较大的是山东、安徽、湖南（图6-22）。

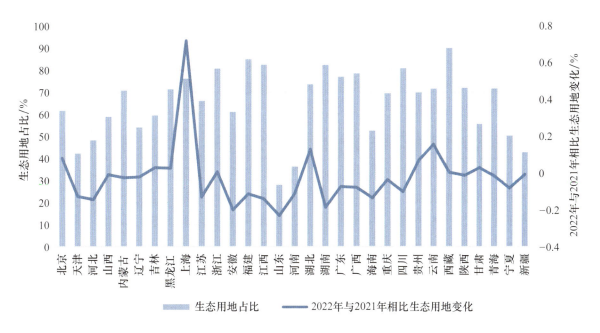

图6-22　2022年我国不同地区生态用地占比及变化
数据来源：根据国土调查成果共享应用服务平台数据整理而得。

排污许可登记是经审查发放的允许排污单位排放一定数量污染物的凭证，它不但是环境治理体系的重要内容，而且是建立环境治理和生态保护市场体系的关键环节，同时也是建立排污权交易的基础性工作。当前全国平均每个污染源的排污许可登记达到0.94次，排污登记最活跃的地区包括河北、山东、广西，平均每个污染源的排污许可登记超过1次，排污登记较为滞后的地区包括海南、青海、北京，平均每个污染源的排污许可登记少于0.6次（图6-23）。

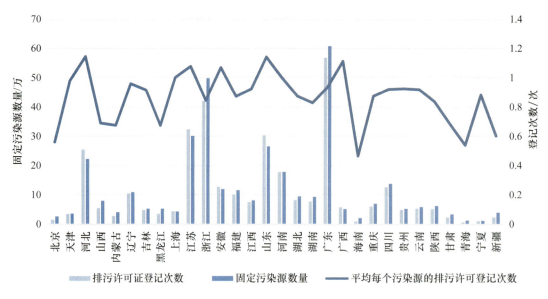

图 6-23 2023 年我国不同地区排污许可登记情况

数据来源：排污许可证登记次数来自全国排污许可证管理信息平台的动态数据，固定污染源数量来自各地区第二次全国污染源普查公报。排污许可证登记次数包括首次、延续和变更登记，一个污染源可存在多次延续或变更登记。排污许可证统计截止时间为 2024 年 7 月 4 日。

对重点生态功能区转移支付是国家通过财政转移支付方式，对开展重要生态环境要素保护的单位和个人，以及在依法划定的重点生态功能区、生态保护红线、自然保护地等生态功能重要区域开展生态保护的单位和个人予以的补偿，是我国实行的重要生态补偿方式。2022 年全国人均转移支付资金为 69.66 元，人均转移支付资金最高的为西藏、青海、甘肃（图 6-24）。

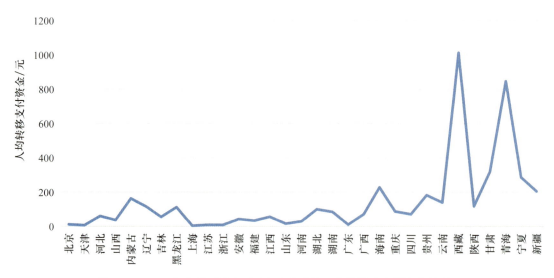

图 6-24 2022 年我国不同地区重点生态功能区人均转移支付资金情况
数据来源：财政部中央对地方转移支付管理平台。

生态环境损害责任终身追究制是生态文明制度中的重要一项，通过强化生态环境损害责任终身追究制可以减少甚至杜绝环境突发事件的发生。2022 年我国每 100 万人环境突发事件为 0.08 次，环境突发事件发生率较高的地区包括宁夏、山西、青海（图 6-25）。

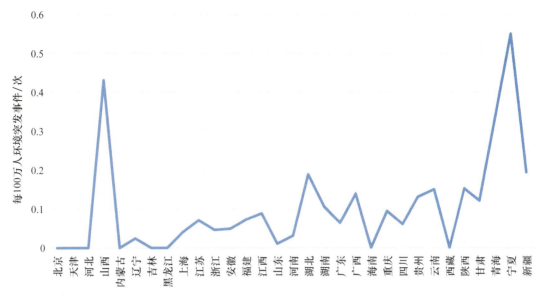

图 6-25　2022 年我国不同地区每 100 万人环境突发事件次数
数据来源：国家统计局数据。

建设用地总量控制和减量化是资源总量管理和全面节约制度的重要体现。2022 年中国单位 GDP 建设用地为 30.12 公顷 / 亿元，北京、上海单位 GDP 建设用地较少，均低于 10 公顷 / 亿元，单位 GDP 建设用地较多的地区包括青海、新疆、西藏、黑龙江，均超过 70 公顷 / 亿元（图 6-26）。

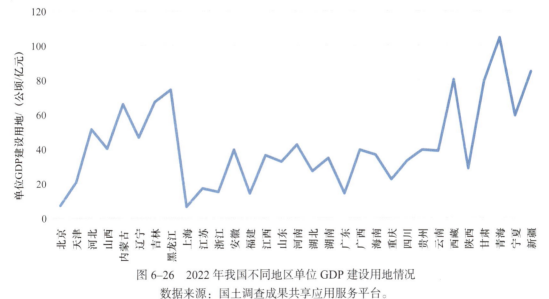

图 6-26　2022 年我国不同地区单位 GDP 建设用地情况
数据来源：国土调查成果共享应用服务平台。

三、中国总体评价

（一）评价模型及赋权方法

1. 指标的标准化

鉴于人与自然和谐共生的现代化的关联性与复杂性，本研究采用多指标综合评价法。为

第六章　人与自然和谐共生的现代化　183

消除原始数据不同单位以及数量级差异造成的影响，利用极值法对各指标数据进行了标准化处理。

$$\text{正指标：} r_{ij} = \frac{x_{ij} - x_{\min}}{x_{\max} - x_{\min}} \quad \text{公式 6-9}$$

$$\text{逆指标：} r_{ij} = \frac{x_{\max} - x_{ij}}{x_{\max} - x_{\min}} \quad \text{公式 6-10}$$

其中，$x_{\max}$ 和 $x_{\min}$ 分别表示指标 i 在各评价区域中的最大值和最小值，x_{ij} 为第 i 个指标第 j 个评价区域的初始值，r_{ij} 为第 i 个指标第 j 个评价区域的标准化值，$0 \leq r_{ij} \leq 1$，$i = 1, 2, \cdots, m$，m 为评价指标数，在本研究中 $m = 15$，$j = 1, 2, \cdots, n$，n 为评价区域数。在本研究中，对中国整体及 31 个省级行政区（除港澳台地区）进行了评价，评价数共为 32，即 $n = 32$。

2. 领域综合评价值

在自然生态系统、人居环境系统和生产消费系统 3 个领域子系统内部存在多个指标，各个指标的重要性并不相等。为了避免层次分析法、德尔菲法等加权方法的主观影响，本研究采用熵权法对标准化后的指标进行赋权，通过公式 6-11 确定各指标权重。

$$w_i = \frac{1 - H_i}{m - \sum_{i=1}^{m} H_i} \quad \text{公式 6-11}$$

其中，H_i 为信息熵，$H_i = -\frac{1}{\ln n} \sum_{j=1}^{n} f_{ij} \ln f_{ij}$，$f_{ij}$ 为指标特征权重，$f_{ij} = \frac{r_{ij}}{\sum_{j=1}^{n} r_{ij}}$。其余各项含义同前。

根据公式 6-9 和公式 6-10 对各指标数据进行标准化后，再通过公式 6-11 计算指标权重，最终结果可见表 6-6。

表 6-6 人与自然和谐共生的指标赋权

领域	一级权重	具体指标	二级权重	占总体的权重
自然生态系统	0.2	生态质量指数	0.14	0.027
		森林覆盖率	0.27	0.054
		自然保护区占陆域面积比例	0.40	0.081
		水土保持率	0.12	0.024
		地表水水质优良率	0.07	0.014
人居环境系统	0.2	环境基础设施覆盖率	0.18	0.036
		建成区绿化率	0.37	0.074
		空气质量优良比率	0.45	0.090
生产消费系统	0.2	单位 GDP 能耗	0.05	0.010
		单位 GDP 二氧化碳排放量	0.10	0.021
		一次电力及其他能源占能源消费总量的比例	0.62	0.125
		可再生能源发电占比	0.16	0.031
		单位耕地面积化肥使用量	0.07	0.014
生态文明制度	0.2			0.2
以人民为中心	0.2			0.2

3. 综合评价指数

构建自然生态系统、人居环境系统和生产消费系统 3 个分系统评价值。第 j 个评价区域的自然生态系统、人居环境系统和生产消费系统综合评价值分别为 $U_{自然j}$、$U_{人居j}$ 和 $U_{生消j}$。

$$U_{自然j} = \sum_{i=1}^{5} U_{ij} = \sum_{i=1}^{5} w_i r_{ij} \qquad 公式6\text{-}12$$

$$U_{人居j} = \sum_{i=6}^{8} U_{ij} = \sum_{i=6}^{8} w_i r_{ij} \qquad 公式6\text{-}13$$

$$U_{生消j} = \sum_{i=9}^{13} U_{ij} = \sum_{i=9}^{13} w_i r_{ij} \qquad 公式6\text{-}14$$

通过公式 6-12～6-14 计算各领域的评价指数，最后采用算数加权平均的方式计算第 j 个地区总的综合评价指数。

$$T_j = \sum_{v=1}^{k} a_v \times U_v \qquad 公式6\text{-}15$$

其中，a_v 为领域的权重，$\sum_{v=1}^{k} a_v = 1$，v 为领域的个数，$v = 1,2,\cdots,k$。

假设 5 个领域的子系统同等重要，则

$$T_j = \frac{U_{自然j} + U_{人居j} + U_{生消j} + U_{体制j} + U_{满意j}}{5} \qquad 公式6\text{-}16$$

其中，$U_{体制j}$ 为第 j 个地区的生态文明体制落实指数，$U_{满意j}$ 为第 j 个地区的公众对生态环境质量满意程度，为两个综合性指标的标准化值。

（二）评价结果

根据人与自然和谐共生的实现程度，提出人与自然和谐共生的综合评价分级标准和等级解释（表 6-7），再对应不同地区各子系统的表现，得出相应地区和子领域的评级结果（表 6-8）。

表 6-7　人与自然和谐共生的综合评价等级分类

评价等级	评价分值	等级解释
A	（0.6～1]	地区自然生态环境优美，人居环境优越，生产消费系统节能减排，生态文明制度得到切实落实，公众对生态环境的满意度高
B	（0.5～0.6]	地区自然生态环境较为良好，人居环境较为舒适，生产消费系统有一定的节能减排措施，但执行力度和成效有待提升。生态文明制度基本建立，但在具体落实和执行层面还需加强。公众对生态环境的满意度处于中等偏上水平
C	（0.4～0.5]	地区自然生态环境面临一定挑战，人居环境存在改善空间，生产消费系统节能减排措施不够全面，部分领域存在污染和浪费现象。生态文明制度体系已初步形成，但在实施过程中遇到不少困难和阻力，执行效果不够显著。公众对生态环境的满意度一般
D	[0～0.4]	地区自然生态环境状况存在较大风险，人居环境存在的问题较大，生产消费系统缺乏有效的节能减排措施，环境污染和生态破坏问题严重。生态文明制度建设滞后，缺乏强有力的执行。公众对生态环境的满意度较低

表 6-8　我国各地区人与自然和谐共生的评价等级

地区	自然生态系统等级	人居环境系统等级	生产消费系统等级	生态文明制度落实等级	公众满意度等级	总体评价等级
北京	C	A	A	B	A	A
天津	D	D	B	C	A	C
河北	D	D	D	C	A	D

续表

地区	自然生态系统等级	人居环境系统等级	生产消费系统等级	生态文明制度落实等级	公众满意度等级	总体评价等级
山西	D	C	D	C	D	D
内蒙古	D	B	D	D	D	D
辽宁	B	C	D	C	D	D
吉林	B	A	D	B	C	B
黑龙江	A	B	D	C	D	C
上海	D	B	D	A	D	C
江苏	D	B	D	B	A	C
浙江	B	A	C	A	B	B
安徽	D	A	D	B	D	D
福建	A	A	C	A	B	A
江西	A	A	D	A	B	B
山东	D	C	D	B	A	B
河南	D	D	D	C	C	D
湖北	C	B	C	B	A	B
湖南	B	B	C	B	C	B
广东	B	A	B	A	C	B
广西	B	A	A	A	A	A
海南	A	A	C	A	B	B
重庆	B	A	C	A	D	C
四川	A	B	A	A	A	A
贵州	C	A	C	B	A	A
云南	B	A	A	A	C	A
西藏	A	B	A	A	D	A
陕西	C	D	D	C	B	C
甘肃	D	D	C	A	D	C
青海	B	C	A	A	D	B
宁夏	D	C	D	D	A	D
新疆	D	D	D	C	D	D

从评价结果看，当前我国各地区在人与自然和谐共生的现代化上表现迥异（图6-27）。综合表现最佳的地区包括广西、四川、北京、云南、西藏、贵州、福建，而河北、辽宁、安徽、宁夏、河南、内蒙古、新疆、山西排名较靠后。其中，西藏、江西、海南、四川、黑龙江、福建在自然生态系统表现最佳，福建、江西、广东、海南、云南、广西在人居环境系统表现较佳，四川、云南、西藏、青海、广西、北京在生产消费系统表现较佳，四川、西藏、青海、福建、云南、广东、重庆在生态文明制度方面表现较佳，北京、贵州、广西、山东在公众满意度方面表现较佳（图6-28）。

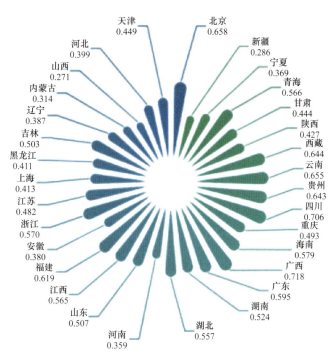

图 6-27 我国人与自然和谐共生的总评价结果

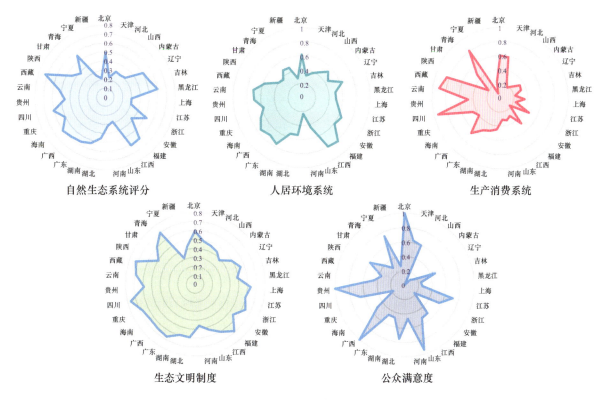

图 6-28 我国人与自然和谐共生分领域评价雷达图

在本研究中，由于香港、澳门、台湾地区部分数据统计口径不一，或者执行的标准、实施的政策制度存在差异，因此没有进行相应评价，这 3 个地区的评价有待进一步深入研究和比较。总体来看，在我国人与自然和谐共生的各地区评价中，只有 7 个地区达到了 A 级（表

第六章 人与自然和谐共生的现代化 187

6-9），因此我国在人与自然和谐共生的现代化道路上还有很长的路要走，需要不断完善自然生态系统保护工作，提升人居环境，促进生产消费系统的升级换代，推动生态文明各项制度的贯彻落实，以实现人民满意的现代化。

表 6-9 我国人与自然和谐共生的评价各等级地区数分布

等级	自然生态系统	人居环境系统	生产消费系统	生态文明制度落实	公众满意度	总评价
A	6	12	6	13	10	7
B	9	8	2	8	5	9
C	4	5	8	8	5	7
D	12	6	15	2	11	8

本章小结

中国式现代化是人与自然和谐共生的现代化，中国式现代化的本质要求之一是促进人与自然和谐共生。选择一条人与自然和谐共生的现代化道路，既是中国特色的体现，也是符合中国国情的必然选择；既是对中华优秀传统文化的继承和发扬，也是对马克思主义生态思想的遵循和发展，更是对中国共产党理论与实践经验的凝练和总结。发展人与自然和谐共生的现代化，标志着生产方式向绿色生产力的关键转型，代表着对人的自由全面发展的积极探索，传达着生命共同体造就和谐共生的生态理念，实现了世界现代化的中国式表达。

本研究综合借鉴国内外关于可持续发展、绿色发展、低碳发展、生态文明建设、生态现代化等指标体系，提出中国式现代化语境下人与自然和谐共生的分析和评估指标体系，重点建立了一套可测度、可考核、可预测的生态文明建设目标体系和指标标准，以有步骤、有计划、科学地推进生态文明建设，实现人与自然和谐共生的现代化。在此基础上，有3方面的突破：一是把动态实时数据和静态连续数据结合起来，利用大数据等新技术进行多模态多层次生态文明建设指标融合评价和国家画像，通过大数据技术分析，对具体政策的落实程度进行量化，如自然资源的确权登记完成率、排污权登记等，推动生态文明建设评估往前发展；二是构建反映生态文明制度建设和执行力度的创新性指标，根据生态文明体制机制改革的主要目标，遴选出表征生态文明体制落实指数的代表性指标，全面反映中国式现代化语境下中国生态文明治理的体制和机制，对不同地区生态文明制度的执行过程、执行严格性和执行效果进行比较评价，反映不同地区生态文明制度存在的问题和面临的挑战；三是在指标构建过程中充分考虑城乡差异，考虑不同层次地区（市县乡镇村）的人口分布和设施建设分布结构差异，分级计算各自的环境基础设施覆盖率，并且以各级地区的人口比例为权重，加权平均计算地区总体的环境基础设施覆盖率。

以G20国家为样本进行的国际比较研究发现，从自然生态系统看，不同国家自然生态系统差异很大，同时对自然生态系统的保护力度也不一样，虽然总体趋势向好，但也有一些国家的自然生态系统受到较大破坏。从人居环境系统看，世界环境基础设施覆盖率在不断提高，发达国家在达到一个较高水平后发展出现停滞，而发展中国家的环境基础设施覆盖率仍在不断提升。从生产消费系统来看，随着发展程度的提高，人均能源消耗也在加大，但由于技术革新，单位GDP能耗有可能更小，而二氧化碳排放与能源消耗的发展趋势基本一致。同时，各国纷纷加大可再生能源发电的力度，为应对能源危机，实现能源的可持续发展提供强劲动力。

从中国地区评价看，当前各地区在人与自然和谐共生的现代化上表现迥异。综合表现最佳地区包括广西、四川、北京、云南、西藏、贵州、福建，而河北、辽宁、安徽、宁夏、河南、内蒙古、新疆、山西排名较靠后。其中，西藏、江西、海南、四川、黑龙江、福建在自然生态系统表现最佳，福建、江西、广东、海南、云南、广西在人居环境系统表现较佳，四川、云南、西藏、青海、广西、北京在生产消费系统表现较佳，四川、西藏、青海、福建、云南、广东、重庆在生态文明制度方面表现较佳，北京、贵州、广西、山东在公众满意度方面表现较佳。总体而言，中国在人与自然和谐共生的现代化道路上还有很长的路要走。

第七章
走和平发展道路的现代化

党的二十大报告指出，中国式现代化是走和平发展道路的现代化。走和平发展道路，是中国式现代化的鲜明特征和必然选择，突破了既有的西方资本主义现代化发展模式，即不通过挑起战争、实施掠夺的方式实现现代化，而是站在人类文明进步的一边，不称霸、不争霸，倡导更多国家走和平发展道路。走和平发展道路的现代化是中国立足世界百年未有之大变局，从中国和世界关系的角度，高举和平、发展、合作、共赢的旗帜，奉行互利共赢的开放战略，为人民谋幸福、为民族谋复兴、为世界谋大同，不断以中国新发展为世界提供新机遇，推动实现和平发展、互利合作、共同繁荣的世界现代化。中国积极参与全球治理体系改革和建设，践行真正的多边主义，弘扬全人类共同价值，推动落实全球发展倡议和全球安全倡议，努力为人类和平与发展作出更大贡献。

和平与发展是当今时代的两大主题。世界正在经历百年未有之大变局，随着新兴市场国家和发展中国家的群体性崛起以及美国实力的相对衰落，加之新冠疫情和乌克兰危机的影响，世界进入了动荡变革期，面临着第二次世界大战结束以来最为严峻的战争威胁，战火再次在欧洲燃起。[1] 世界各国人民对和平发展的期盼更加殷切，对公平正义的呼声更加强烈，对合作共赢的追求更加坚定。中国独立自主、勇于探索、守正创新，坚持走和平发展的现代化道路，成为维护世界和平发展的重要力量。党的二十大报告指出："当前，世界之变、时代之变、历史之变正以前所未有的方式展开。一方面，和平、发展、合作、共赢的历史潮流不可阻挡，人心所向、大势所趋决定了人类前途终归光明。另一方面，恃强凌弱、巧取豪夺、零和博弈等霸权霸道霸凌行径危害深重，和平赤字、发展赤字、安全赤字、治理赤字加重，人类社会面临前所未有的挑战。世界又一次站在历史的十字路口，何去何从取决于各国人民的抉择。"[2] 中国共产党着眼于人类未来命运，开辟了一条强而不霸的现代化和平发展之路。习近平总书记先后提出了全球发展倡议、全球安全倡议、全球文明倡议，为构建人类命运共同体提供了三大支柱，为解决人类面临的共同性问题贡献了中国智慧和中国力量。

---

1 左凤荣.百年变局：未来十年世界发展趋势展望[J].人民论坛，2023(12)：48-53.
2 习近平.高举中国特色社会主义伟大旗帜　为全面建设社会主义现代化国家而团结奋斗：在中国共产党第二十次全国代表大会上的报告（2022年10月16日）[M].北京：人民出版社，2022：60.

第一节　中国式现代化走和平发展道路的发展逻辑

马克思主义是中国式现代化走和平发展道路的理论源泉。马克思主义学说揭示了世界历史演进的趋势，指明了人类文明进步的方向，是中国共产党胸怀天下情怀的思想渊源，也是中国式现代化走和平发展道路的理论根基。走和平发展道路的中国式现代化是中国共产党创造性地运用马克思主义世界和平观，利用历史唯物主义的根本方法，结合中国外交传统和实践形成的马克思主义中国化的理论和实践成果。[1] 马克思主义唯物史观、关于社会主义国家可以与资本主义国家和平共处的思想、"共同体""世界历史"和"人的解放"思想，以及中国共产党推进马克思主义中国化时代化，形成的关于中国和平发展的思想，共同构成了中国式现代化走和平发展道路的理论基础体系，科学指引中国式现代化基本方向。

一、世界主要国家现代化道路

中国现代化走和平发展道路是不同于传统现代化的人类发展之路。自 15 世纪以来，世界现代化尤其是以英美为代表的世界主要国家的现代化都不是通过和平发展的道路，而是通过对外掠夺、扩张乃至发动侵略战争来实现的。

（一）英国：海外殖民和扩张现代化道路

英国是世界上第一个现代化国家，它的资本主义现代化是在不断地对外扩张、掠夺和侵略中发展和完成的，其现代化过程很大程度上就是一部海外殖民和扩张的历史。海外殖民拉开了英国资本主义现代化的历史序幕，圈地运动为英国资本主义的发展准备了大批雇佣工人和国内市场，对外掠夺和殖民地扩张则为英国资本主义的发展提供了巨额货币财富和国外市场。1550—1675 年英国开始采取海盗行为的海外扩张模式，在 16 世纪中叶以后，随着经济力量和海上力量的日益强大，英国开始对葡萄牙、西班牙发动公开的殖民地争夺战。16 世纪末、17 世纪初，英国殖民势力进入北美和西印度群岛，在那里建立了第一批殖民地。从 17 世纪末期开始，英国同法国在印度、北美和西印度的殖民地开始了对霸权和西非黄金的争夺。在 1757—1763 年的七年战争中，英国从法国手中夺取了加拿大及其附近的全部领土，位于加勒比海西印度群岛中的小安的列斯群岛和非洲塞内加尔的一部分，并把印度变成了英国资本原始积累的重要来源。从 19 世纪开始，英国进一步加强了对外侵略和对殖民地的掠夺，英国的殖民地面积从 1800 年的 1130 万平方千米，扩大到了 1876 年的 2250 万平方千米，使得英国成为世界上最大的殖民帝国。英国是 19 世纪最后 25 年中帝国主义列强瓜分非洲的最积极参与者。到 1914 年，英国所拥有的殖民地占全球面积的 1/4，占各帝国主义国家侵占的殖民地领土的 50%，并使印度和埃及成为英国的棉花产地，加拿大成为其粮仓，澳大利亚成为其畜牧场，撒哈拉以南非洲成为其重要的矿产原料和贵金属产地。英国的资本主义现代化就是在这种不断对外扩张、掠夺和侵略中发展和完成的。[2]

---

[1] 郭鸿炜. 走和平发展道路：中国式现代化大国外交的核心逻辑 [J]. 理论研究, 2024(1): 7-14.
[2] 徐崇温. 中国的和平发展道路 [M]. 重庆：重庆出版社, 2009.

（二）美国：领土扩张和殖民现代化道路

美国的资本主义现代化是在领土扩张和殖民开发中推进的，以大量掠夺海外殖民地资源、强迫农奴劳动为基础。美国在经过1776—1783年的独立战争摆脱英国殖民统治的枷锁后，开始了其自身的殖民扩张道路。在建国100多年的时间里，美国由建国初期的13个州扩展为50个州、1个特区和一些海外领地，国土面积扩大到了930万平方千米。1803—1848年期间，美国使用强迫、战争、不公平条约等手段先后得到了法国路易斯安那地区、北达科他州、佛罗里达地区、得克萨斯省和墨西哥近一半的领土。1890年以后，美国掀起了海外扩张，1898年通过美西战争兼并了夏威夷。1898年2月，美国以缅因号战列舰在哈瓦那港口爆炸为借口向西班牙开战，在西班牙战败后迫使其放弃了对古巴的主权，割让菲律宾给美国，美国还获得关岛，控制了加勒比海域。此外，美国还通过投资在1912—1913年控制了墨西哥的主要经济命脉；通过强迫朝鲜签订一系列不平等条约，取得了在朝鲜采伐森林、开矿设厂以及利用朝鲜港口和沿海航行等权利。1900年，美国参加八国联军，用武力干涉和镇压中国的义和团运动，向清政府强行索取许多在华权益。1903年美国煽动巴拿马脱离哥伦比亚，强买巴拿马运河地带，凿成并控制了对美国具有战略意义的巴拿马运河。20世纪初，美国还通过武装干涉、扶植傀儡、收买股票、给予贷款等手段，控制了洪都拉斯、海地等国家的财政经济命脉。

（三）法国：奴隶贩卖和殖民掠夺现代化道路

法国的资本主义现代化是通过奴隶贩卖、海上劫掠、殖民掠夺等手段完成的资本原始积累。路易十三时代，法国不仅通过国外的"贸易"在中美洲、南美洲、安的列斯群岛和西印度群岛建立了许多殖民地据点，而且还在1635年直接参加欧洲的三十年战争，夺取了亚尔萨斯和洛林，将领土扩展到了莱茵河西岸。路易十四时代，法国通过1667—1697年的3次战争，先后侵占了加拿大、路易斯安那西印度的富裕群岛、非洲的马达加斯加以及印度的部分地区。17世纪末，法国的殖民活动达到了极盛时期。但是在18世纪以后，由于在与英国争夺殖民霸权的激烈斗争中多次失利，法国的扩张活动受挫，殖民势力有所削弱。19世纪初，拿破仑多次发动侵略战争，扩展了法国的版图。从19世纪50年代起，法国的殖民扩张又达到了高潮，前后掠夺和侵略了印度、叙利亚和墨西哥等国，急剧地扩大了它的殖民范围。法国在1820年的殖民地面积是2万平方千米，这一数字在1876年扩张到了90万平方千米，人口也从40万增加到了600万，使其成为仅次于英国的殖民帝国。

（四）德国：经济军事扩张现代化道路

德国是后起的资本主义国家，是进行经济军事扩张，同老牌帝国主义国家进行瓜分世界的斗争和战争的典型。[1]19世纪80年代初，德国走上掠夺殖民地的道路，开始侵略非洲沿岸地区。19世纪90年代初，德国提出了建立殖民帝国和争夺世界霸权的要求，开始侵略中国，并继续向东方其他地区扩张势力。1897年，德国占领了中国的胶州湾，强迫取得修筑铁路和开采矿山的特权，把整个山东省变成其势力范围；1900年，德国又在八国联军中充当先锋，镇压中国的义和团运动，勒索了大量赔款。截至1914年，德国已掠夺到殖民地面积290万

---

1 徐崇温. 中国的和平发展道路[M]. 重庆：重庆出版社，2009.

平方千米。成为欧洲霸主的德国由于受到英、法、俄等国家的不满和反对，遭到了以对抗德国为基础的帝国主义军事集团的压制和排挤。德国力图通过战争来摆脱这一联盟的噩梦，在1914年爆发了第一次世界大战，战争以德国战败、帝制结束而告终。战胜国把不平等、不公正的《凡尔赛条约》强加给德国，伤害了德国人的自尊心，在1929—1933年资本主义世界经济危机和世界大萧条、德国民族主义势力增长的特殊氛围中上台的希特勒矢志夺取世界霸权、建立"大德意志帝国"，在1938年突然"合并"奥地利、捷克斯洛伐克，1939年吞并波兰、挪威后，全面打响了第二次世界大战。但在世界性反法西斯大联盟面前，希特勒统治的德国又以在1945年5月8日宣布无条件投降而告终。

二、中国式现代化走和平发展道路的理论基础

（一）遵循马克思主义科学理论

马克思和恩格斯以历史唯物主义的思维，从资本生成和增殖的逻辑入手，批判直指西方对外扩张和掠夺的现代化道路。马克思曾说过："我们渴望和平、劳动和自由，我们坚持反对那些自己不付血税却利用社会灾难来进行新的投机的人的黩武叫嚣！"[1]"同那个经济贫困和政治昏聩的旧社会相对立，正在诞生一个新社会，而这个新社会的国际原则将是和平，因为每一个民族都将有同一个统治者——劳动！"[2]现代化始于西方，从起源上说，是资本全球化的过程，"那种损人利己、充满血腥罪恶的老路给广大发展中国家人民带来深重苦难"[3]。资本主义虽然在殖民地摧毁了旧的社会结构，带来了一定程度的现代化，但也给殖民地人民带来了深重灾难。资本主义的殖民统治是一种海盗式的侵略，资本主义现代化走的是一条充满血腥、侵略和掠夺的道路。马克思指出："资本来到世间，从头到脚，每个毛孔都滴着血和肮脏的东西。"[4]

马克思主义倡导人的全面发展。马克思一生致力于人类的自由解放事业，他在不断批判和借鉴前人思想的基础上，深入研究时代和世界问题，并最终成功地实现了伟大的思想超越。马克思主义归根到底就是一句话，为人类求解放。[5]在《共产党宣言》中，马克思和恩格斯明确指出："代替那存在着阶级和阶级对立的资产阶级旧社会的，将是这样一个联合体，在那里，每个人的自由发展是一切人的自由发展的条件。"也就是说，共产主义的最终目的是实现每个人的自由发展。恩格斯在马克思提出的和平原则基础上，进一步提出了国际社会实现和平的具体策略——协商。恩格斯坚决反对把自己的意志强加于人："压迫其他民族的民族是不能获得解放的。它用来压迫其他民族的力量，最后总是要反过来反对它自己的。"[6]即便是在无产阶级占据统治地位的国家，胜利了的无产阶级也不能"输出替异族人民造福"，

---

1 马克思恩格斯选集：第3卷[M].北京：人民出版社，2012:58.
2 马克思恩格斯文集：第3卷[M].北京：人民出版社，2009:117.
3 习近平.高举中国特色社会主义伟大旗帜　为全面建设社会主义现代化国家而奋斗：在中国共产党第二十次全国代表大会上的报告（2022年10月16日）[M].北京：人民出版社，2022:23.
4 马克思.资本论：第1卷[M].北京：人民出版社，2004:871.
5 习近平.在纪念马克思诞辰200周年大会上的讲话[M].北京：人民出版社，2018:8.
6 马克思恩格斯文集：第3卷[M].北京：人民出版社，2009:355.

因为输出的结果只会断送自己的胜利。

马克思主义关于社会主义国家可以与资本主义国家和平共处的思想，指引中国式现代化和平发展道路。在马克思、恩格斯的认知逻辑中，战争并非人类社会诞生之日就有的，而是人类社会发展到私有制和阶级社会这一特定阶段时所衍生的历史现象。在他们看来，在私有制和阶级社会中，"只要有利益相互对立、相互冲突和社会地位不同的阶级存在"[1]，战争就不会被消灭。这就意味着，无产阶级通过无产阶级革命取得无产阶级的政治统治，消灭私有制、一切阶级和阶级对立所创造的共产主义社会，注定是一个把和平作为国际原则的新社会。[2]因此，在马克思、恩格斯预想的共产主义社会中，无疑是不存在战争问题的。十月革命的胜利虽能为俄国创造建立社会主义制度的政治条件，但不能推动世界社会主义革命达到列宁等人所盼望的程度，从而实现社会主义制度在全世界的建立。这就意味着社会主义制度同资本主义制度的时空关系呈现出由历时性朝共时性的转向。至此，社会主义制度同资本主义制度共存成为人类社会发展进程中的一个重要场景，从而促成了不同社会制度和平共处思想在列宁实践视域中的产生。对于社会主义观念及其建设实践而言，这既是一个大胆的突破，又为今后社会主义国家与不同社会制度国家和平共处提供了理论和实践范式。

马克思主义将对国家之间平等交往的强烈期盼作为根本遵循，提倡尊重平等、相互合作。马克思通过讽刺殖民者的行为，深刻揭露并批判了当时西方国家对东方国家的欺凌和掠夺。19世纪中叶，在关于对中国、印度的评论和通信中，马克思、恩格斯记载了西方殖民者对中国、印度等古老文明的侵略和压榨，并旗帜鲜明地提出反对观点。侵略扩张、殖民掠夺的西方现代化过程和结果，形成了中心与外围之间的不平等关系，中心国家通过侵略和剥削外围国家，获得更多的财富和资源，而外围国家则被迫依赖于中心国家，并且失去了自主发展的机会。这种带有强烈西方中心主义的惯性思维，造成了发达国家与不发达国家之间的严重不平等，引起不发达国家的强烈不满和抗议，也为后发国家实现现代化作出了错误示范。中国积极回应全球各国对于公平和正义的强烈期盼，通过走和平发展道路的中国式现代化来实现这一目标，这一举措是马克思平等交往理念的具体体现。中国坚决反对霸权主义和强权政治，强调各国应平等相待、互相尊重，不以国家大小、贫富程度或者其他因素来区分优劣，各国也应尊重彼此的主权和独立。

（二）延续深厚的文化基因

中华民族历来是爱好和平的民族，经过5000多年文明积淀，对和平、和睦、和谐的追求已深深植根于中华民族的精神世界，深深融入中国人民的血脉之中。走和平发展道路不仅继承了中华优秀传统文化中大同社会的理想追求，而且发扬了"和"文化的精髓。

"和"文化在中国文化中占据着重要地位。中华文明发源于中原地区，后逐渐拓展到其他地区。这些地区基本上都是平原，地势平坦，土壤肥沃，适宜耕种，因此那时的中华文明从生产力的角度讲属于农耕文明。这种自给自足的小农经济具有较强的稳定性，这种状况反映在文化上就形成了一系列的"和"文化。例如，在处理与邻邦的关系上，孟子提出"善战

---

[1] 马克思恩格斯全集：第11卷[M].北京：人民出版社，1995:264.
[2] 马克思恩格斯选集：第3卷[M].北京：人民出版社，2012:61.

者服上刑",强调"以德服人",而非"以力服人";荀子提出"不战而胜,不攻而得,甲兵不劳而天下服",主张施行仁义以使天下臣服;墨子提出"兼爱""非攻""国与国不相攻",通过以"利害说利害",身体力行地阻止了楚宋、齐鲁之战。此外,墨子认为国与国之间应竭力避免战争,提出"兼相爱、交相利",推崇积极防御政策,反对国与国之间互相进攻。

中国坚定走和平发展道路,是有中国深厚的文化底蕴来支撑的。在中国古代百家思想中,"和"文化始终是个人、社会乃至国家应该遵循的价值准则。孔子在《论语·子路》中言:"君子和而不同,小人同而不和",将与周围保持和谐融洽的关系视为君子的重要美德。老子在《道德经》中言:"道生一,一生二,二生三,三生万物。"并言"万物负阴而抱阳,冲气以为和",将"和"上升到宇宙本体论层面,认为"和"是万物相生相育的内在要求和存在状态。墨子也主张"视人之国若视其国"与"天下兼相爱"的价值理念,以实现和平发展。正是在上述文化基因的滋养下,中华民族围绕自我与他者的关系形成了胸怀天下的精神品质,使得中国一直是一个崇尚和平、主张平等的国家。

中华民族的和合精神、和合共生、和而不同,彰显了中国式现代化与资本主义现代化的本质区别。中华文明是以农耕文明为基础繁衍发展起来的文明,也是世界历史上唯一没有中断过的古老文明。孕育于独特地理环境中的中华农耕文明不仅造就了中华民族勤劳的内在特质,相对充足的自然资源也使中华民族无须以对外战争来掠夺资源。因此,作为原生文明的中华文明,通过对自身资源的合理配置与充分利用,逐步形成了"穷则独善其身,达则兼济天下"的品格。和衷共济、和合共生是中华民族的历史基因,也是东方文明的精髓。[1] 在悠久的历史积淀之下,和平、合作、公平、正义成为中华文化的主脉,"和合"思想传承久远、历久弥新,"和合"具有两层内涵,其一是和而不同,其二是求同存异。"和"指的是和谐、和平、中和等,这种"贵和尚中、善解能容、厚德载物、和而不同"的宽容品格,是我们民族所追求的一种文化理念。[2] 正如意大利传教士利玛窦所阐述的那样:"如果我们停下来想一想,就会觉得非常值得注意的是,在这样一个几乎拥有无数人口和无限幅员的国家……虽然他们有装备精良的陆军和海军,很容易征服邻近的国家,但他们的皇上和人民却从未想过要发动侵略战争……我仔细研究了中国长达4000多年的历史,我不得不承认我从未见到有这类征服的记载,也没听说过他们扩张国界。"[3] 优秀传统文化使得中华文明尊重其他民族和文明的差异性,不孤立和排斥其他文明的存在,可以实现相互尊重,合作共赢。

(三)中国共产党对走和平发展道路理论的创新

中国式现代化走和平发展道路不仅遵循马克思主义基本原理,坚持马克思主义的立场观点方法,而且还包括独立自主、勇于探索、守正创新。自新中国成立特别是改革开放以来,中国共产党遵循人类社会发展规律,顺应世界现代化发展的历史潮流,从国家和民族的根本利益出发,把马克思主义基本原理同中国具体实际和中华优秀传统文化相结合,带领全国各族人民,经过艰辛努力,探索出一条实现全体人民共同富裕和中华民族伟大复兴的中国式现

---

[1] 习近平谈"一带一路"[M].北京:中央文献出版社,2018:128.
[2] 习近平.之江新语[M].杭州:浙江人民出版社,2007:150.
[3] 利玛窦,金尼阁.利玛窦中国札记[M].何高济,王遵仲,李申,译.北京:中华书局,1983:58-59.

代化道路，逐步实现了人民富裕和国家富强。[1]

中国共产党从诞生起，就把马克思主义作为改造社会的根本理论武器，在任何情况下都不动摇共产主义的理想信念，在探索现代化道路的百年进程中始终坚持高举马克思主义旗帜。一方面，作为马克思主义政党，领导现代化建设沿着社会主义道路前进，绝不走西方那种对外扩张的道路。早在20世纪50年代，毛泽东在论述中国工业化道路时就明确提出，中国不走西方国家资本主义工业化的老路。另一方面，"我们坚持以马克思主义为指导，是要运用其科学的世界观和方法论解决中国的问题，而不是要背诵和重复其具体结论和词句，更不能把马克思主义当成一成不变的教条。"[2] 在探索现代化道路的过程中，中国共产党在理论和实践上都做到了独立自主、与时俱进、守正创新，这也是中国式现代化走和平发展道路的重要因素。

中国共产党人将马克思主义基本原理同中国具体实际和中华优秀传统文化相结合，形成了互利共赢、共同发展的理念。近代中国是在西方欺凌压迫下开启现代化的，中国共产党自成立之初就正视文化、文明的差异性，汲取和借鉴其他文明的精华，形成了与日本"转向型文明"不同的"回心式文明"。党的十八大以来，以习近平同志为核心的党中央提出了"构建人类命运共同体"的伟大构想，旨在打造一个持久和平、普遍安全、共同繁荣、开放包容、清洁美丽的世界，形成以和平、发展、公平、正义、民主、自由的全人类共同价值为导向的新文明观，为推动走和谐共生、和平发展的现代化道路提供了思想指南。

三、中国式现代化走和平发展道路的历史逻辑

中国共产党带领全国人民经过一百多年的探索、积累和发展，成功开辟了在世界现代化浪潮中激流勇进的中国式现代化道路，取得了新的伟大历史成就，展现出民族复兴的光明前景。在新的征程中，走好强国建设和民族复兴的现代化道路，必须坚持中国共产党领导的根本要求，坚持社会主义基本经济制度的实践准则，坚持人类文明共同进步的价值遵循。

中国的现代化是在西方列强的侵略中开启的。面对西方资本主义文明对中国旧有封建统治秩序和社会制度的巨大冲击，近代中国人深刻反思自己落伍的原因，一方面通过努力学习西方先进文化来改变自己的落后现状，另一方面进行争取民族独立、人民解放的英勇抗争。从太平天国运动到洋务运动，从戊戌变法到辛亥革命，中国人始终把改变命运的努力放在内部变革上、放在自己力量的基点上，而从不把目光放在向外扩张、损害他国利益上。近代中国作为西方资本主义殖民扩张的受害者，即使自身实力再强大，在情感和价值上都不会选择走西方现代化对外扩张的道路，而坚持走和平发展道路。具体而言，中国式现代化的三个发展历史阶段[3]，都遵循走和平发展道路的原则。

（一）中国式现代化发展第一阶段：和平发展道路的初期形成

中国式现代化的第一个阶段是新中国成立初期的现代化建设，也是和平发展道路的初期

---

[1] 刘儒，刘启农，向潇璇. 中国式现代化的和平发展特质：基于三重向度的比较论析[J]. 西安交通大学学报（社会科学版），2024, 44(1): 23-32.

[2] 习近平. 高举中国特色社会主义伟大旗帜 为全面建设社会主义现代化国家而奋斗：在中国共产党第二十次全国代表大会上的报告（2022年10月16日）[M]. 北京：人民出版社，2022: 17.

[3] 梁昊光，李力. 中国式现代化的源流、经验与贡献[J]. 国际经济合作，2023(5): 13-21+91-92.

形成阶段。中国共产党自成立起，就把实现国家富强和民族复兴作为自己的奋斗目标，中国共产党人深刻地认识到，"就整个来说，没有一个独立、自由、民主和统一的中国，不可能发展工业"[1]。因而，中国共产党人带领人民坚决反对帝国主义及其发动的侵略战争，维护国家独立和安全。中国共产党在任何条件下都没有忘记马克思主义的原则立场，没有丢掉中华优秀传统文化的和合精神。在抵抗外来侵略以及处理国家关系中，在以战止战、为和平而战、为正义而战的同时，坚定地捍卫公平正义，不放弃争取和平的任何机会。"新中国成立以来，中国没有主动挑起过任何一场战争和冲突，没有侵略过别国一寸土地。"[2]中国共产党在对外国际交往中坚定奉行和平共处五项原则，这是新中国对外政策的基本准则和重要基石。1953年12月31日周恩来总理在同印度政府代表团会谈时，首次完整地提出了和平共处五项原则，1955年中国积极倡导将和平共处五项原则写入万隆会议。

（二）中国式现代化发展第二阶段：和平发展道路发展和开拓

第二阶段是改革开放四十多年的现代化建设。中国用几十年的时间走完了西方百年来的现代化进程，这个奇迹的创造靠的是走和平发展道路，这与中国共产党和平、合作的治国理念密不可分。自20世纪70年代以来，以邓小平为代表的中国共产党人敏锐地认识到，"现在世界上真正大的问题，带全球性的战略问题，一个是和平问题，一个是经济问题或者说发展问题"[3]。从而明确提出和平与发展是时代主题，同时还将中国现代化建设与争取和平稳定的外部环境统一起来，坚持对内改革、对外开放，努力营造适合现代化发展的有利条件。在处理国际关系上，坚持独立自主的和平外交政策，并将其发展为不结盟政策。创造性地提出了"一国两制"科学构想，以此推进祖国和平统一大业。此外，还提出了"主权属我、搁置争议、共同开发"的新思路，有力地推动了历史遗留问题的和平解决。在东欧剧变后国际社会主义进入低潮的时期，坚持高举马克思主义旗帜，胜利地将中国特色社会主义推向21世纪，稳住了世界社会主义阵脚。

（三）中国式现代化发展第三阶段：和平发展道路丰富和完善

第三阶段是新时代全面建设社会主义现代化国家时期。新时代中国式现代化实践进一步彰显了和平发展特色。自中国特色社会主义进入新时代以来，中国式现代化取得了飞跃式发展，中国共产党人走和平发展道路的决心也更加坚定。一方面，中国式现代化所取得的成就本身就是世界和平与稳定的重要因素。中国人民自力更生、不懈奋斗，打赢了人类历史上规模最大的脱贫攻坚战，历史性地解决了中国的绝对贫困问题，这本身就是对全球减贫事业与世界和平发展的巨大贡献。另一方面，在推动自身现代化快速发展的同时，中国也积极思考人类的前途命运问题，主动分享自身发展机遇。面对世界百年未有之大变局，以及新冠疫情全球大流行的历史性挑战与新一轮科技革命的历史性机遇，"中国方案是：构建人类命运共同体，实现共赢共享"[4]。党的十八大明确提出"要倡导人类命运共同体意识，在追求本国

---

[1] 毛泽东选集：第3卷[M]. 北京：人民出版社, 1991: 1080.
[2] 国务院新闻办公室. 新时代的中国与世界[EB/OL]. (2019-09-27) [2024-09-24]. https://www.gov.cn/zhengce/2019-09/27/content_5433889.htm
[3] 邓小平文选：第3卷[M]. 北京：人民出版社, 1993: 105.
[4] 习近平主席在出席世界经济论坛2017年年会和访问联合国日内瓦总部时的演讲[M]. 北京：人民出版社, 2017: 22.

利益时兼顾他国合理关切"[1]。不仅如此，中国还以"一带一路"倡议及实践探索不断推动人类命运共同体理念变为现实，这些无不证明中国"始终做世界和平的建设者、全球发展的贡献者、国际秩序的维护者"[2]，无不彰显中国式现代化是走和平发展道路的现代化。

四、中国式现代化走和平发展道路的时代内涵

习近平总书记在2017年"一带一路"国际合作高峰论坛开幕式上指出，从历史维度看，人类社会正处在一个大发展大变革大调整时代。世界多极化、经济全球化、社会信息化、文化多样化深入发展，和平发展的大势日益强劲，变革创新的步伐持续向前。各国之间的联系从来没有像今天这样紧密，世界人民对美好生活的向往从来没有像今天这样强烈，人类战胜困难的手段从来没有像今天这样丰富。从现实维度看，我们正处在一个挑战频发的世界。世界经济增长需要新动力，发展需要更加普惠平衡，贫富差距鸿沟有待弥合。地区热点持续动荡，恐怖主义蔓延肆虐。和平赤字、发展赤字、治理赤字，是摆在全人类面前的严峻挑战。[3]我国依靠自身力量而非通过对外扩张和掠夺资源来保障发展，所实现的现代化是和平发展的现代化。这条现代化道路既推动了我国现代化建设，又形成了国内发展和对外开放和谐互动，以互利共赢的开放战略实现世界的共同繁荣，显现出自主发展、协调发展和共同发展的鲜明特征。

（一）超越西方对外扩张掠夺的现代化模式

中国共产党领导人民成功走出的中国式现代化道路，与奉行扩张主义、霸权主义的西方现代化发展模式具有根本性区别。中国式现代化道路是一条和平发展之路、合作共赢之路、开放包容之路。中国沿着这条道路不断向前迈进，摒弃了以侵略、剥削、压迫为特征的西方现代化弊端，也突破了部分发展中国家受制于西方的困境，即不通过挑起战争、实施掠夺的方式实现现代化，而是站在人类文明进步的一边，不称霸、不争霸，倡导更多国家走和平发展道路。

中国式现代化建立在和平发展基础上。不同于西方国家在现代化过程中的殖民扩张和霸权主义行为，中国式现代化秉持和平共处五项原则，不认同、不接受"国强必霸"的陈旧逻辑。中国从来不以扩张和征服为目的，始终坚持和平发展的理念，从不对其他国家进行扩张或者干涉，而是在实现自身现代化的基础上，积极为全球和平发展作出贡献。中国维护世界和平的决心不会改变、促进共同发展的决心不会改变、打造伙伴关系的决心不会改变、支持多边主义的决心不会改变。[4]

中国式现代化超越了单一的发展模式，注重社会全面进步。西方发达国家是一个"串联式"

---

[1] 胡锦涛.坚定不移沿着中国特色社会主义道路前进 为全面建成小康社会而奋斗：在中国共产党第十八次全国代表大会上的报告（2012年11月8日）[M].北京：人民出版社，2012: 47.

[2] 习近平.习近平在博鳌亚洲论坛2022年年会开幕式上的主旨演讲[EB/OL].(2022-04-21)[2024-09-24]. http://www.news.cn/world/2022-04/21/c_1128580418.htm

[3] 习近平：摆在全人类面前的严峻挑战是我一直思考的问题[EB/OL].(2017-05-14)[2024-08-20]. http://world.people.com.cn/gb/n1/2017/0514/c1002-29273745.html

[4] 习近平.论坚持推动构建人类命运共同体[M].北京：中央文献出版社，2018: 423-425.

的发展过程，我们要后来居上，决定了我国的发展必然是一个"并联式"的过程，工业化、信息化、城镇化、农业现代化是叠加发展的。"并联式"发展意味着中国在现代化进程中所面对的问题十分复杂。因此，中国式现代化发展不是仅仅注重经济发展，而是在注重经济发展的同时注重社会全面进步，兼顾经济和社会的双重发展，并将人民的福祉置于首位。中国采取的现代化发展模式注重"五位一体"的全面发展战略，致力于促进人的全面发展。

（二）倡导文明共存的新形态

随着世界现代化进程的不断深入，西方现代化模式的种种弊病日益显现，但西方国家仍然没有放弃主导世界现代化格局的初衷，强行推销自己的价值观和发展模式。过去以战争和破坏为手段的直接殖民难以为继，就改为间接的"经济殖民"，同时披上新自由主义、"历史终结论""文明冲突论"等意识形态外衣。而走和平发展道路的中国式现代化模式，打破了"历史终结论""文明优越论"和"文明冲突论"，取得了一系列经济、政治、文化方面的成果，为人类文明开辟了新的形态。

走和平发展道路的中国式现代化不仅是一种发展模式，而且是对文明模式的一种重大创新。第一，中国式现代化倡导的是文明共存而非文明冲突。在现代化发展的过程中，中国始终坚定文化自信，坚持在现代化过程中保持自身文化的独特性，同时也注重吸收和借鉴其他文化的优点，进行文化融合。坚持文明多样性的理念指引中国式现代化反对任何形式的文化冲突和文化对抗。这种对文化多元性的尊重和促进，不仅有助于构建和谐世界，而且有助于丰富全球文化的多样性。

第二，中国式现代化注重传统文化的继承和发展。中国式现代化既继承自博大精深的中华文明，包含中华民族深层的精神追求与中华民族独特的精神标识，又发展出符合中国国情、具有中国特色的文明形态。

第三，中国不断推动文化交流与多元文化平等对话。中国历来注重文明交流互鉴，推崇和而不同的文明观。习近平总书记2014年3月27日在联合国教科文组织总部发表的演讲中，鲜明地阐释了新时代中国的文明观，把文明交流互鉴作为推动人类文明进步和世界和平发展的重要动力。中国始终倡导不同文明间的平等交流、相互尊重和共同发展，打破了西方对文明的单一解释权，破除了现代化道路的一元决定论，摒弃了价值理念的单极独断论。在2023年3月15日举行的中国共产党与世界政党高层对话会上，习近平总书记首次提出全球文明倡议，用尊重世界文明多样性、弘扬全人类共同价值、重视文明传承和创新、加强国际人文交流合作四个"共同倡导"，从根本上回答了"我们究竟需要什么样的现代化""如何构建人类文明新形态"等一系列时代之问，以中国式现代化的创新实践探索，超越了西方二元对立与零和博弈的思维方式，打破了西方利用话语霸权树立起的"西方文明中心论""文明优越论"，创造了人类文明新形态，为促进人类文明进步提供了思想引领和精神动力。

（三）推动构建人类命运共同体

当今世界正处于百年未有之大变局中，准确把握和平与发展的时代主题，在中国式现代化道路下，推动构建人类命运共同体，对于我们在世界百年变局的迷雾中保持沉着冷静、战略定力、敢于斗争具有重要意义。

走和平发展道路的中国式现代化为推动建设新型国际关系提供了有益探索。中国坚持和平发展，倡导国家间的和平相处和共同发展。一方面，中国将和平发展作为发展的战略方向，极力维护国际和平与安全。自党的十八大以来，中国推动构建相互尊重、公平正义、合作共赢的新型国际关系，构建全球伙伴关系网络，坚持多边主义，支持联合国的作用并维护国际法治。这为世界各国提供了新的发展机遇和经验，也为全球治理提供了新的思路，为推动构建开放、包容、平等、合作的新型国际关系提供了有益探索。另一方面，中国式现代化通过推动经济全球化与国家间合作，形成了新的合作模式。在经济全球化和多极化的背景下，中国以互利共赢的方式与世界各国进行合作，积极推动建立多边贸易体制和自由贸易区，如中国与东盟、中日韩自贸区等。这些合作机制为各国提供了新的发展机遇，促进了区域乃至全球的经济繁荣和发展。与此同时，中国积极参与国际组织和多边机制，为解决全球性问题提供了有力的支持，为全球治理提供了中国智慧和中国方案。

中国式现代化为构建人类命运共同体提供了有益的经验和借鉴。第一，中国式现代化指引我们在构建人类命运共同体的过程中要始终坚持走和平与发展的道路。中国式现代化除了具有各国现代化的共同特征外，必须注重彰显自己的特色和内涵，不仅要着眼于国内，而且要放眼于人类的未来。构建人类命运共同体就是要构建持久和平、普遍安全、共同繁荣、开放包容、清洁美丽的世界，这也是中国式现代化的本质要求。

第二，中国式现代化要求我们在构建人类命运共同体的过程中要始终坚持国际合作和共赢发展。中国积极倡导国际合作和共赢发展，通过"一带一路"倡议、金砖国家合作机制、中非合作论坛、上海合作组织等多边机制，推动各国加强互利合作，实现共同发展。中国同时倡导多边主义和全球治理体系改革，推动国际秩序朝着更加公正合理的方向发展。例如，在气候变化、全球贸易、粮食安全等方面，中国始终积极参与国际合作，为推动全球治理作出了重要贡献。

第三，中国式现代化要求我们在构建人类命运共同体的过程中坚持弘扬全人类共同价值，推动文明交流互鉴。弘扬全人类共同价值、推动不同文明间的平等对话和交流，有助于加深人们对不同文明之间的理解和认知，从而为构建人类命运共同体提供更广阔的空间。与此同时，人类命运共同体理念也会得到越来越多国家和国际组织的支持和认同。

第二节　和平发展现代化指标体系构建

一、国内外相关指标体系研究现状

构建多维度的和平发展现代化指标体系是一项极具挑战性的任务，各国相关数据的统计口径不一致，进一步为指标体系的构建增加了难度。目前，针对和平发展现代化的评价未能形成统一的指标体系，但部分国内外学者和相关机构围绕中国式现代化、和平等主题构建了相关指标体系，可为走和平发展道路的中国式现代化指标体系的构建提供经验和借鉴。

（一）国外和平发展相关指数评估

目前，国外相关研究机构和学者围绕和平、政治稳定等主题构建了相关指标体系，具有代表性的指标体系包括经济与和平研究所（Institute for Economics & Peace，IEP）构建的全球和平指数（global peace index，GPI）、积极和平指数（positive peace index，PPI），以及由英国《经济学人》发布的世界政局稳定指数等，具体情况见表7-1。

全球和平指数是一套测量国家或地区和平程度的领先指标，由经济与和平研究所于2007年首次发布。和平的内涵非常难以界定，达到和平最简单的判断方法就是没有战争和冲突，即和谐。从国际视角来看，则是跟邻国之间没有暴力冲突或者没有卷入国际战争。这是由著名的和平研究学者约翰·加尔通教授所定义的"消极和平"概念——暴力缺失。以此为依据，从是否有暴力冲突的角度出发，经济与和平研究所构建了全球和平指数，指数的部分数据由英国经济学人智库的专家小组进行收集。全球和平指数通过对社会安全和治安水平、持续的国内和国际冲突程度、军事化程度3大类别下的23个指标共同构成的指标体系对全球各国和平指数进行了评估，和平指数的取值为1～5，1代表最和平，5代表最不和平。全球和平指数使用的数据以客观数据为主，来源包括国际战略研究所、世界银行、斯德哥尔摩国际和平研究所、联合国毒品和犯罪问题办公室等。个别指标由于缺乏数据，会与经济学人智库合作进行定性评估。

积极和平指数根据创造和维持和平社会的态度、制度和结构进行定义，通过统计得出衡量积极和平的指数。积极和平指数与全球和平指数相似，都是为衡量多维概念而建立的综合指数。它涵盖了与全球和平指数相同的163个国家，覆盖全球99%以上的人口，主要目标是设计一个简单、直观、可审计、可在不同国家间进行比较并在不同时期保持一致的衡量系统。积极和平指数共选择了运转良好的政府、优良的营商环境、信息的自由流动、资源的公平分配、高水平的人力资源、对他人权利的接受、与邻里的良好关系、低水平的腐败等24个指标对全球163个国家进行评分排名。通过该指数可以衡量和平与社会、文化、经济和政治等因素之间的相互关系。

美国和平指数是经济与和平研究所编制的第一个国家和平指数。这一指数的概念与全球和平指数相似，以"没有暴力"作为和平的定义。该指数由5个指标组成，包括每10万人中发生凶杀案的数量、每10万人中暴力犯罪的数量、每10万人中的监禁率、每10万人中警察雇员的人数和获得小型武器的可能性。

墨西哥和平指数由5个指标组成，得分在1～5之间，1代表最和平，5代表最不和平，其中人口数据用于估计每10万人的发病率。

政治稳定指数是一种用于衡量政治风险的工具，由丹·亨德尔（Dan Haendel）、杰罗尔德·韦斯特（Jerrold West）和罗伯特·梅多（Robert Meadow）提出，旨在为政治风险提供一个定量分析框架。该指数由3个分指数组成：国家的社会经济特征指数、社会冲突指数和政府干预指数，其中，社会冲突指数包括社会不安定指数、国内暴乱指数和统治危机指数。这些指数可以通过年鉴、政府文件和政治资料出版物等获得。然而，这个模型的主要缺点是没有在政治制度稳定性指数与各个风险变量之间建立联系，因此不能说明制度的稳定性或不稳定性与跨国经营或投资风险间的关系。

世界政局稳定指数是一个衡量全球政治风险的指标，该项指数的数值代表着全球政治风险的程度，由英国《经济学人》杂志每年发布，以100分为基准，数值越低表示全球政治风险越高。该项指数的计算方法包括对全球各国的政治和经济数据进行分析、对重大事件和冲突等多种因素进行评估等。其中，政治因素包括政治稳定性、民主制度、政治透明度等；经济因素包括经济增长、通货膨胀率、财政状况等；社会因素包括社会稳定性、人权状况、犯罪率等。

贝塔斯曼转型指数（Bertelsmann transformation index）是由贝塔斯曼基金会设计的，评估转型阶段的国家或地区是否正在经历以及如何向民主和市场经济变迁。贝塔斯曼转型指数建立在两个指数上：状态指数（status index）和管理指数（management index）。一个国家的状态指数从政治转型和经济转型两个维度进行分析，用来界定所评估国家或地区的民主法治状况和以社会正义原则为基础的市场经济程度。管理指数评估国家的治理质量，包括决策者在引导政治过程中所表现出来的敏锐性。

表 7-1 国外和平发展相关指标体系

评价体系	一级指标	二级指标
全球和平指数	社会安全和治安水平	社会犯罪程度、难民和国内流离失所者的人数占总人口的百分比、政治稳定性、对人权的尊重程度（政治恐怖程度）、全球恐怖指数、每10万人中杀人犯的数量、暴力犯罪的程度、暴力示威的可能性、每10万人中入狱的人数、每10万人中安全人员和警察的人数、获得小型武器和轻武器的轻易度
	持续的国内和国际冲突程度	内部冲突的数量和持续时间、因组织冲突而造成的死亡人数（国内）、因组织冲突而造成的死亡人数（国际）、外部冲突的数量和持续时间、有组织的内部冲突程度、与邻国关系
	军事化程度	军费开支占GDP的百分比、每10万人中武装服务人员的人数、每10万人中从事武器交易的数额（出口）、每10万人中从事武器交易的数额（进口）、对联合国维和特派团的财政贡献、核武器和重型武器的能力
积极和平指数	创造和维持和平社会的态度、制度和结构	运转良好的政府、优良的营商环境、信息的自由流动、资源的公平分配、高水平的人力资源、对他人权利的接受、与邻里的良好关系、低水平的腐败
美国和平指数	无暴力	每10万人中发生凶杀案的数量、每10万人中暴力犯罪的数量、每10万人中的监禁率、每10万人中警察雇员的人数、获得小型武器的可能性
墨西哥和平指数	暴力冲突	暴力犯罪、有组织的犯罪、枪支犯罪、未犯罪比例
政治稳定指数	政治风险	国家的社会经济特征指数、社会冲突指数、政府干预指数
世界政局稳定指数	政治风险	政治稳定性、民主制度、政治透明度
	经济风险	经济增长、通货膨胀率、财政状况
	社会风险	社会稳定性、人权状况、犯罪率
贝塔斯曼转型指数	政治转型	国家性、政治参与、法治、民主机构的稳定性、政治和社会整合情况
	经济转型	社会经济发展水平、市场和竞争机制、货币和物价稳定、私有制、福利体制、经济绩效、可持续性
	社会公正	国家政府的管理难度、引导能力、资源利用效率、共识构建、国际合作

（二）国内和平发展相关指标体系

目前，国内暂无针对和平发展现代化进行构建的指标体系，只有部分中国式现代化指标体系在构建中会涉及和平发展现代化维度指标的选取（表7-2）。胡昊根据对相关文献的搜集整理，在走和平发展道路的现代化维度中列出了5个功能性指标频次，并进行了词频分析，筛选出可表征和量化走和平发展道路的现代化的指标，共计7个，包括全行业对外直接投资额、对"一带一路"共建国家非金融类直接投资、中国货物贸易进出口总额及增幅、中国与"一带一路"共建国家货物贸易额、"一带一路"建设参与国贸易增长、我国对世界经济增长的平均贡献率、在读留学生数量及归国留学生数量。[1] 叶阿忠等从外循环和内循环两个方面刻画了和平发展，最终选择外贸依存度、外资利用强度、旅游开发、对外承包额、国内企业投资和国内旅游收入6个指标进行描述。[2] 侯娜娜和吕宏军从对外开放程度和国际参与两个方面共计3个指标对和平发展进行了描述。[3] 王家庭和王浩然则从通过外商投资和对外贸易两个方面共计3个指标构建高水平对外开放新格局和国际合作互利共赢进行分析。[4]

表 7-2 国内和平发展现代化相关指标体系

指标来源	指标体系	维度／功能指标	具体指标
胡昊（2023）①	走和平发展道路的现代化	对外投资总额占GDP比例	全行业对外直接投资额
			对"一带一路"共建国家非金融类直接投资
		中国对外贸易发展情况	中国货物贸易进出口总额及增幅
			中国与"一带一路"共建国家货物贸易额
			"一带一路"建设参与国贸易增长
		中国对世界经济增长的贡献	中国对世界经济增长的平均贡献率
		留学生人数	在读留学生数量及归国留学生数量
叶阿忠等（2024）②	和平发展	外循环	外贸依存度：进出口总额/GDP
			外资利用强度：实际利用外商直接投接投资总额/GDP
			旅游开发：外汇旅游收入/GDP
			对外承包额：对外承包工程合同额
		内循环	国内企业投资：国内企业投资总额/GDP
			国内旅游收入：国内旅游收入/GDP
马成文，苏薇（2023）③	走和平发展道路	—	货物进出口总额与GDP的比值
			外商投资企业投资总额与GDP的比值
			对外承包合同金额占GDP的比例
侯娜娜，吕宏军（2023）④	和平发展	对外开放程度	货物进出口总额占地区生产总值的比例
		国际参与	年度参加对外交流活动次数
			签署国际公约数量
王家庭，王浩然（2023）⑤	走和平发展道路的现代化	外商投资	外商投资企业数
			外商投资项目数
		对外贸易	进出口总额/GDP

---

1 胡昊.上海率先实现中国式现代化的内涵特征、指标体系和实施路径[J].科学发展，2023(12): 17-27.
2 叶阿忠，朱灵群，张源野，等.中国式现代化水平测度、区域差异及来源分解[J].工业技术经济，2024, 43 (3): 23-32.
3 侯娜娜，吕宏军.以中国式现代化推动青海高质量发展的测度与评价研究[J].青海科技，2023, 30 (4): 118-123+132.
4 王家庭，王浩然.中国式超大特大城市现代化水平的多维测度：理论逻辑、时空演绎与提升路径[J].城市问题，2023(5): 12-23.

续表

指标来源	指标体系	维度/功能指标	具体指标
孙攀等（2023）⑥	走和平发展道路（反映和平发展的宏观经济指标）	产业结构升级	第一产业增加值占比
			第二产业增加值占比
			第三产业增加值占比
		经济增长	人均GDP
			人均地方财政一般预算收入
			人均实际利用外资
			人均对外直接投资
		外资外贸	人均境内货源地出口总额
			人均境内目的地进口总额

资料来源：① 胡昊. 上海率先实现中国式现代化的内涵特征、指标体系和实施路径 [J]. 科学发展, 2023(12): 17-27.
② 叶阿忠, 朱灵群, 张源野, 等. 中国式现代化水平测度、区域差异及来源分解 [J]. 工业技术经济, 2024, 43 (3): 23-32.
③ 马成文, 苏薇. 基于AHP-熵值法对区域中国式现代化水平测度的研究 [J]. 长春工程学院学报：社会科学版, 2023, 24(3):22-28.
④ 侯娜娜, 吕宏军. 以中国式现代化推动青海高质量发展的测度与评价研究 [J]. 青海科技, 2023, 30 (4): 118-123+132.
⑤ 王家庭, 王浩然. 中国式超大特大城市现代化水平的多维测度——理论逻辑、时空演绎与提升路径 [J]. 城市问题, 2023(5): 12-23.
⑥ 孙攀, 周予欣, 郑彭维, 等. 中国式现代化评价指标体系的构建和应用研究 [J]. 浙江树人大学学报 (人文社会科学版), 2023, 23(6): 48-58.

（三）国内外相关指数评述

当前，一些影响力较大的与和平有关的指数往往存在比较明显的价值观偏见问题。例如，全球和平指数将一国的和平水平直接与军费投入、是否拥有核武器甚至自杀率挂钩。而一旦涉及民主议题，诸如民主指数（democracy index）等，指标体系所构建的评价规则中则蕴含更加明显的意识形态色彩。而国内目前只有部分中国式现代化指标体系中会涉及和平发展维度，且该维度的测度基本选取的是对外开放层面的指标，如外商投资企业数和外商投资项目数等，并未涵盖和平治理层面，对于和平发展的度量会有偏颇。因此，建立中国式现代化语境下的和平发展指标体系并扩大其影响力，已经成为一项非常紧迫的工作。

一方面，和平发展的现代化指标体系要体现和平发展的共同特征；另一方面，和平发展的现代化指标体系应体现中国特色。对于具体指标的衡量要注重普遍性意义，即把中国对于和平发展的理解通过数据指标转化成一般性、学理性的评估成果，从而产生更大的世界性影响。在数据来源方面，可以探索独立数据，而不是仅将各类客观数据进行加总。同时，在衡量不同国家的治理状况时，也要注重国别之间在规模和复杂程度上的巨大差异，如中国作为超大规模国家，其治理问题的复杂程度显然是很高的。

二、和平发展现代化指标体系构建框架及原则

（一）指标体系概念框架

习近平总书记对走和平发展道路的现代化这一中国式现代化的鲜明特色作出深刻阐释，

指出:"中国式现代化坚持独立自主、自力更生,依靠全体人民的辛勤劳动和创新创造发展壮大自己,通过激发内生动力与和平利用外部资源相结合的方式来实现国家发展,不以任何形式压迫其他民族、掠夺他国资源财富,而是为广大发展中国家提供力所能及的支持和帮助。我们要始终高举和平、发展、合作、共赢旗帜,奉行互利共赢的开放战略,不断以中国新发展为世界提供新机遇。积极参与全球治理体系改革和建设,践行真正的多边主义,弘扬全人类共同价值,推动落实全球发展倡议和全球安全倡议,努力为人类和平与发展作出更大贡献。"[1] 这一重要论断,体现出走和平发展道路是中国式现代化大国外交的核心逻辑。从中国与世界的关系角度出发,深刻揭示了走和平发展道路的现代化是中国式现代化的鲜明特征之一,与西方国家通过殖民掠夺、对外扩张等方式实现现代化的道路有着本质区别。走和平发展道路的现代化是有别于内生动力的外部因素考量,体现了中国共产党人主动塑造有利国际环境的坚定决心。

中国式现代化走和平发展道路是中国共产党创造性地运用马克思主义历史观,利用历史唯物主义的根本方法,以解决国际社会现实难题为指向,以统合世界各国人民对和平、发展的向往为追求,通过政治、经济等手段,在坚定维护世界和平与发展中谋求自身发展。同时,中国式现代化走和平发展道路又是以自身发展积极参与全球治理体系改革和建设,助力全球共同发展,更好维护世界和平与发展,推动国家间关系和谐、和平、互利的一种发展模式。这种模式坚持以相互尊重、和平共处、合作共赢为基础,通过激发内生动力与利用外部资源相结合的方式,以和平促发展、以发展建和平(图7-1)。和平追求政治稳定、经济发展、社会安全和一定的军事实力,而发展则追求积极参与全球治理和实现共同发展,推动构建人类命运共同体。

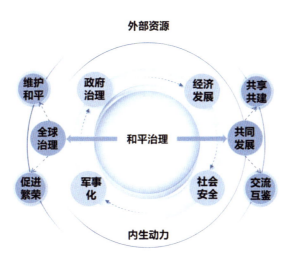

图 7-1 和平发展现代化评价概念框架

(二)指标选取原则

走和平发展道路的现代化在指数构建过程中应该遵循以下几点原则:

---

[1] 习近平. 中国式现代化是强国建设、民族复兴的康庄大道 [J]. 求是,2023(16): 7-8.

第一，科学性原则。在和平发展现代化指数构建过程中，每个指标的设计都需要有据可依。和平发展内涵的定义和维度划分的科学性需要正确的理论基础，具体指标的科学性需要精确的科学解释支撑，指标选取的方法和计算方法的科学性需要有科学分析支撑，指标数据来源的科学性需要正当清晰的来源支撑，指标的设计要遵循国家发展规律和特征。

第二，实用性原则。指标体系的实用性指具备可操作性并且因地制宜。在指标体系构建过程中，要满足指标数据可获得性，选取简单易得并且具有权威性的指标，以保证评价效果的有效性。和平发展现代化指数应该客观反映和平发展的现状与未来的发展趋势，评价指标体系在强调冲突、暴力程度等的同时，也需要立足影响和平发展的关键要素，包括经济、社会等各个要素的协调发展。

第三，系统性原则。和平发展现代化指数构建要遵循系统性原则，既要考虑影响和平的要素，也要考虑国家发展的全面性。和平发展强调和平和发展两大理念内涵，以全球可持续发展为原则，体现和平发展是多领域协调的结果。因此，指标选取必须保证系统性，即整体上保持与走和平发展道路的现代化内涵一致，涉及经济、社会、政治等各个层面。

第四，精简性原则。和平发展涵盖的领域较广，测度的指标体系庞杂，在评价过程中，选取的指标要遵循精简性原则，避繁就简，选取代表性的指标以评估国家和平发展现状。所选指标在能反映经济、社会、政治的综合效益的同时，也要考虑对不同国家的普适性。

第五，针对性原则。和平发展现代化指数是针对中国式现代化建设而设计的指标体系。指标体系的构建需结合中国式现代化走和平发展道路的理念内涵、重点和建设目标，把中国对于和平发展的理解通过数据指标转化成一般性、学理性的评估成果，从而产生更大的世界性影响。

（三）和平发展现代化指标设计

1. 指标维度

和平与发展是当今世界两大带有全球性的战略问题，是东西方之间、发达国家与发展中国家之间矛盾的集中体现。而中国式现代化视域下的和平发展，通过激发内生动力与和平利用外部资源相结合的方式实现国家发展，包含了和平与发展两个维度的概念。和平需要相互尊重，发展需要合作共赢，两者相辅相成，和平是促进各国共同发展的前提条件，各国的共同发展则是保持世界和平的重要基础。具体而言，和平是更好促进世界发展的基础，反映国家和平发展治理能力，以及保持稳定、适应并从冲击中恢复过来的能力，包括态度、制度和结构等，包含政治稳定、经济发展、社会安全和一定的军事实力等能力。发展是和平的有力保障，也是实现构建人类命运共同体的途径。发展需要国家履行国际责任与义务，以相互尊重、合作共赢为基础，积极参与全球治理，实现共同发展，推动构建人类命运共同体。综上所述，本研究从和平治理与共同发展2个维度构建和平发展现代化指标体系（图7-2）。

和平治理维度可测度国家的内生动力与和平水平，体现国家创造和维持和平发展的治理能力。和平是发展的前提，内生动力与和平是更好维持世界和平与发展的基础。高水平的政府治理能力、高质量的经济发展、和谐安全的社会和雄厚的军事实力，是支撑和平治理的重要方面。一国的和平治理水平越高，越能在坚定维护世界和平与发展中谋求自身发展，并以自身的发展更好维护世界和平与发展。为此，本研究从政府治理、经济发展、社会安全、军事化程度 4 个方面测度和平治理水平。

共同发展维度可测度国家和平发展的国际责任。以相互尊重、合作共赢为基础是新时代中国走和平发展道路的现代化的显著内涵。当前，中国正向全面建成社会主义现代化强国、实现第二个百年奋斗目标迈进。党的二十大报告指出，中国坚持对外开放的基本国策，坚定奉行互利共赢的开放战略，不断以中国新发展为世界提供新机遇。这意味着，在新的发展蓝图指引下，中国与世界将形成更加良性的互动。走和平发展道路的现代化在实现内生动力和平的基础上，把中国的机遇转变为世界的机遇，推动完善全球治理，通过共享共建和交流互鉴实现合作共赢，共同推进构建人类命运共同体。为此，本研究从全球治理、合作共赢 2 个层面测度共同发展水平。

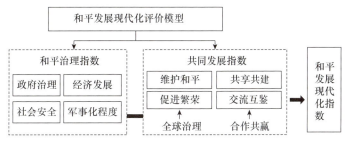

图 7-2　和平发展现代化模型框架

2. 指标体系构建

在系统分析国际和国内相关研究的基础上，本研究立足中国式现代化视域下和平发展的科学内涵，依据不同指标特性，以客观性、普遍性和发展规律为基本理念，构建了和平发展现代化指标体系。该指标体系包括和平治理和共同发展 2 个维度，政府治理、经济发展、社会安全、军事化程度、参与全球治理、合作共赢 6 个子维度，以及 19 个功能指标和 80 个量化指标（表 7-3）。

表 7-3　和平发展现代化指标体系

维度	子维度	功能指标	量化指标
和平治理	政府治理	治理水平	全球治理指数
			选举周期指数
			外部冲突指数
			腐败指数
			主权风险指数
		法治水平	司法独立指数
			法治指数
			法律法规出台的数量
			每万人拥有司法服务站（所）数量
			公共服务支出占 GDP 比例

续表

维度	子维度	功能指标	量化指标
和平治理	经济发展	经济规模	经济波动指数
			GDP
			GNI
			数字经济规模占GDP比例
		物价稳定	消费者物价指数
			GDP折算指数
			生产者物价指数
			粮食生产稳定度
		充分就业	就业人口比例
			失业率
		国际收支平衡	购买力平价
			金融账户净额（国际收支）
			外汇储备水平
			国际收支政策稳定性
	社会安全	社会冲突	每10万人故意杀人数
			每10万人刑事案件数量
			因冲突和暴力而流离失所者人数
			恐怖主义指数
			因战斗死亡人数
		社会保障	社会和平保障指数
			公共安全支出占财政支出比例
			社会组织数量
			人民满意度
		贫困	国家贫困线人口比例
			社会贫困线人口比例
			每日收入小于2.15美元的人口比例
			居民最低生活保障人数
		粮食安全	严重粮食不安全的发生率
			中度或严重粮食不安全的发生率
			粮食严重无保障人口比例
		平等	女性在最高国家权力机关中所占比例
			性别平等评级

续表

维度	子维度	功能指标	量化指标
和平治理	军事化程度	军事化规模	军事支出占 GDP 比例
			武装部队人数占劳动人口比例
			武器出口总额
			武器进口总额
		军事现代化水平	军事科技化水平
			拥有军事设备数量
			核武器和重型武器的能力
			拥有无人机数量
共同发展	参与全球治理	维护世界和平	参加联合国维和行动人数
			处理全球事务的正义感
			持续的国内国际冲突
			参加国际和地区组织数量
			签署国际公约数量
			援外医疗队数量
			对联合国维和特派团的财政贡献
		促进共同繁荣	为全球发展提供公共产品的数量
			海外发展援助总额占 GDP 比例
			对世界经济增长的贡献率
			伙伴关系指数
			双边与多边自由贸易协定数量
			签署合作文件数
			高层交流频繁度
	合作共赢	设施联通	班轮运输连通性指数
			国际航线通航数量
			"一带一路"基础设施建设数量
			石油输送力
		贸易开放	进出口总额占 GDP 比例
			货物进口总额
			货物出口总额
			跨境贸易评分

续表

维度	子维度	功能指标	量化指标
共同发展	合作共赢	投资开放	外商投资占GDP比例
			营商便利度指数
			外商投资企业数
			外商投资企业额
		交流互鉴	国际旅游入境人数
			移民人数
			友好城市数量
			在读留学生数量

第三节 和平发展现代化评价

坚持和平发展，在坚定维护世界和平与发展中谋求自身发展，再以自身发展更好维护世界和平与发展，推动构建人类命运共同体，是中国式现代化的突出特征。当前，在新冠疫情和百年变局交互叠加下，变革和动荡两种趋势持续演进，团结与分裂两种取向相互激荡，传统安全与非传统安全领域的"黑天鹅""灰犀牛"事件加速推动世界进入新的动荡变革期。世界和平与发展面临冷战结束以来最严峻考验。在此背景下，中国以构建人类命运共同体为价值引领，秉持共商共建共享的全球治理观，为全球治理体系改革和建设提供中国智慧和中国方案，展现了新时代大国担当，体现了中国坚持走和平发展道路的决心。量化评估中国和平发展现代化水平，综合辨识在走和平发展道路的现代化过程中各个维度的发展特征，可为进一步推进中国式现代化走和平发展道路提供支撑。

一、和平发展现代化国际评价

（一）评价指标体系构成与阐释

1. 和平发展现代化指标体系

本研究从国际比较视角出发，在对已有指标分析的基础上，邀请来自政府部门、高校、科研机构的行业内资深专家，对指标进行了修改、补充，在汇总专家意见后，构建了包含和平治理、共同发展2个维度，政治稳定、经济发展、社会安全、军事化程度、参与全球治理、合作共赢6个子维度，以及16个量化指标的和平发展现代化评价指标体系（表7-4），以和平发展现代化指数（modernization for peaceful development index，MPDI）综合评价和平发展现代化水平。

续表

维度	子维度	功能指标	量化指标
和平治理	军事化程度	军事化规模	军事支出占GDP比例
			武装部队人数占劳动人口比例
			武器出口总额
			武器进口总额
		军事现代化水平	军事科技化水平
			拥有军事设备数量
			核武器和重型武器的能力
			拥有无人机数量
共同发展	参与全球治理	维护世界和平	参加联合国维和行动人数
			处理全球事务的正义感
			持续的国内国际冲突
			参加国际和地区组织数量
			签署国际公约数量
			援外医疗队数量
			对联合国维和特派团的财政贡献
		促进共同繁荣	为全球发展提供公共产品的数量
			海外发展援助总额占GDP比例
			对世界经济增长的贡献率
			伙伴关系指数
			双边与多边自由贸易协定数量
			签署合作文件数
			高层交流频繁度
	合作共赢	设施联通	班轮运输连通性指数
			国际航线通航数量
			"一带一路"基础设施建设数量
			石油输送力
		贸易开放	进出口总额占GDP比例
			货物进口总额
			货物出口总额
			跨境贸易评分

续表

维度	子维度	功能指标	量化指标
共同发展	合作共赢	投资开放	外商投资占GDP比例
			营商便利度指数
			外商投资企业数
			外商投资企业额
		交流互鉴	国际旅游入境人数
			移民人数
			友好城市数量
			在读留学生数量

第三节 和平发展现代化评价

坚持和平发展，在坚定维护世界和平与发展中谋求自身发展，再以自身发展更好维护世界和平与发展，推动构建人类命运共同体，是中国式现代化的突出特征。当前，在新冠疫情和百年变局交互叠加下，变革和动荡两种趋势持续演进，团结与分裂两种取向相互激荡，传统安全与非传统安全领域的"黑天鹅""灰犀牛"事件加速推动世界进入新的动荡变革期。世界和平与发展面临冷战结束以来最严峻考验。在此背景下，中国以构建人类命运共同体为价值引领，秉持共商共建共享的全球治理观，为全球治理体系改革和建设提供中国智慧和中国方案，展现了新时代大国担当，体现了中国坚持走和平发展道路的决心。量化评估中国和平发展现代化水平，综合辨识在走和平发展道路的现代化过程中各个维度的发展特征，可为进一步推进中国式现代化走和平发展道路提供支撑。

一、和平发展现代化国际评价

（一）评价指标体系构成与阐释

1. 和平发展现代化指标体系

本研究从国际比较视角出发，在对已有指标分析的基础上，邀请来自政府部门、高校、科研机构的行业内资深专家，对指标进行了修改、补充，在汇总专家意见后，构建了包含和平治理、共同发展2个维度，政治稳定、经济发展、社会安全、军事化程度、参与全球治理、合作共赢6个子维度，以及16个量化指标的和平发展现代化评价指标体系（表7-4），以和平发展现代化指数（modernization for peaceful development index, MPDI）综合评价和平发展现代化水平。

表 7-4 和平发展现代化评价指标体系

维度	子维度	功能指标	量化指标	单位	指标属性
和平治理指数	政治稳定	政府治理	国家治理指数	—	正指标
	经济发展	经济增长	经济波动指数	—	正指标
	社会安全	社会冲突	恐怖主义指数	—	逆指标
		社会安全	社会安全和治安水平	—	正指标
		贫困和平等	绝对贫困线人口比例	%	逆指标
			女性在最高国家权力机关中所占比例	%	正指标
	军事化程度	军事支出	军事支出占 GDP 比例	%	逆指标
		武装人员	武装部队人数占劳动人口比例	%	逆指标
共同发展指数	参与全球治理	维护世界和平	参加联合国维和行动人数	人次	正指标
			持续的国内国际冲突	个	逆指标
		促进共同繁荣	对世界经济增长的贡献率	%	正指标
			伙伴关系指数	—	正指标
	合作共赢	设施联通	班轮运输连通性指数	—	正指标
		贸易开放	进出口总额占 GDP 比例	%	正指标
			跨境贸易评分	—	正指标
		投资开放	外商直接投资占 GDP 比例	%	正指标

2. 和平治理维度指标阐释

和平治理指数（peace governance index, PGI）可测度国家内生动力与和平水平，体现国家创造与维持和平发展的治理能力。和平治理能力是一个国家维持和平与发展的内生动力，良好运行的政府、稳定的经济增长、安全和谐的社会和适度的军事化是在支撑自身发展的同时维持世界和平发展的基础。因此，本研究从政治稳定、经济发展、社会安全和军事化程度4个方面测度和平治理指数。

（1）政治稳定指标

政治稳定衡量的是国家政府对和平发展的治理能力。政治稳定是走和平发展道路的基础和根本，运作良好稳定的政府能够提供高质量的和平发展基础，助力共同构建人类命运共同体。对政府的评价需要定量与定性相结合，这种评价对专家意见的依赖程度较高，因此本研究对政治稳定指标数据的来源，基于已有权威研究进行选取，以保障评价的准确性。本研究选取了世界银行开发的国家治理指数（worldwide governance indicator, WGI）来测度政治稳定水平。该指数是由话语权与问责、政治稳定与非暴力、政府效能、监管质量、法治和控制腐败6个维度构成的综合指数。政府的稳定性越高、治理程度越好，和平发展现代化指数就越高。具体指标内容如表 7-5 所示。

表 7-5 政治稳定指标构成

功能指标	量化指标	指标阐释	数据来源
政府治理	国家治理指数	政府治理能力，较弱的治理能力可能导致政治不稳定、政策变化快，从而影响和平发展。指数取值范围为 –2.5～2.5，分数越高，代表政府执政能力越强	世界银行 WGI 数据库

（2）经济发展指标

经济稳定发展是一个国家走和平发展道路的现代化的坚实保障。经济发展与稳定即为保持经济的持续、稳定协调发展，是在经济适度增长和发展中的稳定，即动态稳定，而不是静态稳定，因此本研究选取经济波动指数来反映经济的动态增长和稳定性，具体指标内容及数据来源如表7-6所示。

表7-6 经济发展指标构成

功能指标	量化指标	指标阐释	数据来源
经济增长	经济波动指数	5年平均GDP增长率，反映经济发展与稳定	世界银行WDI数据库

（3）社会安全指标

社会安全反映一个地区或国家社会的秩序和平稳状态，是国家安全与和平发展的保障和基石，包括社会冲突、社会安全保障、贫困和平等诸多因素（表7-7）。其中社会冲突是指一切紊乱社会运行、破坏社会秩序，从而对和平发展带来损害的事件与行为，本研究选取恐怖主义指数对此进行度量。恐怖主义指数是由伦敦国际战略研究所发布的年度指数，是一个用于衡量和评估恐怖主义活动频率、严重性或影响程度的量化指标。该指数基于每年的恐怖袭击次数、遇难人数、因恐怖袭击而受伤的人数以及恐怖分子劫持的人质数4项指标进行计算。

社会安全是实现和平发展的重要前提，本研究选取社会安全和治安水平这个综合指数度量社会安全保障水平。该指数综合了犯罪率、暴力示威活动、与邻国关系、在国内流离失所或成为难民的人数等指标。

贫困和不平等是阻碍和平发展的重要制约因素，消除贫困是构建人类命运共同体的基本要求，关系人类永续发展和前途命运。平等是世界和平与发展的重要保障，是构建人类命运共同体的重要基石。本研究选取绝对贫困线人口比例和女性在最高国家权力机关中所占比例2个指标对贫困和平等进行度量。2022年，世界银行将每人每天2.15美元定义为绝对贫困线，本研究根据此定义，将绝对贫困人口定义为每天生活费少于2.15美元的人口，并选取绝对贫困线人口比例作为度量指标。

表7-7 社会安全指标构成

功能指标	量化指标	指标阐释	数据来源
社会冲突	恐怖主义指数	比例越高，社会越不稳定，越不利于和平发展	《军事平衡2024》
社会安全	社会安全和治安水平	综合指数，根据犯罪率、暴力示威活动、与邻国关系、在国内流离失所或成为难民的人数等指标构成的综合指数	经济与和平研究所数据库
贫困	绝对贫困线人口比例	生活在绝对贫困线以下的人口百分比，贫困率越高，国家脆弱性越高，发生暴力冲突的可能性越高	世界银行WDI数据库
平等	女性在最高国家权力机关中所占比例	比例越高，越有利于和平发展	世界银行WDI数据库

（4）军事化程度指标

军事实力是一个国家赖以存在并推进和平发展的实力的综合体现，强大的现代化国防是国家和平发展的基本保证。本研究选取军事支出占 GDP 比例和武装部队人数占劳动人口比例 2 个指标测度国家军事化程度，比例越高，对地区和平发展构成的威胁越大。具体指标内容及数据来源如表 7-8 所示。

表 7-8　军事化程度指标构成

功能指标	量化指标	指标阐释	数据来源
军事化程度	军事支出占 GDP 比例	军事支出包括武装部队的所有经常性支出和资本支出，包括维持和平队、国防部和从事国防项目的其他政府机构、准军事部队等机构的支出。比例越高，对地区和平发展构成的威胁越大	斯德哥尔摩国际和平研究所 SIPRI 武装工业数据库
	武装部队人数占劳动人口比例	武装部队人员指现役军事人员，如果准军事部队的训练、组织、装备和控制表明他们可以用来支援或取代正规军事力量，则包括准军事部队。武装部队人员占劳动人口的比例越高，对地区和平发展构成的威胁越大	伦敦国际战略研究所数据库

3. 共同发展维度指标阐释

共同发展指数（co-development index，CDI）用于测度国家和平发展的国际责任，中国的和平发展道路为人类走向现代化开辟了全新的道路。在和平发展过程中，中国强调国际社会的互信、互利和互惠，通过推动全球治理，促进各国共同繁荣发展；不靠对外军事扩张和殖民掠夺，而是伸张正义，与世界共建共享、交流互鉴，实现合作共赢，共同推进构建人类命运共同体。因此，本研究从参与全球治理、合作共赢 2 个方面对共同发展指数进行测度。

（1）参与全球治理指标

参与全球治理衡量的是国家推动和平发展的国际参与度，包括维护世界和平、促进共同繁荣等诸多因素。本研究选取参加联合国维和行动人数、持续的国内国际冲突、对世界经济增长的贡献率和伙伴关系指数 4 个指标对参与全球治理程度进行测度。具体指标内容及数据来源如表 7-9 所示。

表 7-9　参与全球治理指标构成

功能指标	量化指标	指标阐释	数据来源
维护世界和平	参加联合国维和行动人数	参加联合国维和行动人数越多，对维护世界和平的贡献就越大	联合国 Peacekeeping 数据库
	持续的国内国际冲突	持续的国内国际冲突直接阻碍了和平发展的现代化进程	经济与和平研究所数据库
促进共同繁荣	对世界经济增长的贡献率	贡献率越高，越能促进世界共同发展和繁荣	世界银行 WDI 数据库
	伙伴关系指数	伙伴关系指数可以反映双赢、多赢、共赢的程度，以及实现不对抗、相互尊重和合作共赢的程度	联合国 SDG 数据库

（2）合作共赢指标

合作共赢测度的是国家与世界共享共建、交流互鉴的程度。只有坚持开放包容、合作共赢，才能为发展营造和平稳定的环境。各国应紧密联系、相互依存，秉持相互尊重、和平共处、合作共赢的理念，有效发挥各国互补优势，密切人员交往，提升经济贸易合作水平，构建发展共同体，以实现和平发展的现代化。本研究从设施联通、贸易开放和投资开放 3 个层面对合作共赢进行度量，这3个层面分别反映国家与世界之间的设施联通、贸易畅通和资金融通程度。具体指标内容及数据来源如表7-10所示。

表 7-10 合作共赢指标构成

功能指标	量化指标	指标阐释	数据来源
设施联通	班轮运输连通性指数	反映各国与全球班轮运输网络的连接程度。数值越高，表明连通性越高，就越能促进合作共赢	世界银行 WDI 数据库
贸易开放	进出口总额占GDP比例	反映贸易开放程度	世界银行 WDI 数据库
	跨境贸易评分	单证合规和边境合规进出口时间和成本得分的平均值	世界银行 WDI 数据库
投资开放	外商直接投资占GDP比例	反映投资开放程度	世界银行 WDI 数据库

（二）数据来源及评价方法

1. 数据来源和标准化处理

鉴于所构建的评价指标体系涉及的数据网较为庞大，同时为保证各样本数据完整、可靠，且能够在同一个维度进行比较，因此本研究所涉及的相关数据全部来源于世界银行 WDI 数据库、伦敦国际战略研究所数据库、联合国 Peacekeeping 数据库等国际权威统计数据库。本研究中选取的指标类型主要包含3类：一是准确的统计数字，如参加联合国维和行动人数、进出口总额占 GDP 比例等；二是评分数据，如跨境贸易评分等；三是综合指数，如国家治理指数、恐怖主义指数等，按照分数区间进行打分以示差异。搜集到的数据分别通过插值补齐、无量纲化处理进行标准化后，所有指标均落在 [0,100] 区间，分数越高，表明和平发展程度越高。

针对缺乏数据的类型不同，采用差值的方法进行数据补齐。差值是针对离散函数逼近的重要方法，通过函数在有限个点处的取值状况，估算出函数在其他点处的近似值。具体而言，可通过两种方法进行插值补齐：一是对于历史数据空值，采用两段均值替换法进行插值补齐；二是对于近年数据缺失，采用回归预测法补齐数据。

为消除数据单位和指标属性的差异性，对不同类型、单位、区间和数量级的数据进行无量纲化处理。

当样本指标为正指标，即指标数值越大，对和平发展现代化的正向影响越多时，第 i 个国家第 j 个指标的无量纲化按公式 7-1 进行。

$$X_{ij} = \frac{x_{ij} - x_{\min}}{x_{\max} - x_{\min}} \times 100 \qquad \text{公式 7-1}$$

当样本指标为逆指标，即指标数值越大，对和平发展现代化的逆向影响越多时，第 i 个国家第 j 个指标的无量纲化按公式 7-2 进行。

$$X_{ij} = \frac{x_{\max} - x_{ij}}{x_{\max} - x_{\min}} \times 100 \qquad \text{公式 7-2}$$

公式 7-1 和公式 7-2 中，X_{ij} 表示第 i 个国家第 j 个指标的无量纲化值，x_{ij} 为指标原始值，$x_{\max}$ 为该指标中的最大原始值，$x_{\min}$ 为该指标中的最小原始值。

对于数值离散程度较大的指标，采用函数转换法进行无量纲化处理。具体通过对数函数转换的方式实现极差标准化，数值为负数的记为0，见公式7-3。

$$X_{ij} = \frac{\lg x}{\lg x_{\max}} \times 100 \qquad 公式\ 7\text{-}3$$

2. 指标权重

对和平发展的现代化指数构建而言，核心是指标加权的方式，指标的权重可以反映其对和平发展的重要程度。目前各评价体系的赋权方法和数值并不统一，主要包括等权重赋值法、主成分分析法、熵权法、层次分析法等。主成分分析法、熵权法和层次分析法存在过度依赖客观数据的特征，忽略了各指标在现实政治、经济和社会条件下近乎同等的重要性，及其在和平发展的现代化道路中的代表性，会造成对和平发展现代化指数评价体系权重赋值过于追求"客观"的现象。等权重赋值法是目前国内外评价研究中最常用的赋值方法之一，如经济合作与发展组织的绿色增长指标体系、美国穆迪公司的信用评级指标体系、标准普尔商品指数和国内的人类绿色发展指数等就是运用该方法。因此，本研究采用等权重赋值法给各维度的指标体系进行赋值。各指标具体权重如表7-11所示。

表7-11 和平发展现代化评价指标体系赋权

维度	权重	子维度	功能指标	量化指标	权重
和平治理指数	0.5	政治稳定	政府治理	国家治理指数	0.0625
		经济发展	经济增长	经济波动指数	0.0625
		社会安全	社会冲突	恐怖主义指数	0.0625
			社会安全	社会安全和治安水平	0.0625
			贫困和平等	绝对贫困线人口比例	0.0625
				女性在最高国家权力机关中所占比例	0.0625
		军事化程度	军事支出	军事支出占GDP比例	0.0625
			武装人员	武装部队人数占劳动人口比例	0.0625
共同发展指数	0.5	参与全球治理	维护世界和平	参加联合国维和行动人数	0.0625
				持续的国内国际冲突	0.0625
			促进共同繁荣	对世界经济增长的贡献率	0.0625
				伙伴关系指数	0.0625
		合作共赢	设施联通	班轮运输连通性指数	0.0625
			贸易开放	进出口总额占GDP比例	0.0625
				跨境贸易评分	0.0625
			投资开放	外商直接投资占GDP比例	0.0625

3. 评价模型

本研究采用线性加权综合法，按照赋予的权重，建立和平发展现代化评价模型，通过加权综合分别计算每个子维度与综合和平发展现代化水平。评价分值越高，说明评价对象的和平发展程度越高，具体计算公式如下：

$$PDM_{ij} = \sum_{k=1}^{n} X_{ij} w_j \times 100 \qquad 公式7\text{-}4$$

$$PDM = \sum_{j=1}^{m} \sum_{k=1}^{n} X_{ij} w_j \times 100 \qquad 公式7\text{-}5$$

其中，PDM为国家和平发展现代化的综合评价值，PDM_{ij}为第i个国家第j个和平发展子维度的评价分值，X_{ij}为第i个国家第j个指标无量纲化处理后的样本数据值，w_j为第j个指标的权重，m，n分别为子维度和指标的个数。

4.样本选取

根据数据可获得性，在全球197个国家中最后筛选出82个国家作为研究对象（表7–12）。这些国家分别分布在亚洲、欧洲、大洋洲、南美洲、北美洲和非洲，包含了发达国家和发展中国家等各种类型，可以较好地代表和体现全球和平发展情况。

表7–12 和平发展现代化评价样本国家

区域	数量	国家
亚洲	18	中国、新加坡、日本、韩国、孟加拉国、印度、伊朗、巴基斯坦、斯里兰卡、柬埔寨、印度尼西亚、马来西亚、菲律宾、泰国、越南、格鲁吉亚、以色列、土耳其
欧洲	29	俄罗斯、乌克兰、德国、英国、法国、荷兰、丹麦、爱沙尼亚、芬兰、冰岛、爱尔兰、拉脱维亚、立陶宛、挪威、瑞典、奥地利、比利时、保加利亚、波兰、罗马尼亚、阿尔巴尼亚、克罗地亚、希腊、意大利、黑山、葡萄牙、斯洛文尼亚、西班牙、塞浦路斯
北美洲	8	美国、加拿大、危地马拉、多米尼加、墨西哥、萨尔瓦多、洪都拉斯、尼加拉瓜
大洋洲	2	澳大利亚、新西兰
南美洲	7	智利、阿根廷、巴西、哥伦比亚、巴拉圭、秘鲁、乌拉圭
非洲	18	阿尔及利亚、埃及、摩洛哥、突尼斯、安哥拉、喀麦隆、肯尼亚、毛里求斯、莫桑比克、贝宁、科特迪瓦、加纳、毛里塔尼亚、塞内加尔、多哥、几内亚、纳米比亚、南非

（三）和平发展现代化国际评价

1.和平发展现代化总体评价

根据和平发展现代化评价指标体系和相应计算模型，本研究对82个评价样本国家2022年的和平发展现代化进行了评价测算。结果显示，各个国家的和平发展现代化指数平均值为68.13，有38个国家未能达到平均水平，最高分和最低分相差38.58，差距明显（表7–13，图7–3）。中国和平发展现代化指数为79.21，在82个样本国家中排名第8。和平发展现代化水平排名前10的国家分别为爱尔兰、丹麦、荷兰、瑞典、冰岛、斯洛文尼亚、奥地利、中国、葡萄牙和比利时，这些国家的平均值为80.07，除中国外均分布在欧洲。和平发展现代化水平最低的10个国家由高到低分别为安哥拉、肯尼亚、以色列、巴基斯坦、多哥、喀麦隆、伊朗、阿尔及利亚、俄罗斯、乌克兰，这些国家的平均值为51.99且主要分布在非洲。美国、英国、德国、法国、日本和韩国这些主要发达国家的和平发展现代化指数分别为68.72、75.72、76.73、73.84、74.04和66.69，在82个国家中分别排名第41位、第19位、第14位、第25位、第21位和第51位。

表 7-13 和平发展现代化指数分布特征

指数名称	样本数	最小值	最大值	平均值	标准差	中位数
和平治理指数	82	21.98	47.02	34.86	5.53	34.80
共同发展指数	82	22.75	40.46	33.27	3.81	33.81
和平发展现代化指数	82	44.73	83.31	68.13	8.56	68.64

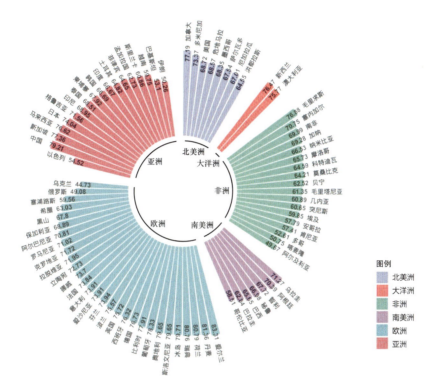

图 7-3 2022 年 82 个样本国家的和平发展现代化指数

根据系统聚类法，进一步将 82 个样本国家和平发展现代化指数由高到低分为 4 个等级（表 7-14）。2022 年和平发展现代化 A 级（指数值在 75 及以上）国家包括爱尔兰、丹麦、荷兰、瑞典、冰岛、斯洛文尼亚、奥地利、中国、葡萄牙、比利时、新加坡、加拿大、毛里求斯、德国、马来西亚、新西兰、西班牙、澳大利亚、英国、波兰 20 个国家；B 级（指数值在 62~75 区间内，包括 62 但不包括 75）国家包括日本、芬兰、爱沙尼亚、意大利、法国、挪威、多米尼加、立陶宛、拉脱维亚、克罗地亚、格鲁吉亚、乌拉圭、罗马尼亚、阿尔巴尼亚、塞内加尔、阿根廷、南非、加纳、印尼、保加利亚、美国、危地马拉、泰国、墨西哥、柬埔寨、黑山、智利、萨尔瓦多、尼加拉瓜、秘鲁、韩国、印度等 44 个国家；C 级（指数值在 57~62 区间内，包括 57 但不包括 62）国家包括毛里塔尼亚、几内亚、斯里兰卡、突尼斯、埃及、越南、塞浦路斯、哥伦比亚、安哥拉、肯尼亚 10 个国家；D 级（指数值在 44~57 区间内，包括 44 但不包括 57）国家包括以色列、巴基斯坦、多哥、喀麦隆、伊朗、阿尔及利亚、俄罗斯、乌克兰 8 个国家，这些国家的和平发展现代化水平最低，处于下游梯队。

表7-14　2022年82个样本国家和平发展现代化水平等级

等级	国家数量	国家
A	20	爱尔兰、丹麦、荷兰、瑞典、冰岛、斯洛文尼亚、奥地利、中国、葡萄牙、比利时、新加坡、加拿大、毛里求斯、德国、马来西亚、新西兰、西班牙、澳大利亚、英国、波兰
B	44	日本、芬兰、爱沙尼亚、意大利、法国、挪威、多米尼加、立陶宛、拉脱维亚、克罗地亚、格鲁吉亚、乌拉圭、罗马尼亚、阿尔巴尼亚、塞内加尔、阿根廷、南非、加纳、印尼、保加利亚、美国、危地马拉、泰国、墨西哥、柬埔寨、黑山、智利、萨尔瓦多、尼加拉瓜、秘鲁、韩国、印度、纳米比亚、摩洛哥、巴西、土耳其、菲律宾、科特迪瓦、洪都拉斯、莫桑比克、希腊、巴拉圭、孟加拉国、贝宁
C	10	毛里塔尼亚、几内亚、斯里兰卡、突尼斯、埃及、越南、塞浦路斯、哥伦比亚、安哥拉、肯尼亚
D	8	以色列、巴基斯坦、多哥、喀麦隆、伊朗、阿尔及利亚、俄罗斯、乌克兰

2.各维度和平发展现代化水平特征

和平治理指数评价结果显示，82个样本国家和平治理指数的平均值为34.86（总分为50），有50%的国家未能达到平均水平。中国的和平治理指数为38.74，排名第23位，和平治理指数最高的国家为爱尔兰，为47.02，最低的为乌克兰，仅21.98（表7-13）。和平治理指数排名前10的国家分别为爱尔兰、冰岛、丹麦、斯洛文尼亚、瑞典、葡萄牙、荷兰、新西兰、澳大利亚和挪威，这些国家的平均值为42.97，全部分布在欧洲和大洋洲。和平治理指数最低的10个国家分别为肯尼亚、哥伦比亚、巴基斯坦、喀麦隆、以色列、俄罗斯、多哥、阿尔及利亚、伊朗和乌克兰，这些国家的平均值为24.97，主要分布在非洲和东欧地区。

共同发展指数评价结果显示，82个样本国家共同发展指数的平均值为33.27（总分为50），有33个国家未能达到平均水平。共同发展指数最高的国家为中国，为40.46，最低的国家为乌克兰，仅22.75。其中，共同发展指数排名前10的国家分别为中国、奥地利、荷兰、马来西亚、新加坡、瑞典、英国、意大利、德国和西班牙，这些国家的平均值为38.62。共同发展指数最低的10个国家分别为多哥、安哥拉、几内亚、巴基斯坦、伊朗、塞浦路斯、阿尔及利亚、喀麦隆、俄罗斯和乌克兰，这些国家的平均值为26.03，主要分布在非洲和东欧地区。

3.和平发展全球区域差异

本研究所涉及的82个国家涵盖了亚洲、欧洲、北美洲、大洋洲、南美洲和非洲。从地理位置分布来看，大洋洲地区和平发展现代化水平最高，平均值为76.12；其次为欧洲地区，和平发展现代化指数平均值为72.64；非洲地区和平发展现代化指数最低，平均值为62.30（图7-4）。俄乌战争是导致全球和平局势恶化的主要驱动因素，俄罗斯和乌克兰现在都属于十大最不和平的国家，内部冲突和外部冲突造成的死亡指标持续恶化。数据显示全球2022年军事支出和武装部队人员总量再创新高，主要原因是各国或多或少地卷入了俄乌战争。非洲仍然是世界上最不和平的地区之一，是样本国家中和平发展水平最低的10个国家中的5个所在地。欧洲地区内部和平发展现代化指数差距较大，西欧和北欧地区仍然是世界上较和平的地区，拥有10个和平发展水平最高国家中的7个，东欧地区由于俄乌战争，和平发展现代化指数较低。随着欧洲国家和俄罗斯之间的紧张关系持续加剧，以及巴以冲突的发生，预计东欧、西亚地区的和平发展可能会出现恶化的情况。

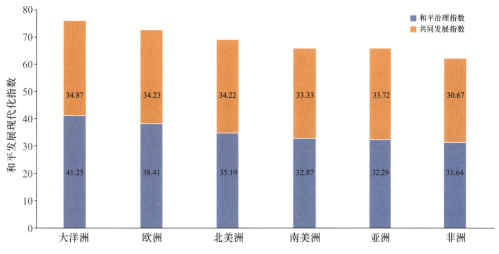

图 7-4　2022 年各区域和平发展现代化指数

二、我国和平发展现代化的国际比较

我国和平发展现代化指数为 79.21，在 82 个样本国家中排名第 8，高于和平发展现代化指数世界平均水平（均值为 68.13），排在我国前面的国家为爱尔兰、丹麦、荷兰、瑞典、冰岛、斯洛文尼亚和奥地利，均分布在欧洲地区（图 7-5）。为进一步剖析中国的和平发展现代化发展情况，本研究分析了 2003—2022 年 20 年间中国和平发展现代化变化趋势，并且与 G7 国家（美国、英国、法国、德国、日本、意大利和加拿大）进行了国际比较。

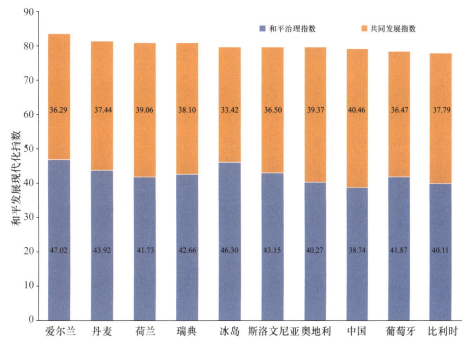

图 7-5　2022 年和平发展现代化指数排名前十位的国家

第七章　走和平发展道路的现代化　219

（一）和平治理指数国际比较

和平治理指数可测度国家内生动力与和平水平，体现国家创造和维持和平发展的治理能力，包括政治稳定、经济发展、社会安全和军事化程度4个方面。研究结果显示，中国的和平治理指数为38.74，在82个国家中排名第23位，与G7国家和平治理指数相比，只有加拿大和日本的和平治理指数高于中国。我国在经济发展、社会安全方面的表现优于其他国家，军事化程度指标仅次于意大利和德国，美国的军事化程度指标表现最差，表明其造成的军事威胁最高（图7-6）。

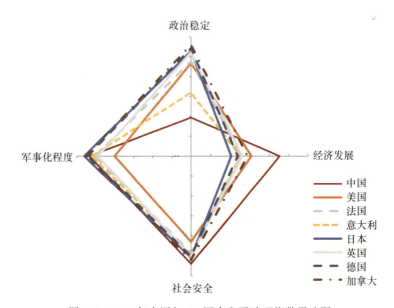

图7-6 2022年中国与G7国家和平治理指数雷达图

（1）政治稳定

政治稳定是影响和平发展的重要因素之一，本研究采用国家治理指数度量政治稳定性。该指数是由控制腐败、政府效能、政治稳定与非暴力、监管质量、法治（包括产权保护、司法和犯罪暴力等）和话语权与问责6个维度构成的综合指数（表7-15）。2022年我国国家治理指数得分为–0.333，在82个样本国家中排名第58位，未能达到平均水平（0.217）。与G7国家相比，中国的国家治理指数相差较大（图7-7）。具体来说，我国国家治理指数呈现以下几个特征。

表7-15 2022年中国国家治理指数与G7国家的对比

国家	控制腐败	政府效能	政治稳定与非暴力	监管质量	法治	话语权与问责	国家治理指数
中国	0.016	0.495	–0.441	–0.418	–0.041	–1.610	–0.333
美国	1.104	1.256	–0.036	1.424	1.372	0.845	0.994
英国	1.620	1.239	0.504	1.567	1.415	1.232	1.263
德国	1.818	1.290	0.615	1.522	1.533	1.410	1.365
法国	1.260	1.166	0.335	1.189	1.183	1.106	1.040
意大利	0.528	0.449	0.414	0.511	0.297	1.070	0.545
日本	1.540	1.620	1.074	1.439	1.558	1.017	1.375
加拿大	1.659	1.567	0.773	1.677	1.566	1.435	1.446

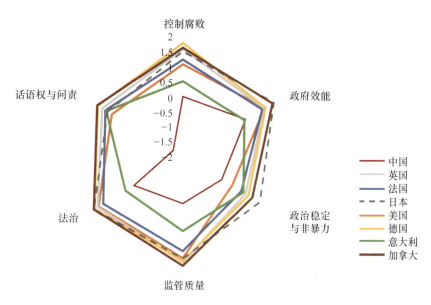

图 7-7　2022 年中国与 G7 国家国家治理指数雷达图

我国的政府效能、控制腐败和法治 3 个维度的治理指数均高于世界平均水平。2012 年以来，我国这 3 个维度的指标明显得到提升（图 7-8），充分证明十八大以来我国在政府治理方面的改革步伐和改革措施行之有效。政府效能测量的是政府公共服务、政策制定及执行水平。随着中国经济的崛起，中国政府在效能指标上基本呈持续上升态势，百分位排序从 2003 年的 52 提升至 2022 年的 68，2014 年中国的这项指标突增，从 2013 年的 56 提升至 2014 年的 67。控制腐败测量的是把公共权力用于谋取私利的程度，包括各种形式的腐败，我国控制腐败指标整体上处于世界中游水平。自 2012 年以来，中国在该项的排名基本上呈上升趋势，百分位排序从 2012 年的 41 提升到 2022 年的 55。法治是中国在 6 个指标中提升最高的指标，体现出我国坚持全面依法治国，在法治轨道上深化改革、推进中国式现代化的成效显著。法治指标测量的是社会成员对社会规则的信心和遵守规则的程度，特别是法律执行水平及发生犯罪和暴力的可能性。法治建设是中国式现代化的内在要求和重要任务，对于推进和平发展至关重要。我国法治指标百分位排序从 2012 年的 36 提升至 2022 年的 53，提升了 17 个位序（图 7-8）。

监管质量指标在波动中变化，未能有明显突破。监管质量测量的是政府制定与实施稳健政策法规、允许并推动私人部门发展的能力。我国该项指标在 2012—2022 年间的排位一直处于中游水平，且 2022 年的百分位排序为 37（图 7-8）。得分不高的关键原因可能是国际社会认为，我国政府在国内实施监管时，过多偏袒国有部门，造成私人部门发展的制度性困境。有学者认为，该指标较低的原因是自改革开放以来，民营经济在我国由计划经济向市场经济转轨的过程中发挥着不可替代的作用，但同时这对政府来说是一把双刃剑，处理得好，将更加有助于经济建设，处理得不好，势必产生很多不稳定因素，削弱政府对经济的调控能力。

我国政治稳定与非暴力、话语权与问责指标的评分较低。政治稳定与非暴力指标百分位排序从 2012 年的 28 提升至 2017 年的 39 后又降至 2022 年的 28（图 7-8）。该指标的评价规则中蕴含更加明显的意识形态色彩，会影响对中国和平治理的评价结果。从中国民众，特别是旅华外籍人员的真实感受来看，当前中国无疑是一个稳定而安全的国家。话语权与问责指标测量的是一国公民在选举政府领导时的参与程度，以及言论、结社和新闻自由。中国话语权与问责指标一直处于较低水平，百分位排序从2018年的9降至2022年的6（图7-8），主要原因是西方学者掌握民主理论的话语霸权，对中国公民的自由有所诟病，因而中国该项得分持续走低。[1] 虽然近年来，西方理论界开始对民主化理论进行反思，许多学者认识到民主一词无法全面反映一个国家的治理方式和治理的良善程度，但对如何评价国家治理还未达成共识。[2]

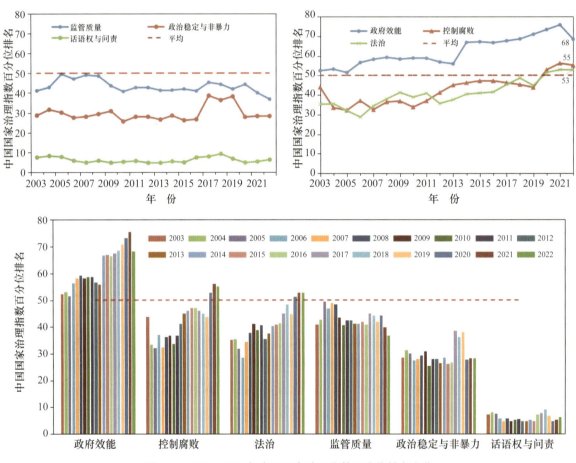

图7-8 2003—2022年中国国家治理指数百分位排名变化

（2）经济发展

经济稳定发展是一个国家走和平发展道路的现代化的坚实保障。自党的十八大以来，我国经济总量连上新台阶，经济总量翻了一番。2013—2023年，我国经济实现了年均6.1%的中高速增长，经济增速连续多年在世界主要经济体中位居前列。2013—2022年，我国GDP从59.3万亿元增长到121万亿元，人均GDP从43 497元增长到85 698元，按年平均汇率折算，

---

1 程同顺,李畅.世界银行"世界治理指数"对中国的测量与启示[J].理论探讨,2017(5): 13-20.
2 高奇琦,游腾飞.国家治理的指数化评估及其新指标体系的构建[J].探索,2016(6): 149-156.

经济总量达 18 万亿美元,稳居世界第二位。2018—2022 年,中国经济年均增长达到 5.2%,高于世界平均增速 2.5%,在主要经济体中居于前列。在 82 个样本国家中,我国经济波动指数排名第 6,排名第 1 的为爱尔兰,经济年均增长达到 9.0%。G7 国家经济波动指数均低于世界水平,美国、加拿大、英国、法国、意大利、德国和日本的经济增长率分别为 2.2%、1.7%、1.1%、1.0%、0.9%、0.6% 和 –0.1%(图 7-9)。

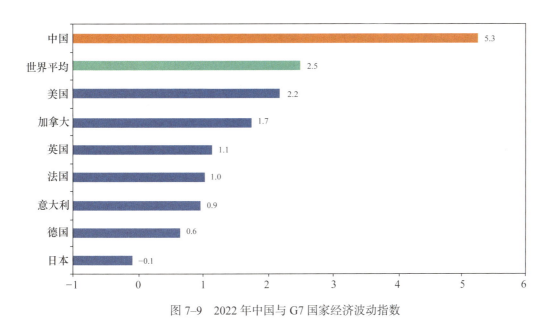

图 7-9　2022 年中国与 G7 国家经济波动指数

（3）社会安全

在社会安全维度,2022 年中国在 82 个样本国家中排名第 20 位,排在前面的国家分别为芬兰、冰岛、丹麦、斯洛文尼亚、新加坡、葡萄牙、克罗地亚、爱尔兰、瑞典、波兰、拉脱维亚、爱沙尼亚、立陶宛、荷兰、澳大利亚、挪威、奥地利、越南和保加利亚。具体而言,我国社会安全呈现以下几个特征。

我国已成为世界上社会冲突非常低、安全感非常高的国家之一。图 7-10 显示,自 2003 年以来,中国每 10 万人故意杀人数持续下降,社会越来越安全稳定。2020 年,中国每 10 万人故意杀人数仅为 0.38（世界平均水平为 2.6）,在 82 个样本国家中仅次于爱尔兰、斯洛文尼亚、日本、意大利和新加坡。G7 国家中美国每 10 万人故意杀人数最高,为 6.81,其次为加拿大,每 10 万人故意杀人数为 2.07,且德国、加拿大和美国每 10 万人故意杀人数有增加的趋势,社会安全局势不稳定（图 7-10）。恐怖主义指数同样也表征中国的社会安全稳定,2022 年中国的恐怖主义指数值为 0,而美国、法国、德国、英国、日本、意大利和加拿大的恐怖主义指数分别为 4.799、4.419、4.242、3.840、2.398、3.290 和 3.275。2022 年恐怖主义活动造成的全球死亡人数为 6701 人,暴力冲突仍是恐怖主义的主要推动因素,严重阻碍全球和平发展。2022 年,88% 以上的袭击和 98% 因恐怖主义造成的死亡都发生在冲突国家。

第七章　走和平发展道路的现代化

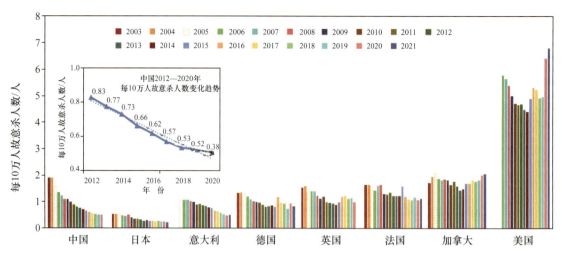

图 7-10 2003—2021 年中国与 G7 国家每 10 万人故意杀人数

我国摆脱绝对贫困为世界范围内消除贫困作出重要贡献。按照世界银行每人每天 2.15 美元的绝对贫困标准衡量，改革开放 40 多年来，中国让 8 亿多贫困人口脱贫，对世界减贫贡献率超过 70%，形成了超 4 亿人的世界上规模最大、最具成长性的中等收入群体，是全球最早实现千年发展目标中减贫目标的发展中国家。2012 年 11 月，党的十八大作出全面建成小康社会的战略部署，经过 8 年持续奋斗，10.2% 的国家贫困线人口全部脱贫（图 7-11），为世界范围内消除贫困与促进和平发展作出重要贡献。

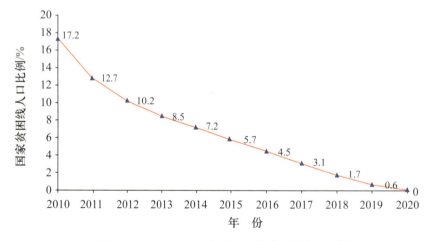

图 7-11 2010—2020 年中国国家贫困线人口比例

我国促进性别平等取得显著成绩。性别平等对于社会的稳定与和平发展具有关键影响，中国女性在最高国家权力机关中所占比例从 2003 年的 20.03% 增加至 2023 年的 26.54%（图 7-12）。与 G7 国家相比，中国女性在最高国家权力机关中所占比例仅比日本高，低于其他 G7 国家（图 7-13）。在亚洲地区，中国女性在最高国家权力机关中所占比例在 19 个国家中排名第 4，仅次于越南、新加坡和菲律宾（图 7-13）。

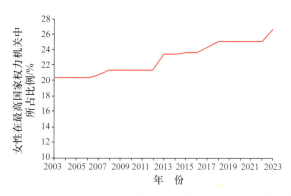

图 7-12　2003—2023 年中国女性在最高国家权力机关中所占比例

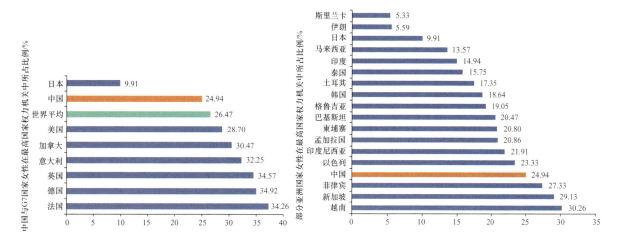

图 7-13　2022 年中国与 G7 国家、部分亚洲国家女性在最高国家权力机关中所占比例比较

（4）军事化程度

我国国防主要是出于捍卫国家主权、安全和发展利益的需要，同时也是为了维护世界和平稳定，我国军事化程度指标低于全球平均水平。中国自 2003 年以来军事支出占 GDP 比例一直维持在 1.5% 以下，且呈逐渐下降趋势（图 7-14）。根据《军事平衡 2024》报告，2023 年武装部队人数占劳动人口比例仅为 0.33%，仅为美国的 25%，军事支出占 GDP 比例仅为 1.24%，远低于全球平均水平（1.77%）。这一比例也显著低于一些军事大国，如美国、英国和俄罗斯，这些国家的军事支出占 GDP 比例通常保持在 2%～4%。与 G7 国家相比，中国军事支出占 GDP 比例仅高于加拿大和日本（图 7-15）。与北约成员国相比，我国的这一比例仅高于卢森堡（0.5%）和比利时（1.0%），比丹麦、斯洛文尼亚这样"与世无争"的国家，和瑞典这样的永久中立国，以及德国这样的第二次世界大战战败国还要低。在 82 个样本国家中，乌克兰、越南、多哥、阿尔及利亚、以色列、俄罗斯、摩洛哥、希腊、美国、哥伦比亚、纳米比亚、新加坡、韩国、巴基斯坦、伊朗、立陶宛、突尼斯、印度、波兰和毛里塔尼亚 20 个国家的军费开支占 GDP 比例超过世界平均水平。从全球来看，2023 年军事支出占 GDP 比例超过 4% 的国家包括亚美尼亚、阿塞拜疆、俄罗斯、缅甸、阿尔及利亚、伊拉克、以色列、约旦、科威特、摩洛哥、阿曼、沙特阿拉伯、阿联酋、马里等。

第七章　走和平发展道路的现代化

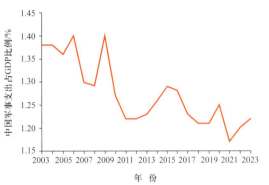

图 7-14 2003—2023 年中国军事支出占 GDP 比例

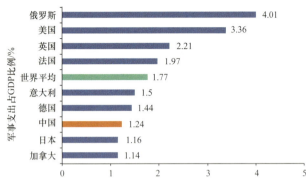

图 7-15 2023 年中国与俄罗斯、G7 国家军事支出占 GDP 比例比较

我国的国防支出增长幅度稳定，主要用于军事现代化和军队改革。自 2016 年以来，我国国防预算增长率已连续 9 年降至个位数，增长幅度维持在 6.6%～8.1%。2020 年受宏观环境影响，中国国防预算增速一度放缓。但随后伴随我国经济社会持续健康发展，国防预算维持适度增长，国防实力和经济实力同步提升。我国国防支出的增长是为了应对复杂的安全挑战，维护国家主权、安全和发展利益，以及用于军事现代化、军事改革和应对国际局势等，是一种"补偿式"增长，是为了能够维护国家安全和实现和平发展的现代化而增长。

（二）共同发展指数国际比较

共同发展指数测度的是国家维护和平发展的国际责任，包括参与全球治理和合作共赢 2 个子维度。中国在 82 个样本国家中共同发展指数排在首位，为 40.46（满分为 50），表明中国已经成为维护世界和平发展和促进共同发展的重要力量。G7 国家共同发展指数相近且均在 35 以上（图 7-16）。在参与全球治理维度，中国在 82 个样本国家中排在首位；在合作共赢维度，中国在 82 个样本国家中排在第 22 位。

图 7-16 2022 年中国与 G7 国家共同发展指数

（1）参与全球治理

我国成为维护世界和平的关键力量。中国累计派出维和人员5万余人次，赴20多个国家和地区参加了近30项联合国维和行动，是派遣维和人员最多的安理会常任理事国和联合国第二大维和摊款国。根据联合国统计数据，2022年中国有2224名人员参加联合国维和行动，位列第10，前9国家分别为孟加拉国、尼泊尔、印度、卢旺达、巴基斯坦、埃及、加纳、印度尼西亚和塞内加尔。在G7国家中，意大利、德国、法国和英国分别派出维和人员892名、715名、626名和463名，美国、加拿大和日本仅派出33名、59名和4名人员参加维和行动。对于持续的国内国际冲突维度，本研究采用经济与和平研究所发布的综合指数进行评价。该指数涵盖了冲突的数量和持续时间、因国内国际冲突而造成的死亡人数和与邻国关系等指标，指数越高越不利于和平。根据评价，中国持续的国内国际冲突指数为1.879，在82个样本国家中排名第66位，而美国的这一指数高于我国，为1.994。

我国积极践行多边主义，构建平等、开放、合作的全球伙伴关系。2022年中国伙伴关系指数为0.938，接近目标1。在动荡变革的国际背景下，中国积极构建全球伙伴关系网络，推动全球和平发展，在改善自身面临的国际环境、促进自身发展的同时，也与其他国家携手合作，更加有效地共同应对当今世界面临的诸多困难和挑战。根据澳大利亚智库洛伊国际政策研究所发布的全球外交指数，2024年中国以拥有274个驻外使领馆等机构位居外交指数榜首，外交网络广度全球遥遥领先。在该榜单中，美国排在第二，拥有271个驻外机构。

（2）合作共赢

在合作共赢维度，与G7国家相比，中国的指标排在法国、意大利、德国、英国、加拿大之后，但高于美国和日本（图7–17）。

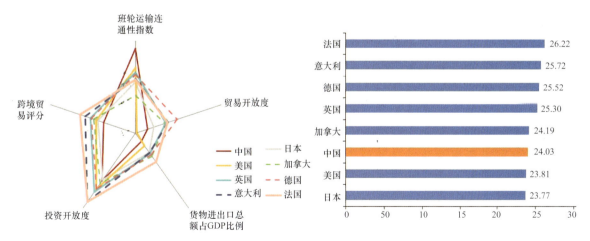

图7–17　2022年中国与G7国家合作共赢指标比较

班轮运输连通性指数反映了各国与全球班轮运输网络的连接程度，在82个样本国家中，中国的班轮运输连通性指数最高，为171.18，其次为美国（102.61），其他国家的该指标均

第七章　走和平发展道路的现代化

在100以下。在G7国家中，加拿大的班轮运输连通性指数最低，为48.84（图7-18）。2022年，中国进出口总额占GDP比例为38.35%，高于美国（27.04%），但低于G7其他国家。在跨境贸易评分方面，中国的指标值为86.50，在82个样本国家中排名第37，与G7国家相比，中国跨境贸易评分仅高于日本，低于其他国家。

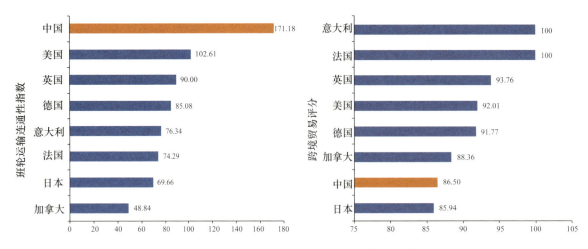

图7-18 2022年中国与G7国家班轮运输联通性指数与跨境贸易评分比较

三、我国和平发展现代化的区域比较

（一）评价指标选取

由于和平发展具有外交特征，因此构建系统、可量化的关于国内地区差异的和平发展现代化评价指标体系难度较大，本研究选取部分可反映地区差异的指标对国内各省级行政区的和平发展现代化水平进行刻画。在和平治理维度，从社会安全和国防2个子维度中选取万人刑事案件数量、公共安全支出占地方财政支出比例、国防支出占地方财政支出比例3个指标进行量化。在共同发展维度，选取外资贸易子维度中的进出口总额占GDP比例和外商投资企业数2个指标（表7-16）。研究所用数据取自2022年，研究对象为中国31个省级行政区（由于部分数据统计口径不同，且可获得性较低，本研究未包含港澳台地区），数据主要来源于《中国统计年鉴2023》、中国裁判文书网等。

表7-16 和平发展现代化评价指标体系（国内维度）

维度	子维度	功能指标	量化指标	单位
和平治理指数	社会安全	社会冲突	万人刑事案件数量	件
		安全保障	公共安全支出占地方财政支出比例	%
	国防	国防支出	国防支出占地方财政支出比例	%
共同发展指数	外资贸易	贸易开放	进出口总额占GDP比例	%
		投资开放	外商投资企业数	万户

万人刑事案件数量可以反映国家安全、社会稳定、社会治安和秩序的总体状况，直接体现和平发展水平。低量刑事案件表示社会冲突程度低，治安和秩序的维护水平高，更有利于

推进和平发展的现代化道路。

公共安全支出占地方财政支出比例可以反映政府对维护社会稳定的重视程度，体现中国式现代化走和平发展道路落实到维护社会稳定和保障公共安全的程度。公共安全支出是指政府用来维护社会公共安全方面的支出，包括武装警察部队、公安、国家安全、检察院、法院、司法等的支出。

国防是一个国家生存与发展的安全保障，与和平发展息息相关。一国的国防支出是为了应对自身面临的复杂安全挑战，维护国家主权、安全、发展利益，为实现和平发展的现代化道路提供基本保障。

进出口总额占GDP比例是衡量一个经济体对外开放程度的重要指标之一，可以直接反映一个国家或地区的贸易开放程度，同时也体现了该地区参与全球经济、促进共同发展的活跃程度。比例越高，表明对外开放的程度越高，推动和平发展的水平也越高。

外商投资企业数可以反映一个国家对外投资的开放程度。外商投资企业是指在中国境内设立的，由中国投资者与外国投资者共同投资，或者由外国投资者单独投资的企业。外商投资企业数可以体现外商对中国市场的投资信心和活跃度，比例越高，对外投资的开放程度越高，对于推进合作、共赢的和平发展道路越有利。

（二）我国区域和平发展评价

1. 和平治理维度

2022年，我国万人刑事案件数量平均为1.38件。其中，发生数量最高的地区为云南、辽宁和湖南，万人刑事案件数量均在3件以上；万人刑事案件数量在1件以下的地区包括天津、贵州、湖北、江苏、山西、新疆、安徽、四川、浙江、重庆、河北和海南。按区域划分，我国万人刑事案件数量水平存在明显差异，西北、华中和东北地区发生刑事案件的数量较高（图7-19）。

2022年，我国各省级行政区公共安全支出占地方财政支出比例平均为5.41%，其中支出比例最高的省级行政区为新疆、广东、天津、北京和辽宁，有20个省级行政区公共安全支出占地方财政支出的比例低于平均值，相较而言，江西、河南、贵州、宁夏和安徽的公共安全支出占地方财政支出比例最低。按区域[1]划分，华南、东北和华北地区公共安全支出占地方财政支出的比例较高，西南和华中地区的支出比例较低（图7-19）。

2022年，我国各省级行政区国防支出占地方财政支出比例平均为0.11%，整体比例很低，反映出中国坚定走和平发展道路的现代化，将更多的财政支出用于改善民生，提升人民生活福祉。国防支出占地方财政支出比例最高的省级行政区为海南、广西和云南，支出比例均在0.2%以上，比例最低的省级行政区为天津，支出比例仅为0.05%。按区域划分，华中、华北和西北地区国防支出比例较低，维护和平发展的水平较高，财政支出更多用于改善民生、科

---

[1] 区域划分：华东地区（包括山东、江苏、安徽、浙江、福建、上海）；华南地区（包括广东、广西、海南）；华中地区（包括湖北、湖南、河南、江西）；华北地区（包括北京、天津、河北、山西、内蒙古）；西北地区（包括宁夏、新疆、青海、陕西、甘肃）；西南地区（包括四川、云南、贵州、西藏、重庆）；东北地区（包括辽宁、吉林、黑龙江）。由于数据可得性限制，本研究区域不包括港澳台地区。

技发展和教育等其他领域（图7-19）。

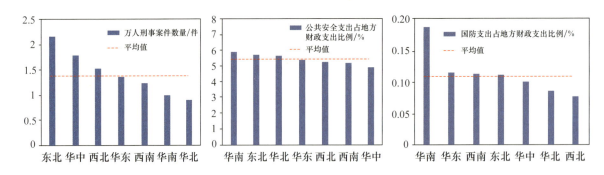

图7-19　2022年我国区域和平治理维度指标水平

2. 共同发展维度

2022年，我国各省级行政区共同发展指数平均值为68.51，对外发展水平最高的5个省级行政区分别为上海、广东、北京、浙江和江苏，水平最低的5个省级行政区分别为甘肃、贵州、宁夏、西藏和青海。从区域尺度看，华东和华南地区对外发展水平较高，西南和西北地区对外发展水平较低（图7-20）。

2022年，我国进出口总额占GDP比例的平均值为27.85%，有11个省级行政区的这一比例达到平均线水平以上，比例最高的5个省级行政区为上海、北京、广东、浙江和天津，分别为101.34%、95.39%、69.78%、65.37%、56.05%。山西、内蒙古、甘肃、宁夏、贵州、西藏、青海7个省级行政区的进出口总额占GDP比例较低，均在10%以下。从区域尺度看，进出口总额占GDP比例存在明显差异，其中，华东和华南地区的比例较高，西南和西北地区的比例较低（图7-20）。

2022年，我国外商投资企业总数为67.41万户，31个省级行政区的平均值为2.17万户，广东、上海、江苏、浙江、山东、北京和福建外商投资企业数最高，均在平均值以上，其他省级行政区外商投资企业数均在平均线水平，吉林、山西、贵州、内蒙古、甘肃、新疆、宁夏、青海和西藏外商投资企业数较低，均在0.5万户以下，对外投资开放程度较低。从区域尺度看，华东和华南地区外商投资企业数较多，对外投资开放程度较高，西南和西北地区外商投资企业数较少（图7-20）。

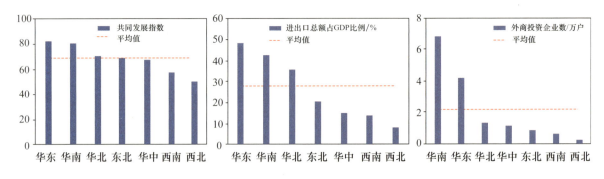

图7-20　2022年我国区域共同发展维度指标水平

本章小结

从国际层面看，我国和平发展现代化水平位列前茅，在82个样本国家中排名第8，表明我国以和平发展的中国式现代化，积极推动了和平发展、互利合作、共同繁荣的世界现代化，一方面，我国已成为维护世界和平的关键力量，全球治理的引领者。中国秉持和平共处五项原则，全面且深入地参与全球治理的各类议题，加入几乎所有政府间国际组织和400多项国际多边条约。另一方面，中国是全球经济增长的动力源，以自身发展更好促进世界发展。2013—2021年，中国对全球经济增长的平均贡献率达到38.6%，超过G7国家贡献率的总和，是世界经济增长的重要引擎。在动荡变革的国际背景下，中国坚持构建并不断扩大面向全球的高标准自由贸易区网络，坚定不移地全面扩大开放，更有效率地实现内外市场联通、要素资源共享，让中国市场成为世界的市场、共享的市场、大家的市场。从倡导践行真正的多边主义，到推动构建新型国际关系，从提出全球发展倡议、全球安全倡议，到推进"一带一路"建设、积极参与全球治理体系改革和建设，中国一直以实际行动促进和平发展，推动构建普惠平衡、开放包容、合作共赢、共同繁荣的全球发展格局。

从国内层面看，我国通过提升政府治理能力、促进经济发展、保障社会安全和提升国防能力等多方面齐抓共管，在坚定维护世界和平与发展中谋求自身发展。经济发展方面，自2013年以来，我国经济实现了年均6.1%的中高速增长，经济增速连续多年在世界主要经济体中位居前列。社会安全方面，自2003年以来，我国每10万人故意杀人数明显下降，2022年我国的恐怖主义指数为0，我国已经成为世界上社会冲突非常低、安全感非常高的国家之一。军事化程度方面，我国是全球唯一将"坚持和平发展道路"载入宪法的国家，是核武器大国中唯一承诺不首先使用核武器的国家，自2003年以来，我国的军事支出占GDP比例一直维持在1.5%以下，且呈逐渐下降趋势，武装部队人数占劳动人口比例为0.33%，仅为美国的25%。指标评价结果显示我国和平发展存在政府治理指数排序靠后、开放发展表现不佳、区域和平发展进程不同步等内部制约因素。尤其在政府治理方面，监管质量、政治稳定与非暴力、话语权与问责指标的评价较低，这应是未来进一步推进中国式现代化深化改革的方向。

我国和平发展在取得成就的同时，也面临着内部发展不平衡、外部打压遏制不断升级等多重系统性挑战，制约我国实现中华民族伟大复兴的历史进程，在新时期应全面深化改革，推进和平发展的中国式现代化道路。党的二十届三中全会通过《中共中央关于进一步全面深化改革、推进中国式现代化的决定》，明确进一步全面深化改革的总目标是"继续完善和发展中国特色社会主义制度，推进国家治理体系和治理能力现代化"，体现了我国以深化改革推进中国式现代化建设的决心。该决定指出，中国式现代化是走和平发展道路的现代化。对外工作必须坚定奉行独立自主的和平外交政策，推动构建人类命运共同体，践行全人类共同价值，落实全球发展倡议、全球安全倡议、全球文明倡议，倡导平等有序的世界多极化、普惠包容的经济全球化，深化外事工作机制改革，参与引领全球治理体系改革和建设，坚定维护国家主权、安全、发展利益，为进一步全面深化改革、推进中国式现代化营造良好外部环境。